Cura pela Energia

Princípios Básicos dos Cuidados Pessoais

Ann Marie Chiasson, MD

Cura pela Energia
Princípios Básicos dos Cuidados Pessoais

Tradução:
Bianca Rocha

MADRAS

Publicado originalmente em inglês sob o título *Energy Healing*, por Sounds True, Inc.
© 2013, Ann Marie Chiasson.
© 2013, Prefácio de Andrew Weil.
Direitos de edição e tradução para o Brasil.
Tradução autorizada do inglês.
© 2016, Madras Editora Ltda.

Editor:
Wagner Veneziani Costa

Tradução:
Bianca Rocha

Revisão da Tradução:
Lucas Portella

Revisão:
Silvia Massimini Felix
Jerônimo Feitosa
Maria Cristina Scomparini

Dados Internacionais de Catalogação na Publicação (CIP)
(Câmara Brasileira do Livro, SP, Brasil)

Chiasson, Ann Marie
Cura pela energia: princípios básicos dos
cuidados pessoais/Ann Marie Chiasson;
tradução Bianca Rocha. – São Paulo: Madras, 2016.
Título original: Energy healing

ISBN 978-85-370-0876-8

1. Corpo e mente 2. Cura pela mente 3. Energia vital –
Uso terapêutico 4. Espiritualidade 5. Medicina alternativa I. Título.

13-08691   CDD-615.852

Índices para catálogo sistemático:
1. Cura: Energia vital: Terapia alternativa   615.852

É proibida a reprodução total ou parcial desta obra, de qualquer forma ou por qualquer meio eletrônico, mecânico, inclusive por meio de processos xerográficos, incluindo ainda o uso da internet, sem a permissão expressa da Madras Editora, na pessoa de seu editor (Lei nº 9.610, de 19.2.98).

Todos os direitos desta edição, em língua portuguesa, reservados pela

MADRAS EDITORA LTDA.
Rua Paulo Gonçalves, 88 – Santana
CEP: 02403-020 – São Paulo/SP
Caixa Postal: 12183 – CEP: 02013-970
Tel.: (11) 2281-5555 – Fax: (11) 2959-3090
www.madras.com.br

Agradecimentos

Eu gostaria de agradecer a meus professores, Maria Elena Cairo e o falecido W. Brugh Joy, M.D, por seus incríveis ensinamentos sobre energia, consciência e presença. Também gostaria de expressar meus agradecimentos a Karina Stewart, doutora em medicina oriental, por seus incríveis ensinamentos introdutórios sobre leves batidas nos dedos dos pés, sacudindo os ossos, e leves batidas no corpo.

Dedicatória

Um dia, enquanto escrevia este livro, eu me deparei com um problema que impedia o processo criativo e a distribuição do meu tempo. Tinha tantas coisas importantes na minha vida, incluindo um amigo muito doente, que requeriam meu tempo e minha atenção. Enviei um pedido para o campo energético: "Devo cuidar daqueles que precisam de cura e daqueles que amo e com os quais me importo. Se você, campo energético, quiser que este livro seja escrito, pode me enviar alguma ajuda para eu terminar este manuscrito?".

Alguns dias depois, minha mãe me ligou e disse: "Eu estava pensando em fazer uma visita de quase seis semanas agora. Tudo bem?".

Tudo bem? Sim! Essa era a ajuda!

Minha mãe é minha amiga, minha confidente, e também minha editora. Ela me ajudou a manter o foco e auxiliou com o cuidado amoroso da minha família durante essa jornada. Sua ajuda chegou, e aqui está o livro – de mim, e de minha mãe, para você.

Eu dedico, com gratidão, este livro a minha mãe, Ernestine Marie Sadotti Smith.

Também dedico este livro a Lalla, poetisa do século XIV, e ao habilidoso e comovente poeta Coleman Barks. A poesia simples e profunda de Lalla conversa com o campo energético despertado e com o mistério da vida. O sr. Barks traduziu a poesia de Lalla com devoção e a trouxe para minha vida por meio de um livro com os poemas dela chamado *Naked Song*.

Índice

Prefácio de Andrew Weil, M.D. 19
**Introdução Saúde e Cura: uma Mudança Crucial para
Nosso Tempo** 21
Capítulo 1 Os Princípios da Cura pela Energia 27
    O corpo energético 30
        Os *dan tiens* e os meridianos 30
        O sistema de chacras 32
        A aura 33
        A matriz 34
        O corpo energético tridimensional 35
    Doença, trauma e o corpo energético 37
    O que é a cura? 40
    O que causa bloqueios ou desequilíbrios energéticos,
    e como eles podem ser resolvidos? 42
    Como podemos movimentar a energia pelo
    corpo energético? 44
    Os benefícios da cura pela energia 46
    O corpo em direção à autocura 47
    O corpo como um mestre 48
    A cura no ritmo do corpo energético 50
    A cura pela energia e a dor crônica 51
**Capítulo 2 Conectando-se com o Campo Energético
Unificado e com o Campo Xamânico** 55
    Xamanismo e o campo xamânico 56
    Efeitos ao se conectar com o campo xamânico 62

Desbloqueando nossas conexões novamente 66
O papel da tradição e da cultura ao se conectar
com os campos 68

Capítulo 3 **Começando: Usar o Movimento para Abrir,**
Desbloquear, Estabelecer
e Receber a Energia 73
Concentrando energia...74
Estabelecimento 74
Leves batidas nos dedos dos pés 77
    Antes de começar 77
    A prática 79
    Quando dar leves batidas nos dedos dos pés 80
Leves batidas no corpo todo.......................................81
    Antes de começar 81
    A prática 81
    Quando dar leves batidas no corpo todo 84
Sacudindo os ossos..85
    Antes de começar 86
    A prática 87
    Quando sacudir os ossos 87

Capítulo 4 **O Centro do Coração e a Arte**
do Toque Sagrado..89
Aprofundando-se na natureza transpessoal
do centro do coração 91
A energia do coração...92
Os quatro atributos do centro do coração..................95
    Compaixão 95
    Harmonia inata 96
    Presença de cura 97
    Amor incondicional..97
Meditação do centro do coração 98
    Antes de começar 100
    A prática 101
    Quando usar a meditação do
    centro do coração 101
Prática diária 101
Toque sagrado 102
    A prática 103

Quando usar o toque sagrado 104

Capítulo 5 **Sentindo e Movimentando a Energia** 105
Preparando as mãos para trabalhar
com a energia 106
    Antes de começar 107
    A prática 107
Percebendo a energia entre as mãos 108
    A prática 109
Liberando a energia das mãos 109
Analisando o campo energético 110
    Analisando seu próprio campo energético 110
    Analisando os campos energéticos dos outros 111
Movimentando a energia com
atenção e consciência 112
Respiração abdominal 113
    Antes de começar 114
    A prática 114
    Quando usar a respiração abdominal 115
Respiração do chacra raiz 116
    Antes de começar 116
    A prática 116
    Quando usar a respiração do chacra raiz 117
Respiração circular 118
    Antes de começar 118
    A prática 118
    Quando usar a respiração circular 119
Conexão energética com o corpo todo 120
    Antes de começar 120
    A prática 120
    Quando usar a conexão energética
    com o corpo todo 126
Usando instrumentos para movimentar
a energia 126

Capítulo 6 **Equilíbrio, Alinhamento e**
Sabedoria do Corpo 129
Exercício de consciência primária 134
    A prática 134
Conduzindo múltiplos estados de consciência 135
    A prática 135

Quando conduzir múltiplos
estados de consciência...137
Despertando a resposta do corpo 138
A prática 138
Quando despertar a resposta do corpo 140
Movimento energético e os chacras 142
Meditação dos chacras 144
   Antes de começar 144
   A prática 144
   Quando usar a meditação dos chacras................148
Movimento energético de forma livre......................149
   Antes de começar 149
   A prática 149
   Quando usar o movimento energético
   de forma livre 150

Capítulo 7 Centros energéticos específicos e técnicas direcionadas ao movimento de energia 151
Leves batidas atrás do coração..............................152
   Antes de começar 154
   A prática 154
Leves batidas nos pés..154
   Antes de começar 155
   A prática 155
Leves batidas no sacro...155
   Antes de começar 156
   A prática 156
   Quando dar leves batidas no sacro 157
Fluxo do fígado 157
   Antes de começar 157
   A prática 157
   Quando usar o fluxo do fígado 159
Leves batidas no coração superior 159
   Antes de começar 159
   A prática 159
   Quando dar leves batidas no coração superior 160
Exercitando a mandíbula...160
   Antes de começar 161
   A prática 161
   Quando exercitar a mandíbula...........................162
Exercitando a mandíbula: prática adicional 162

Antes de começar 163
A prática 163
Exercitando os olhos 163
    Antes de começar 164
    A prática 164
Leves batidas na parte posterior da cabeça 165
    Antes de começar 166
    A prática 166
    Quando dar leves batidas na parte
    posterior da cabeça 166
Fluxo das passagens sagradas 166
    Antes de começar 167
    A prática 167
Devolução 168
    Antes de começar 168
    A prática 168
    Quando usar a devolução 169
Posição de descanso antes de dormir 170
    Antes de começar 171
    A prática 171

Capítulo 8 Receptividade 173
Nosso campo energético dinâmico e complexo 174
Diferentes camadas, diferentes
informações energéticas 177
Aprendendo a interpretar o campo energético 179
Sim, não e uau 180
    A prática 180
    Quando usar sim, não e uau 180
Sentindo o corpo todo 181
    Antes de começar 181
    A prática 181
    Quando sentir o corpo todo 183
Conectando-se com a terra 183
    Antes de começar 183
    A prática 184
Perdão 185
Meditação metta 185
    Antes de começar 186
    A prática 186
    Quando usar a meditação metta 187

Capítulo 9 Presença e despertar 189
   Presença: estar conectado ao campo energético
   da consciência 190
   Sentindo a presença 194
   Visão suave 196
      A prática 197
   Audição suave, mente suave, corpo suave 197
   Concentrar, abrir e permitir 198
      A prática 199
   Despertar 200

**Capítulo 10 técnicas energéticas para sintomas específicos
e diagnósticos médicos convencionais** 203
   A cura pela energia complementa
   a medicina convencional 208
   Práticas energéticas para a dor 211
      Dor aguda 212
         Técnica para drenar a dor 212
         Dor aguda de uma tensão muscular 213
         Dor nas costas 213
         Dor no quadril 214
         Dor no joelho 214
         Dor no pescoço 214
         Dores de cabeça 215
         Dor abdominal 216
         Fibromialgia 216
   Práticas energéticas sugeridas para doenças
   e condições específicas 217
      Ansiedade 217
      Doença autoimune 218
      Câncer 218
      Fadiga crônica 219
      Depressão 219
      Refluxo gastroesofágico e outros
      problemas estomacais 220
      Fadiga 221
      Doença cardíaca 221
      Hipertensão 222
      Lesões e machucados 222
      Neuropatia nas pernas, síndrome das pernas
      inquietas e insônia 223

Problemas no fígado 223
Problemas respiratórios 223
Artrite reumatoide e osteoartrite 224
Problemas de pele 224
Cirurgia 224
Disfunção temporomandibular 225
Viroses 225
Saúde reprodutiva das mulheres 226
    TPM e menstruação 226
    Fertilidade e preparação para a gravidez 226
    Gravidez 226
    Menopausa 226
Técnicas de cura pela energia para as crianças 227

Conclusão **Uma última história** 229
Referências adicionais 231

As Práticas Energéticas

Concentrar, Abrir e Permitir 198
Conduzindo Múltiplos Estados de Consciência 135
Conectando-se com a Terra 183
Conexão Energética com o Corpo Todo 120
Despertando a Resposta do Corpo 138
Devolução 168
Exercício de Consciência Primária 134
Exercitando a Mandíbula 160
Exercitando a Mandíbula: Prática Adicional 162
Exercitando os Olhos 163
Fluxo das Passagens Sagradas 166
Fluxo do Fígado 157
Leves Batidas Atrás do Coração 152
Leves Batidas na Parte Posterior da Cabeça 165
Leves Batidas no Coração Superior 159
Leves Batidas no Corpo Todo 81
Leves Batidas no Sacro 155
Leves Batidas nos Dedos dos Pés 77
Leves Batidas nos Pés 154
Meditação do Centro do Coração 98
Meditação dos Chacras 144
Meditação Metta 185
Movimento Energético de Forma Livre 149
Percebendo a Energia entre as Mãos 108
Posição de Descanso Antes de Dormir 170
Preparando as Mãos para Trabalhar com a Energia 106

Respiração Abdominal 113
Respiração Circular 118
Respiração do Chacra Raiz 116
Sacudindo os Ossos 85
Sentindo o Corpo Todo 181
Sim, Não e Uau 180
Técnica para Drenar a Dor 212
Toque Sagrado 102
Visão Suave 196

Prefácio de Andrew Weil, M.D.

Nos anos em que estive pesquisando sobre o bem-estar fisiológico e emocional, observei e experimentei os efeitos profundos da cura pela energia. À medida que mais pessoas procuram maneiras de proteger e aprimorar sua própria saúde, aumentam o interesse e a consciência sobre os sistemas de cura relacionados a energias sutis do corpo e do ambiente. Ao mesmo tempo, a série de modalidades de curas pela energia disponível se expandiu amplamente – tanto que pode se tornar muito difícil determinar qual é a melhor modalidade para você em um determinado momento. Algumas delas podem parecer estranhas, e você pode achar que vários sistemas parecem contradizer uns aos outros.

Temos muita sorte de ter este novo livro da dra. Ann Marie Chiasson para nos ajudar. Ela transcende as contradições dos diversos sistemas ao se concentrar em sua raiz comum: o corpo em si. É surpreendente como podemos esquecer com facilidade o fato de que tudo que sabemos sobre a saúde do corpo veio à nossa consciência ao se prestar muita atenção ao corpo em primeiro lugar. Sistemas de cura são criados pelas observações, mas eles são sempre condicionais, sua eficácia sempre depende de revelações contínuas do corpo. Se você ficar preso no padrão de um sistema particular, pode ficar cego a experiências que fujam dos parâmetros desse sistema. Nestas páginas, a dra. Chiasson utiliza seu vasto conhecimento pessoal e profissional para nos conectar à sabedoria do corpo em si.

Tive o privilégio de conhecer a dra. Chiasson como uma aluna e colega no Centro de Medicina Integrativa da Universidade do Arizona. Ela veio a nosso centro inicialmente como médica de família e se inscreveu na associação de Medicina Integrativa. Após se graduar nesse treinamento, ela se juntou à nossa faculdade como professora assistente clínica de medicina, responsável por introduzir a medicina do futuro aos estudantes de medicina e residentes que vêm até nós. Seus interesses de especialização são a cura pela energia, a meditação e as cerimônias de cura.

Credenciais acadêmicas e profissionais não transmitem tudo o que a dra. Chiasson oferece. Sei que ela é uma doutora com enorme compaixão, vivacidade e bom humor. Ela aborda a cura com um espírito de alegria respeitável e com uma investigação incisiva. Com base em anos de pesquisa pessoal sobre tradições de cura na América do Norte e na América do Sul, ela continua a aprofundar seu conhecimento sobre os mistérios de cura e a experiência humana. Além disso, ela é uma excelente contadora de histórias que encanta com as descobertas espontâneas que podem ocorrer em meio à simples interação humana. Não é incomum sair de uma conversa com a dra. Chiasson se sentindo como se tivesse acabado de dar risadas com uma boa amiga, mas depois perceber quanto você aprendeu.

Como continuo a ensinar e aprimorar a Medicina Integrativa, mantenho-me firmemente entusiasmado com o trabalho de profissionais como a dra. Ann Marie Chiasson. Ela não só está aprofundando nossa consciência sobre as possibilidades da cura pela energia, como também está fortalecendo os indivíduos com o método de escutar a sabedoria profunda de nossos corpos. Ela também é adepta a tratar da interação da cura pela energia com a medicina convencional. Considero este livro um excelente guia para todos os interessados em explorar a energia como uma forma de manter uma vida dinâmica e saudável.

Introdução

Saúde e Cura: uma Mudança Crucial para Nosso Tempo

"Esquecido, levante-se!
Está amanhecendo,
é hora de começar a busca"
Lalla, *Naked Song*

Este livro é uma introdução sobre autocura e uma percepção ampliada da energia dentro de seu corpo e, por extensão, do mundo à sua volta. Você aprenderá práticas energéticas úteis e, basicamente, a interpretar a realidade a partir do plano da energia. Ao interpretar a realidade a partir desse plano, você pode passar por múltiplas camadas de informação do corpo por meio do que percebe, sente e até mesmo escuta sobre sua energia, e pode se tornar apto a movimentar a energia em seu corpo e em seu ambiente.

Comecei a aprender sobre a cura pela energia antes mesmo de considerar a ideia de frequentar uma faculdade de medicina. Conheci uma terapeuta que realizava cura pela imposição das mãos e tive aulas de cura pela energia com ela. Comecei a praticar a cura pela energia em meu tempo livre. Anos depois, quando entrei para a faculdade de medicina, fiquei curiosa sobre como o corpo energético interagia com o corpo físico e como o padrão da cura pela energia se encaixaria com o que eu iria aprender sobre a medicina convencional. Como esses dois sistemas funcionariam juntos? De meu ponto de vista, um paradigma não era mais importante que o outro; eles pareciam ser diferentes visões sobre o mesmo tema: saúde e cura. Para minha surpresa, nenhum terapeuta ou médico que conheci tinha a mesma opinião, e a maioria deles não concorda com ela até hoje.

Além disso, eu tinha um problema de saúde que estava causando dor crônica. Enquanto eu estava fazendo residência, passei por uma cirurgia para resolver o problema, mas a dor persistiu mesmo após a inexistência de uma razão médica para isso. Meu médico deduziu que uma depressão era a causa implícita. Eu sabia que existia outro padrão que explicava a dor e que poderia me afastar dela. Eu sabia, por meio da cura pela energia, que a dor residual estava localizada no plano do corpo energético. Comecei a aprofundar meu estudo sobre cura pela energia visitando terapeutas e xamãs ao redor do mundo. Quando a dor finalmente se extinguiu, fiquei atraída pelo ensinamento dessas pessoas que realizavam a cura pela energia.

Por meio desse processo de cura, percebi que nossa abordagem atual sobre cura pela energia, modalidades de energia e outros padrões de cura (incluindo a medicina convencional) está muito fragmentada. Nós nos concentramos em como colocar as técnicas em prática. Concentramo-nos nas diferenças, ou divergências, entre os padrões de cura. Concentramo-nos em como erradicar nossa doença, em vez de auxiliar o mecanismo de cura implícito do corpo. Embora essa abordagem tenha trazido muitos avanços notáveis nos últimos 200 anos, devemos nos aprofundar bem mais para darmos o próximo salto em nossa experiência de cura, alcançando a raiz comum de todos os nossos padrões de cura.

O único elemento que todas as modalidades de cura têm em comum, na camada mais profunda, é *o corpo* – tanto no plano físico quanto no plano energético. Apesar de isso parecer óbvio, as implicações são profundas. Algumas dessas implicações incluem:

- O corpo tem sua própria consciência, que é totalmente diferente da consciência com a qual geralmente nos identificamos.
- O corpo realiza sua própria cura e está constantemente se movendo em direção à autocura.
- Em vez de ser o inimigo, a doença é um passo inicial do corpo em direção à autocura.
- Todos os paradigmas de cura que conhecemos convergem e são acessíveis a nós no plano da sabedoria do corpo energético.

O corpo é a fonte de sabedoria e informação, mas como podemos extrair esse conhecimento? Aprendendo a interpretar a realidade e o corpo pelo plano da energia. A partir do momento em que começamos a interpretar a realidade por esse plano, todos os diferentes paradigmas começam a fazer sentido em uma perspectiva mais ampla e completa. As diversas formas de cura começam a se associar facilmente. A cura não significa mais apenas usar uma técnica para um problema e outra técnica para outro problema; trata-se de aprender como interpretar nosso próprio corpo para obter a ajuda da qual precisamos para reequilibrá-lo.

Eu chamo isso de *medicina corpo-mente*. O corpo informa a mente sobre o que está acontecendo. Nós usamos o corpo como nossa ferramenta, e a mente pode formular as perguntas e respostas pela informação que o corpo fornece. Quando carregamos essa consciência "de corpo inteiro" da realidade da energia, torna-se muito mais fácil explorar e compreender a cura. Permitir que o corpo informe a mente é um processo natural, mas, com a mudança no desenvolvimento de nossa mente racional e dos processos racionais ao longo das últimas centenas de anos, algumas das conexões do corpo para a mente, e entre os hemisférios direito e esquerdo do cérebro, foram enfraquecidas ou ignoradas. Essa perspectiva corpo-mente significa desbloquear a abertura de nossa consciência permitindo a entrada de mais informações do corpo energético sobre nossas vidas, sobre a maneira como vemos nosso mundo (que informa nossa realidade) e sobre a cura.

Neste livro, discutirei a realidade da energia explorando o *campo unificado* e o *campo xamânico*. É por meio dessa exploração que a convergência acontece. Interpretar ou ver a realidade pelo plano de energia não é como aprender as notas de uma canção; é aprender o que é a música e como executar a música. Muitas pessoas já me perguntaram se eu "acredito" na cura pela energia. Quero enfatizar que aprender e usar a cura pela energia não se trata de crença. Eu não preciso acreditar na eletricidade para as luzes se acenderem em minha casa. A natureza vive pelas regras da energia. E nós também, embora nem sempre estejamos conscientes disso, e alguns raramente tenham essa consciência. Quando eu estava grávida de minha primeira criança, ficava admirada que, enquanto eu estava trabalhando no hospital, indo ao mercado ou dormindo, o feto dentro de meu corpo estava crescendo. Minha consciência sobre a gravidez tinha pouca regra; o bebê estava crescendo, quer eu estivesse prestando atenção a isso ou não. Da mesma maneira, nosso corpo está vivo, consciente e usando energia, mesmo quando não temos consciência de estar fazendo isso. A cura pela energia significa desbloquear a abertura do que vemos, sentimos e experimentamos do mundo. A energia se movimenta no corpo e no ambiente o tempo todo. Cada um de nós tem uma habilidade natural para interpretá-la e trabalhá-la, embora a especialidade de cada um varie.

Irei apresentá-lo a essa forma radicalmente diferente de interpretar sua realidade ao introduzir informações estruturadas e não estruturadas. Precisamos de informações estruturadas para construir o suporte de um novo tópico que está sendo aprendido. Também precisamos de informações não estruturadas, como a experiência, para fazer a informação ganhar vida e transformar-se em conhecimento. Acrescente anos de conhecimento a mais experiência, e assim se chega à sabedoria. A experiência é a melhor forma de informação não estruturada, então eu o incentivo a realizar os exercícios deste livro até estar apto a cada um. Praticar a cura pela energia a partir dessa perspectiva leva tempo. Recomendo que espere nove meses antes de olhar para trás e avaliar o que mudou em sua saúde, em sua cura e em sua vida.

Eu o apresentarei a diversos padrões de cura pela energia, de forma que você possa começar a ver o que está subjacente à perspectiva energética. Você pode explorar todos os padrões ou utilizar aquele que melhor se aplique a você. Não importa qual é sua visão primária sobre a cura pela energia. Só é importante que você continue a explorar o que está acontecendo com seu corpo. Esse é o modo como você poderá extrair para si mesmo o que está acontecendo a partir do plano da energia.

Eu também me utilizo de muitas histórias para conduzir as informações ou minha experiência de me tornar ciente de certos aspectos da cura pela energia. Embora elas possam parecer divagações, eu as incluo para lhe fornecer uma representação similar a uma experiência. As histórias transmitem energia e padrão; a energia e o padrão da história permitem ao ouvinte ou leitor obter uma experiência indireta da história. A representação da energia e o padrão são como uma descrição de experiências que pode ser extraída de uma história, geralmente sem esforço. Fornecer essa descrição de experiências é a função dos mitos, das histórias e, mais recentemente, dos filmes, nas culturas ao redor do mundo. O padrão de uma experiência pode ser conferido por meio de uma história, como se a pessoa tivesse tido a experiência por si mesma. Até mesmo a medicina convencional está aderindo atualmente ao poder da história no processo de cura; esse novo aspecto da medicina é chamado de *medicina narrativa*. Com o intuito de lhe fornecer uma melhor habilidade para interpretar a energia e o padrão no processo de cura pela energia, incluo histórias de minhas experiências em diferentes etapas de minha pesquisa.

Podemos também falar de informações estruturadas e não estruturadas como informações racionais ou irracionais e até mesmo como atividade cerebral dos hemisférios esquerdo e direito. O pensamento racional e o aprendizado didático ocorrem principalmente no hemisfério esquerdo, e o aprendizado não racional e as habilidades não racionais ocorrem principalmente no hemisfério direito. A cura pela energia e a maioria das habilidades utilizadas para perceber, ver, sentir e interpretar a energia residem na área não racional do cérebro. Interpretar a realidade a partir do plano da energia envolve habilidades que dependem do lado direito do cérebro, experiencial e irracional. Se você nunca trabalhou com a energia antes, aprender a interpretá-la e dedicar-se à cura pela energia pode ser como aprender um idioma estrangeiro. Quanto mais você luta e se esforça para entender o conteúdo, mais está usando o processo racional em vez do processo experiencial. Você pode compreender os conceitos imediatamente, mas, se não conseguir, não precisa ficar preocupado. Em vez disso, eu o incentivo a permitir que seu mundo entre em conflito, a utilizar as práticas e observar o que acontece. O livro pode levantar tantas perguntas quanto possui de respostas. Se isso acontecer, significa que você está no caminho certo para aprender essa nova linguagem.

Espere ser transformado por aquilo que aprender. Depois de utilizar as técnicas deste livro por alguns meses ou mais, você poderá perceber que a maneira com a qual observa seu corpo – assim como sua vida e o mundo à sua volta – mudou. Provavelmente, você se sentirá como uma parte do mundo natural de novo. Você se sincronizará novamente com a naturalidade do que está acontecendo dentro de você e à sua volta, e a sensação de estar separado do mundo natural irá desaparecer. A sabedoria do corpo reside dentro do corpo. É nosso acesso à sabedoria que rege como trabalhamos com o corpo físico e com o corpo energético. Conforme você utilizar as práticas deste livro, sugiro que realize as técnicas rigorosamente, da forma como são descritas, por alguns meses, para conseguir extrair o que cada prática oferece. Entretanto, quando começar a sentir o corpo no plano da energia, poderá encontrar variações ou novas práticas que são oferecidas pela sabedoria de seu corpo.

Eu o incentivo a permitir que seu corpo, a energia dentro dele e o mundo natural à sua volta se tornem seus principais professores e orientadores.

Ann Marie Chiasson, M.D.
Tucson, Arizona

Capítulo 1

Os Princípios da Cura pela Energia

*"Perdida na imensidão entre
a verdadeira consciência e os sentidos
Subitamente acordei dentro de mim..."*
Lalla, *Naked Song*

O padrão de energia subjacente foi documentado pela primeira vez há 5 mil anos na Índia, em um texto chamado *Upanishads*,[1] e também nos textos originais da medicina tradicional chinesa (MTC).[2] Noventa e quatro culturas foram documentadas como tendo um conceito que descreve a energia subjacente do corpo.[3] Cada uma dessas culturas tem um modelo ou sistema de cura baseado em um fluxo de energia implícito, e há tanto similaridades quanto diferenças na forma como elas descrevem e concebem a energia. Proporcionarei uma visão unificada de alguns desses vários sistemas, para que você, assim como eu, possa observar como eles estão ligados uns aos outros.

A medicina energética era utilizada com frequência no Ocidente durante os anos 1800, especialmente por Franz Mesmer, um médico do

---
1. Georg Feuerstein, *The Yoga Tradition: Its History, Literature, Philosophy, and Practice* (Prescott, AZ: Hohm Press, 1998), p. 123.
2. Alex Holland, *Voices of Qi: An Introductory Guide to Traditional Chinese Medicine* (Seattle: Northwest Institute of Acupuncture and Oriental Medicine, 1997), p. 75.
3. Pamela Miles e Gaia True, "Reiki – Review of a Biofield Therapy History, Theory, Practice, and Research", *Alternative Therapies in Health and Medicine* 9, nº 2 (mar./abr. 2003), p. 62-72.

século XIX que foi o pai da hipnose (e cujo nome é a raiz da palavra *mesmerizar*).[4] Mesmer escreveu sobre magnetismo animal, uma energia que poderia ser transferida entre objetos, e ele praticava transferência de energia. O conceito de uma energia subjacente ou força vital era parte de uma medicina convencional até o final do século XIX, quando os médicos e professores de medicina começaram a definir o corpo e suas doenças a partir de sistemas de órgãos (como doença cardíaca, doença respiratória e doença óssea).[5]

Embora essa definição tenha estimulado incríveis avanços, observamos agora uma reintrodução ou ressurgimento de técnicas de cura pela energia na cultura e medicina ocidental. Neste momento, estamos em uma fase de integração; somos capazes de extrair as sabedorias de outros padrões de cura e integrá-los a nossas visões e terapias atuais. Vemos que a medicina é uma arte e que muitos desses padrões mais antigos – incluindo a cura pela energia, a medicina tradicional chinesa, a medicina ayurvédica, a medicina mente-corpo (que tem origem nos templos de Asclépio na Grécia antiga) e a medicina botânica ou herbal – são importantes no tratamento de certas doenças. Técnicas e terapias de energia podem ajudar na prevenção de doenças e no bem-estar geral – e nas condições em que a medicina convencional se mostra insuficiente, como dor crônica, doença crônica e cura de trauma físico ou psicológico profundo. Estamos começando a observar uma integração de padrões muito diferentes e podemos explorar qual técnica funciona melhor para uma determinada doença ou combinação de sintomas.

Atualmente, o Centro Nacional de Medicina Complementar e Alternativa dos Estados Unidos (NCCAM), que faz parte dos Institutos Nacionais da Saúde (NIH), define dois tipos de campos energéticos: *verdadeiros* (medidos) e *aceitos* (ainda não medidos). Campos energéticos verdadeiros podem ser medidos cientificamente; eles incluem, como aponta o NCCAM, "campos eletromagnéticos usados em ressonâncias magnéticas, marca-passos, radioterapia, raios ultravioleta para tratamento de psoríase e em ceratoplastia a laser".[6] Embora essas terapias utilizem campos energéticos, a medicina convencional não se refere a técnicas que funcionam com campos energéticos verdadeiros como *medicina energética* ou *cura pela energia*. Em vez disso, esses termos são geralmente aplicados a técnicas de cura que se encaixam

---

4. John S. Haller Jr., *Swedenborg, Mesmer, and the Mind/Body Connection: The Roots of Complementary Medicine* (West Chester, PA: Swedenborg Foundation, 2010), p. 72.
5. Erwin H. Ackerknecht, *Medicine at the Paris Hospital 1794-1848* (Baltimore: Johns Hopkins University Press, 1967), p. 53.
6. National Center for Complementary and Alternative Medicine (NCCAM), "Energy Medicine: An Overview", *Backgrounder* (National Institutes of Health, 2003).

nos campos aceitos que o NCCAM descreve. De acordo com o NCCAM, os campos aceitos "desafiam a medição ao datar por métodos reprodutíveis".[7] Entretanto, o NCCAM reconhece que o conceito de pessoas recebendo uma forma sutil de energia tem persistido há mais de 2 mil anos e que essa energia tem muitos nomes, "como *qi* na Medicina Tradicional Chinesa (MTC), *ki* no sistema japonês *kampo, doshas* na medicina ayurvédica e *prana, energia etérea, fohat, orgone, força ódica, mana* e *ressonância homeopática* em outros lugares".[8]

No momento, o NCCAM define a cura pela energia como técnicas medicinais complementares e alternativas que envolvem os campos aceitos. Discussões sobre a energia e como lidar com o campo energético do corpo ocorrem tanto dentro quanto fora dos círculos da medicina convencional, embora alguns médicos e cientistas considerem o corpo energético e a cura pela energia como enganação. O que *eu* posso compartilhar é que muitos médicos que atuam há anos, ou até mesmo a maioria deles, compreendem intuitivamente a função de algo distinto da ciência no processo de cura. Nós apenas ainda não temos uma linguagem comum para descrever o que é essa "outra" coisa.

A falta de pesquisa médica e verificação científica do campo energético do corpo tem impedido muitos profissionais e pesquisadores da medicina convencional a aceitarem e utilizarem técnicas de cura pela energia. É difícil examinar o campo energético do corpo, mas algumas pesquisas estão aparecendo. Há informações claras e reproduzíveis mostrando que a cura pela energia pode diminuir a dor e o uso de medicamentos. Também podemos avaliar o efeito que um terapeuta energético tem sobre as plantas e os animais.[9] Provavelmente continuarão a existir ambiguidades sobre a definição da cura pela energia e sobre o que é proveitoso até ser inventado um método de medir com precisão o campo energético do corpo de uma forma que concorde com a medicina convencional.[10] Já existem trabalhos iniciais sobre a medição do campo energético do corpo por pesquisadores nos Estados Unidos, Canadá e Europa, incluindo James Oschman, Ph.D., Melinda Connor, Ph.D., e Gary Schwartz, Ph.D.

---

7. Ibid.
8. Ibid.
9. Gary E. Schwartz, *The Energy Healing Experiments: Science Reveals Our Natural Power to Heal* (New York: Atria, 2007), p. 138-147.
10. Victoria Maizes e Tieraona Low Dog, eds., *Integrative Women's Health* (New York: Oxford University Press, 2010), p. 125-135.

O CORPO ENERGÉTICO

A cura pela energia, ou a medicina energética, é baseada no conceito antigo de que existe uma força vital, um fluxo de energia subjacente, tanto dentro do corpo físico quanto em sua extensão. O sistema energético completo do corpo é referido como *campo energético*, *corpo energético*, *biocampo* ou *corpo sutil* – todos termos intercambiáveis. Esse sistema de energia é o padrão pelo qual o corpo físico se desenvolve, e ele orienta a função do corpo. Gosto de imaginar o corpo físico como uma planta e o corpo energético como o solo no qual a planta cresce. O solo influencia o crescimento e a saúde da planta. Enquanto outros fatores além do solo (como trauma, temperaturas muito frias e pouca luz do sol) podem causar impacto para a saúde da planta, a homeostasia total e o crescimento dela dependem do solo.

O fluxo de energia através do corpo sutil pode ser comparado ao fluxo da água através de um rio e seus afluentes. Se uma barragem for construída ao longo do rio (um volume de energia se forma) ou uma chuva intensa verter mais água para ele (ocorrer uma enorme corrente de energia), a água irá transbordar e criar novas correntes. Se houver uma contenção da água (energia), os afluentes rasos e menores irão secar. Nosso objetivo na cura pela energia é manter a água (a energia) fluindo naturalmente através do sistema, desobstruindo o rio principal e seus afluentes e retirando todos os sedimentos que se formarem, por assim dizer.

Qual é a anatomia do corpo energético? A resposta para essa pergunta depende da cultura e do padrão de cura pela energia que estamos analisando. Atualmente, na cultura ocidental, os padrões mais conhecidos têm origem na medicina tradicional chinesa (MTC), que inclui os *dan tiens* e os *meridianos*; o *sistema de chacras* e *aura* na Índia; e a *matriz* descrita em muitas tradições xamânicas. Todos esses sistemas já foram bastante descritos em outros lugares; darei uma visão geral de cada um, e as referências podem fornecer um material mais abrangente.

Os *dan tiens* e os meridianos

A medicina tradicional chinesa é o sistema mapeado de energia mais complexo de se datar. Os textos antigos escritos sobre a MTC são de 5 mil anos atrás e descrevem técnicas que ainda são empregadas atualmente: medicinas herbais, acupuntura, respiração, movimento e técnicas energéticas para recuperar o equilíbrio de energia do corpo, ou *chi (qi)*.

Na MTC, existem três centros energéticos principais, chamados de *dan tiens* (figura 1). Eles também são mencionados como corpos

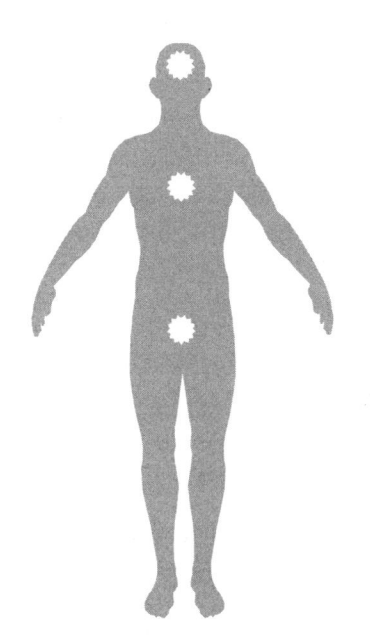

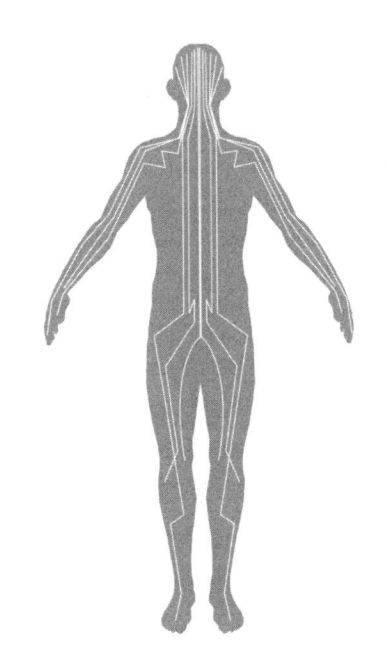

Figura 1: Os *dan tiens* **Figura 2:** O sistema de meridianos

energéticos separados que residem no corpo energético. O *dan tien* inferior regula ou controla a energia ou vitalidade completa do corpo. O *dan tien* médio é responsável pelo coração, pelo timo, pela garganta e pelo corpo emocional; o *dan tien* superior é responsável pela cabeça, pelo cérebro e pelo corpo espiritual.[11] Esses centros energéticos são como círculos de energia dentro do corpo. Eles se comunicam entre si e com os órgãos do corpo, assim como com os meridianos (ver figura 2), para influenciar e afetar a função do corpo.

Além disso, cada órgão tem uma energia que se comunica com os outros órgãos do corpo e os influencia. Por exemplo, o fígado pode afetar o baço, ou o baço pode afetar o coração.

Além dos *dan tiens* e dos órgãos, bem embaixo da pele, existe o sistema de meridianos, uma série de canais energéticos lineares através do corpo (figura 2). A acupuntura, a acupressão e muitas das técnicas de leves batidas no corpo apresentadas neste livro trabalham esse sistema de meridianos.[12]

---

11. Maureen Lockhart, *The Subtle Energy Body: The Complete Guide* (Rochester, VT: Inner Traditions, 2010), p. 89.
12. Peter Deadman e Mazin Al-Khafaji, *A Manual of Acupuncture* (East Sussex, UK: Journal of Chinese Medicine Publications, 2011), p. 11.

O sistema de chacras

Da Índia nós temos o sistema de chacras, descrito há 5 mil anos em uma coleção de textos chamados Upanishads. Os Upanishads foram os primeiros textos escritos da filosofia indiana que descreviam as origens da saúde.[13] No sistema de chacras, o corpo energético contém sete círculos ou vórtices de energia principais (figura 3), com pequenos vórtices secundários em cada articulação. A forma como esses vórtices principais rodam ou como eles comunicam seu fluxo energético uns com os outros controla a saúde do corpo. Cada um desses chacras tem uma função e um efeito sobre o corpo. Eles influenciam o funcionamento dos órgãos por meio de um fluxo de energia saudável ou pela falta de fluxo. Por exemplo, no plano da energia, o primeiro chacra é uma das passagens, ou pontos de conexão, para um campo energético maior à nossa volta (ver capítulo 2). Ele se conecta e se comunica com o campo energético maior à nossa volta, interpretando sua energia. Na mesma extensão em que esse chacra está se comunicando com o campo energético em volta do corpo, nós estamos *estabelecidos*. (Falaremos mais sobre esse tipo de estabelecimento no capítulo 3.) O segundo chacra recebe a energia do primeiro chacra e a transforma na energia interna do corpo, de forma muito semelhante ao *dan tien* inferior no sistema chinês. No capítulo 6, discutiremos as funções dos outros chacras e como eles trabalham em conjunto.

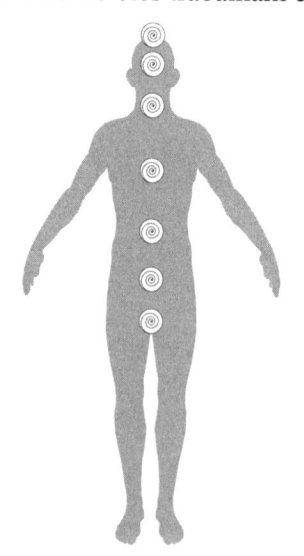

Figura 3: O sistema de chacras

---
13. Feuerstein, p. 10.

A aura

Conectada ao sistema de chacras e também originária da tradição hindu, a aura é o aspecto de nosso corpo energético que irradia do corpo físico e está em constante comunicação com tudo à sua volta (figura 4). Quando você fica perto o suficiente de outras pessoas, está dentro do campo áurico delas, e elas estão dentro do seu. Chamamos essa área de "espaço pessoal", embora ela se estenda muito além do que consideramos, em nossa cultura, espaço pessoal.

Há uma quantidade extraordinária de informações na aura de uma pessoa. A tradição hindu delineia camadas de aura chamadas *kosas*.[14] Essas camadas se associam aos chacras e a outros aspectos de uma pessoa, tanto conscientes quanto inconscientes, bem como às camadas comuns do corpo, que são camadas do campo energético realmente compartilhadas por agrupamentos como casais, famílias, clãs ou culturas. Este é um tópico mais complexo do que o escopo deste livro, mas eu o menciono aqui porque você poderá se deparar com essa sabedoria energética ao utilizar o material que eu apresento neste livro.

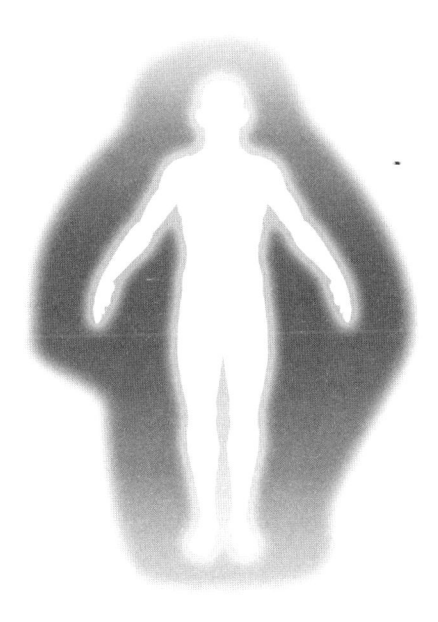

Figura 4: A aura

---

14. Lockhart, p. 29.

A matriz

As tradições de cura orais, tanto nas tradições xamânicas como nas culturas aborígenes, descrevem uma matriz de energia que é como uma rede dentro do corpo. Essa matriz é semelhante ao sistema de meridianos chinês, mas está localizada mais profundamente no corpo e é uma rede de energia tridimensional feita de filamentos bem finos de energia (figura 5). O padrão da matriz está se tornando mais popular na cultura ocidental com o advento de técnicas energéticas que trabalham com ela.

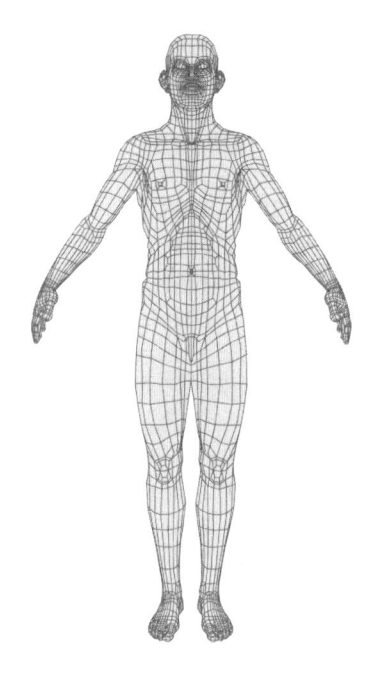

Figura 5: A matriz

Conheci o sistema de matriz de energia por meio de um cirurgião psíquico que estudou na África Ocidental e em Iucatã. Na visão xâmanica, ou *nagual*, mexicana, o Universo todo é visto como uma matriz de filamentos de energia.[15] Esses filamentos entram no campo

---

15. Carlos Castaneda, *The Teachings of Don Juan: A Yaqui Way of Knowledge* (Berkeley: University of California Press, 1969), p. xvi. Embora tenha havido controvérsia sobre se don Juan Matus, o xamã retratado no livro *A Erva do Diabo*, de Castaneda, era real ou uma composição de xamãs que Castaneda reuniu para seus escritos, encontrei muitas pessoas no México que conheciam esse *nagual* (xamã), e até mesmo alguns dos membros da família de don Juan. Apesar de os livros de Castaneda serem considerados romances, muitos

energético do corpo por meio de um ponto de conexão e depois se juntam a ele. Falaremos mais sobre o ponto de conexão no capítulo 2. A comunicação entre nosso corpo e o campo energético à nossa volta é constante. Nossos corpos energéticos não estão separados da energia que flui no mundo à nossa volta e da energia dos outros seres vivos no campo energético ao nosso redor. Todas as tradições de cura pela energia descrevem a mesma coisa, apesar de cada padrão definir essa conexão de forma diferente. O que eu aprendi e experimentei em relação à matriz em meu próprio estudo com os curandeiros yaquis e maias – e em minhas pesquisas sobre outros ensinamentos místicos – é compatível com grande parte das filosofias de cura egípcias, hindus e tibetanas, embora o vocabulário seja diferente.

O corpo energético tridimensional

Diferentes terapeutas percebem, enxergam e descrevem o corpo energético de forma diversa, de acordo com a maneira como são treinados. Como eu estudei a cura pela energia ao longo dos anos, algumas vezes achei essas diferenças desconcertantes. Era como se pudesse sentir e enxergar apenas o sistema que eu estava aprendendo à época. Eu acesso novas modalidades como uma cética de mente aberta, então, em um estágio de minha jornada, comecei a pensar se estava sentindo ou percebendo minhas mãos e meu corpo por causa de um sinal cerebral proveniente apenas da crença do que eu estava aprendendo no momento (ou seja, minha imaginação). Posteriormente, experimentei outro fenômeno: comecei a perceber caminhos que desconhecia totalmente em meu corpo. Eu me senti confusa quando percebi os canais de energia que cruzavam o corpo de cima a baixo em caminhos que eram diferentes dos sistemas com os quais eu estava familiarizada. Cada vez que eu percebia esses "novos" canais, verificava com uma de minhas professoras, Maria Elena Cairo, e ela confirmava que eu estava lidando com alguma coisa da MTC ou de outro modelo de saúde ou cura. Nesse ponto, notei como todas essas anatomias energéticas trabalhavam juntas, da mesma forma que os sistemas do corpo – sistema ósseo, sistema muscular, sistema cardiovascular, e assim em diante – funcionam juntos.

Na verdade, cada uma dessas anatomias energéticas forma uma camada diferente do corpo energético. Eu acredito que os terapeutas

---

dos detalhes de cura descritos por ele são compatíveis com aqueles que aprendi em meu trabalho com os xamãs yaquis. Esses xamãs yaquis confirmaram que o conhecimento sobre cura estava certo e que os personagens dos livros de Castaneda são ou eram membros reais de sua comunidade.

percebem o corpo energético de acordo com o aprendizado que eles tiveram; o aprendizado os ensina a direcionar sua atenção à anatomia ou camada específica do corpo energético com a qual sua modalidade trabalha. Médicos especialistas ocidentais fazem o mesmo, observando o corpo por meio do sistema com o qual eles estão trabalhando. Um cardiologista concentra-se no coração e no sistema cardiovascular, mas não cuida dos ossos quebrados. Os terapeutas energéticos fazem essas mesmas separações; eles observam o corpo e tratam dele no plano do corpo energético em que foram treinados.

A forma como aprendemos sobre a cura influencia a maneira como vemos e obtemos a cura e como percebemos o campo energético. Esse é um ponto importante para se manter em mente, e pode ser um tanto confuso para um iniciante entender por que terapeutas energéticos diferentes têm explicações e terapias tão diversas e variadas para a mesma dinâmica em um indivíduo.

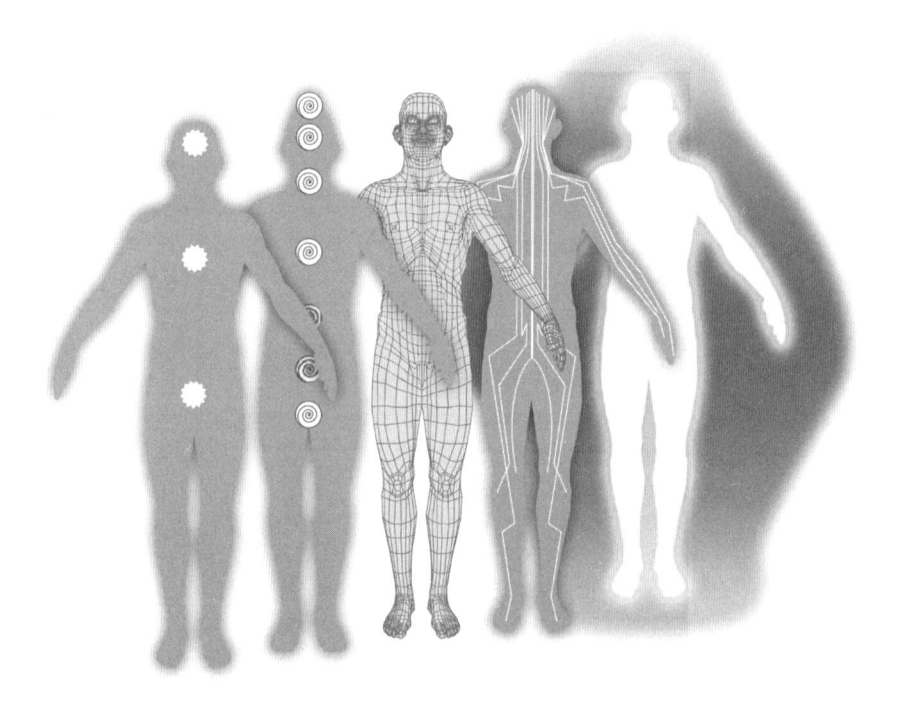

Figura 6: Uma visualização composta das diferentes anatomias energéticas. Na camada mais profunda estão os *dan tiens*. Mais superficialmente estão os chacras, depois a matriz e, finalmente, bem abaixo da pele, os meridianos. A aura está fora e ao redor do corpo físico.

Nesta visualização composta das diferentes anatomias energéticas, na camada mais profunda estão os *dan tiens*. Mais superficialmente temos os chacras, depois a matriz e, finalmente, bem abaixo da pele, os meridianos. A aura se estende para além do corpo – entre aproximadamente seis a nove metros ou mais, dependendo de qual camada de aura estamos tratando. A figura 6 mostra como vejo o corpo energético composto e as diferentes anatomias funcionando juntos. Tenho certeza de que essas representações são descrições bem simples do que está acontecendo, mas ainda assim ajudam a estruturar a maneira como interagimos com o corpo energético.

DOENÇA, TRAUMA E O CORPO ENERGÉTICO

Geralmente, uma enfermidade se desenvolve quando há um problema no corpo energético. Na história natural de uma doença, o corpo energético primeiro fica bloqueado ou desequilibrado. Ao longo do tempo, a doença se desenvolve, até que os sintomas aparecem no corpo físico. A maioria das doenças costuma aparecer anos após o início de uma desordem no fluxo natural da energia, dependendo da localização e da seriedade do bloqueio ou do desequilíbrio (ver figura 7).

Usarei o exemplo de um caso que testemunhei muitos anos atrás em meu consultório para esclarecer esse conceito de uma história natural da doença. Uma mulher veio se consultar comigo com uma coceira crônica nas pernas. Os sintomas que ela tinha eram tão desconfortáveis que suas pernas ficaram com ferimentos por toda a parte, de tanto serem coçadas. No caso dela, primeiro havia um bloqueio energético nas pernas e nos quadris, de forma que o fluxo de energia não estava se movimentando através de suas pernas adequadamente. Além disso, ela tinha o desenvolvimento de uma patologia (inflamação nos membros inferiores), e por isso os sintomas de uma coceira intensa. Ela foi a um dermatologista, que prescreveu o uso de esteroides. Esse geralmente é um tratamento eficaz para esse tipo de neurodermatite, mas os esteroides não funcionaram.

Cerca de um mês depois, ela foi ao meu consultório, e eu prescrevi uma técnica chamada Leves Batidas nos Dedos dos Pés (ver capítulo 3), em razão da energia subjacente. Em um mês, ela não apresentava mais sintomas e suas pernas estavam curadas. (Se eu a tivesse examinado antes do dermatologista, teria prescrito tanto os esteroides quanto a técnica de Leves Batidas nos Dedos dos Pés, pois utilizo todas as modalidades que podem funcionar com um diagnóstico, e não apenas

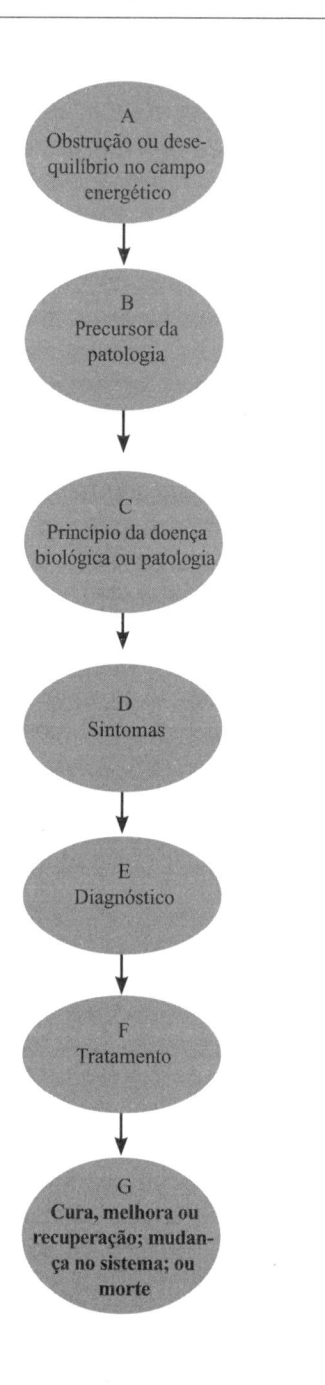

Figura 7: A progressão natural da doença no corpo energético e no corpo físico

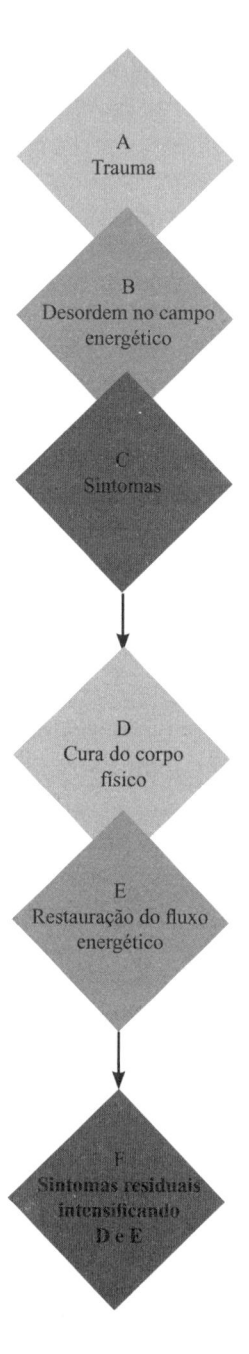

Fluxograma (elipses):
- A — Obstrução ou desequilíbrio no campo energético
- B — Precursor da patologia
- C — Princípio da doença biológica ou patologia
- D — Sintomas
- E — Diagnóstico
- F — Tratamento
- G — Cura, melhora ou recuperação; mudança no sistema; ou morte

Figura 8: A progressão natural do trauma no corpo energético e no corpo físico

Fluxograma (losangos):
- A — Trauma
- B — Desordem no campo energético
- C — Sintomas
- D — Cura do corpo físico
- E — Restauração do fluxo energético
- F — Sintomas residuais intensificando D e E

técnicas de cura pela energia.) Alguns anos depois, ela retornou ao meu consultório, pois a coceira tinha começado de novo. Eu a incentivei a utilizar a técnica de Leves Batidas nos Dedos dos Pés novamente, para movimentar a energia estagnada em suas pernas, e assim seus sintomas foram resolvidos imediatamente.

O ponto principal é que o desequilíbrio energético ocorre primeiro, antes de qualquer sintoma ou patologia, na maioria dos casos de doenças e enfermidades. Uma vez que a patologia está presente, é melhor usar a medicina convencional com todas as outras modalidades eficientes, e trabalhar com o corpo energético durante todo o processo facilitará a cura mais rapidamente.

Enquanto a doença leva tempo para se desenvolver, a dor (um sintoma que vem da energia bloqueada) pode ocorrer imediatamente. No caso de um trauma, o campo energético é interrompido ao mesmo tempo em que o corpo físico. Após a interrupção inicial, o sintoma, a dor, ocorre. Então a cura acontece no plano do corpo energético ao mesmo tempo em que ocorre no corpo físico ou antes de ocorrer nele. Os sintomas residuais ocorrem geralmente por causa de uma obstrução de energia residual ou de uma cura física inadequada (ver figura 8).

A cura do corpo físico e do corpo energético não está separada; trabalhar com o fluxo energético pode acelerar a cura física e ajudar na restauração do funcionamento normal do corpo. Podemos observar isso no caso de um osso quebrado. O campo energético é interrompido ao mesmo tempo em que o osso se quebra. Conforme o osso se regenera, o fluxo de energia também volta a se alinhar tanto quanto possível. Os sintomas residuais, como a dor após o aumento de atividade ou por causa de mudanças climáticas, podem ser tratados no plano do corpo energético. Usar exercícios de energia para restaurar o fluxo energético pode aliviar os possíveis sintomas residuais a longo prazo após a regeneração do osso.

As deficiências no sistema imunológico, levando a infecções, também dependem do fluxo energético do corpo. Essa é uma das razões pelas quais nem todo mundo em uma mesma família pode contrair a gripe que está se disseminando no momento ou algumas pessoas podem combater organismos invasores enquanto outras adoecem. Na verdade, o corpo pode agir em torno de uma infecção, assim como de um abscesso. Um abscesso é a maneira de o corpo tentar retornar à homeostasia, mesmo após a invasão e instalação de uma bactéria ou organismo. O corpo cercará a infecção, e o fluxo energético agirá em torno do abscesso.

O QUE É A CURA?

O corpo energético é o fluxo de energia subjacente que ajuda e auxilia o funcionamento normal do corpo. Apesar de mencionarmos o corpo energético e o fluxo de energia como duas coisas diferentes, eles são, na verdade, uma entidade. O corpo energético é um corpo de energia em fluxo e movimento constantes. Nós podemos auxiliar a saúde do corpo energético e do fluxo de energia abrindo canais de energia e deixando a energia lenta e estagnada fluir em seus padrões naturais. Doenças, sintomas e bloqueios de energia ocorrem no esforço de trazer um padrão de energia novamente a seu fluxo natural. É importante ressaltar que a cura é a restauração do fluxo subjacente no corpo. A cura é a liberação do bloqueio de energia. A cura é a redenção de um machucado que foi infligido ou de uma doença que apareceu. A cura é o retorno do corpo energético à sua integridade, a seu padrão original, embora com imperfeições ou cicatrizes e geralmente com mudanças.

O processo de cura requer um conjunto notável de fatores. Com a doença, ela própria pode ser parte da resposta de cura. A área energeticamente fraca fica envolvida na doença, e, por meio da cura do problema, o fluxo energético e o corpo energético retornam à homeostasia e ao equilíbrio. A doença é a resolução do conflito no plano da energia. A partir dessa perspectiva, a doença é o início da cura no plano do corpo energético. O corpo está se dirigindo à cura, então a doença se forma para compensar o problema de energia crônico ou agudo no corpo. A ideia de que a doença está a serviço do processo de cura é uma maneira radicalmente diferente de enxergar a doença, e permitirá uma avaliação profunda da sabedoria do corpo. O corpo é inteligente, surpreendente e incrível.

A localização física de uma doença, dor ou outro problema nem sempre corresponde exatamente ao ponto bloqueado no corpo energético. Em problemas nas pernas, por exemplo, a dor ou consequência física pode estar no pé ou no joelho, mas o bloqueio de energia geralmente está no quadril (figura 9).

No sistema de anatomia dos chacras, a doença geralmente se manifesta em uma região do corpo físico que está um ou dois chacras afastada do bloqueio de energia. Quando eu estava tendo enjoos matinais durante minha primeira gravidez, uma terapeuta energética trabalhou semanalmente em meu chacra do plexo solar, o chacra responsável pelo estômago, mas a náusea não passava. Na verdade, havia piorado, e eu sentia ânsia durante as refeições. Então, em uma semana, ela trabalhou intensamente em meu coração superior, em meu tórax superior, entre meus quarto e quinto chacras, e nós duas sentimos a energia disparar e

Os Princípios da Cura pela Energia 41

se movimentar. Foi tão emocionante que nós duas dissemos em voz alta e ao mesmo tempo: "Oh!". A forte náusea que eu sentia passou daquele momento em diante. O bloqueio estava em meu peito, mas os sintomas estavam tanto acima quanto abaixo dele, em minha garganta sentindo ânsia e em meu estômago doendo. (Depois, eu aprendi que o coração superior é o local onde trabalhamos e armazenamos o medo; pense em como você segura a respiração quando está com medo, ou como ataques de asma geralmente incluem ansiedade. Talvez a terapeuta tenha sido capaz de liberar o fluxo bloqueado porque eu finalmente me alinhei

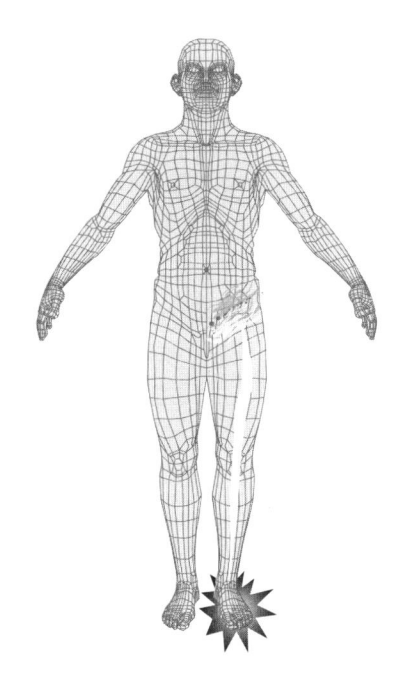

Figura 9: A localização física de uma doença, dor ou outro problema nem sempre corresponde ao ponto bloqueado no corpo energético. Por exemplo, uma dor no joelho ou no pé geralmente tem origem em
um bloqueio energético no quadril.

com a enorme transformação que estava acontecendo com a chegada de minha primeira criança; portanto, eu estava pronta para liberar meu medo por causa da mudança.) No capítulo 10, iremos explorar com mais detalhes a conexão entre doenças e lesões no corpo físico e bloqueios no corpo energético.

O QUE CAUSA BLOQUEIOS OU DESEQUILÍBRIOS ENERGÉTICOS, E COMO ELES PODEM SER RESOLVIDOS?

Quando terapeutas energéticos falam sobre um bloqueio ou um desequilíbrio energético, normalmente significa um lugar no corpo energético onde o fluxo de energia está lento ou não está se movimentando no ritmo que deveria se estivesse em um corpo energético saudável ou desbloqueado. Gosto de usar a analogia de um encanamento em uma casa. Se um cano tiver um estreitamento ou uma obstrução, o fluxo de água através dele não será tão rápido quanto em um cano desobstruído (figura 10). Além disso, a pressão se formará antes do estreitamento no cano, deixando-o mais fraco e possivelmente causando um vazamento. Os caminhos da energia também ficam congestionados, e eles inundam. Sentimos essa inundação geralmente como um aquecimento ou inflamação no corpo físico. Além disso, o bloqueio resultará em um

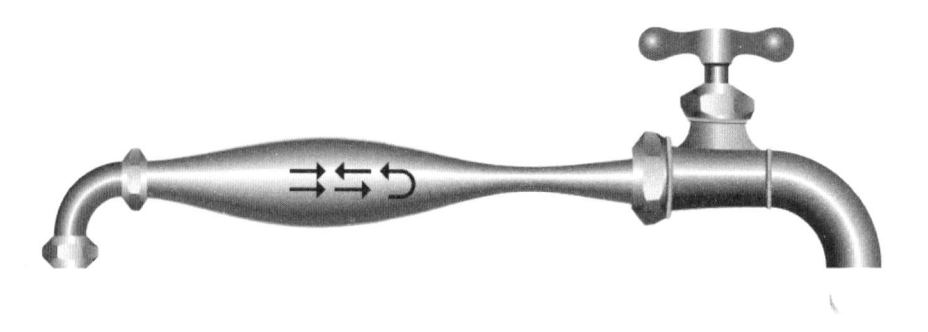

Figura 10: Um bloqueio no corpo energético é como um bloqueio em um cano de água. O estreitamento ou a obstrução no cano (o corpo energético) restringe o fluxo de água (energia), causando uma reserva ou inundação antes do bloqueio e uma escassez à frente dele.

fluxo de energia diminuído mais além no caminho, porque a energia está se formando no bloqueio em vez de se movimentar por um caminho desobstruído. Se considerarmos novamente o bloqueio de energia no quadril, poderá haver não apenas dor no quadril, no joelho ou no tornozelo, mas também menos energia fluindo na região do abdome inferior. A pessoa estará mais propensa a sentir cansaço, pois sua energia central estará diminuída. Em vez de receber energia pelo quadril direito e esquerdo, ela receberá apenas um forte fluxo na perna não afetada.

Há uma miríade de coisas que podem causar um bloqueio ou desequilíbrio no fluxo energético do corpo, e elas são as mesmas coisas vistas como causadoras de doenças e enfermidades na medicina convencional. Elas incluem ameaças externas, como toxinas ou bactérias; causas genéticas ou hereditárias; e trauma físico ou emocional.

Transferir energia, o que podemos praticar com o toque, a respiração e o som, é realmente acrescentar energia a uma área. Podemos acrescentar mais energia por um fluxo fraco ou uma área bloqueada, e com o tempo o canal se abrirá. Remover bloqueios no corpo energético significa romper bloqueios e complicações na matriz, nos chacras ou nos *dan tiens* para ajudar a energia a se mover através deles naturalmente, a fim de alinhar o corpo energético como um todo. Podemos usar o movimento e outras técnicas para permitir que a própria energia do corpo faça essas duas coisas – remover bloqueios e acrescentar energia – ao mesmo tempo. Isso faz com que a energia se movimente entre as partes do corpo, de regiões inundadas ou estagnadas para regiões com fluxo fraco. Exceto no caso de dor, a diferença entre transferir energia, movimentar energia e liberar bloqueios se torna uma questão pouco irrelevante, pois essas três realidades estão trabalhando em uma composição harmoniosa. O principal é manter todo o corpo energético livre e aberto, para a energia que flui promover saúde e cura.

A dor é o resultado de uma energia bloqueada, e a dor crônica indica bloqueios que já estão presentes por algum tempo. Quando existe um bloqueio energético, uma técnica de cura pela energia acrescenta energia ao sistema, aumentando o fluxo energético na região em que há um fluxo diminuído, o que resulta em mais energia no local do bloqueio. Acrescentar energia a um sistema energético com múltiplos bloqueios energéticos pode causar um aumento na dor se você não se movimentar devagar e, ao mesmo tempo, procurar liberar o fluxo nas regiões bloqueadas.

Em alguns aspectos, a cura pela energia trata-se mais de prevenção de doenças e enfermidades do que de sua cura, pois trabalhar com o corpo energético nos permite perceber e solucionar áreas com complicações antes de a doença ou enfermidade se manifestar no corpo físico. Quando uma doença está presente no corpo físico, na maior parte das vezes é requerido o tratamento convencional, embora técnicas de cura pela energia sejam geralmente um ótimo complemento para o tratamento convencional.

Quando comecei a usar técnicas de cura pela energia, uma amiga me pediu para praticar nela. Enquanto ela estava deitada no chão, eu examinei sua aura. Percebi que alguma coisa estava diferente no plano do corpo energético em seu abdome inferior. Comparada à energia do restante do corpo dela, havia uma consistência diferente em sua aura naquela região. Eu me lembro de ter-lhe dito que era como se eu estivesse passando minhas mãos sobre cascalho.

Alguns meses depois, ela me ligou do hospital. Ela tinha ido para a sala de emergência com dor no lado esquerdo do abdome inferior. Uma tomografia computadorizada detectou um tumor bem grande, do tamanho de uma laranja, em seu ovário. "Bem onde você percebeu naquele dia", ela me disse. Como minha amiga tinha uma estrutura física grande, não conseguiu sentir um inchaço ou uma proeminência em seu abdome naquele tempo. Após a cirurgia para retirar o tumor, enquanto ela estava se recuperando no hospital, eu a visitei e pratiquei mais a cura pela energia nela diariamente. Posteriormente, ela me disse que havia se recuperado e conseguiu deixar o hospital mais rápido do que sua equipe médica esperava. Eles ficaram surpresos com a rapidez com que puderam permitir que ela retornasse para casa. Não apenas o campo energético me informou onde estava o problema dela inicialmente, como a cura pela energia no hospital também ajudou sua recuperação – removendo o anestésico usado na cirurgia, com a cura do ferimento, e ajudando-a a se levantar e andar.[16]

COMO PODEMOS MOVIMENTAR A ENERGIA PELO CORPO ENERGÉTICO?

A energia pode ser movimentada no corpo energético por meio de movimento, toque, som e vibração, respiração, eletricidade ou corrente, luz e ímãs. Até mesmo o vento, a chuva ou a luz do sol podem movimentar a energia em nossos corpos, da mesma forma que eles movimentam a energia em nosso meio ambiente. Faça esta experiência: permaneça em uma forte ventania e perceba como você se sentirá depois – mais livre e mais energizado. Você pode fazer o mesmo na chuva e no sol. Até permanecer próximo a uma árvore pode começar a movimentar a energia em seu corpo. Os animais são o melhor exemplo de como as forças naturais podem influenciar sua energia. Está bem documentado que os animais têm um efeito de cura sobre nós; é o efeito do campo

---

16. É possível que meu trabalho com imposição das mãos tenha estimulado uma resposta placebo que a ajudou a se recuperar mais rapidamente. Se isso fizer parte de como a cura pela energia funciona, eu fico muito entusiasmada. A resposta placebo é real; nós a chamamos de *placebo* pois não sabemos o que é responsável pela cura. A resposta placebo ou uma resposta de cura inexplicável é responsável por 30% da cura. Nós procuramos o efeito de placebo, e talvez parte da resposta placebo é o efeito da medicina energética e da medicina mente-corpo.

energético deles, e o poder da transferência de energia pelo toque, que resulta nessa transformação de cura.

Neste livro, irei explorar o movimento, a cura pela imposição das mãos, o som e a respiração como um meio de movimentar a energia. Movimentar o corpo físico promove o fluxo de energia pelo corpo energético e expande o fluxo de energia em todo o corpo energético, e não apenas em uma região. Praticar exercícios rigorosos é uma forma de movimentar a energia, mas mesmo movimentos leves podem ter um forte impacto à medida que a região que está sendo movimentada causa um impacto no fluxo do resto do corpo. Muitas das técnicas de cura pela energia que utilizo e incluo neste livro fazem uso do movimento.

Embora nosso corpo todo possa ser usado para movimentar a energia, nossas mãos são muito sensíveis e têm mais terminações nervosas do que a maioria das outras partes do corpo. Nossas mãos também conduzem uma pequena quantidade de corrente mensurável e podem transferir energia para o corpo com facilidade.[17] O toque é a maneira mais comum e instintiva de transferirmos energia. Ele funciona tanto em nosso próprio corpo quanto no corpo das pessoas que tocamos. Iremos explorar o Toque Sagrado, uma forma de toque que cura especialmente determinado para movimentar a energia dentro do corpo. Também concentraremos nossa atenção nas técnicas de leves batidas que movimentam a energia por meio da vibração mecânica e de pequenos movimentos. Também gosto de usar um massageador portátil que movimenta a energia rapidamente, desfazendo bloqueios energéticos da mesma forma que libera a tensão ou um nó na musculatura.

O som movimenta a energia por meio de ondas sonoras e vibração mecânica. O som também conduz o sistema nervoso e as funções das ondas cerebrais do corpo – ou seja, o som entra nessas partes do corpo e as influencia diretamente. Os chocalhos, por exemplo, são usados em muitas tradições de cura. Tanto o som quanto a vibração que eles produzem liberam a energia estagnada de forma rápida e eficiente.

Por fim, a respiração concentrada pode movimentar a energia dentro do corpo energético de uma maneira profunda, pois utiliza tanto a atenção quanto a consciência. Iremos explorar diversas técnicas de respiração no capítulo 5. Muitas das técnicas descritas neste livro utilizam padrões específicos de respiração para movimentar a energia de formas específicas.

---

17. Schwartz, p. 125-127.

OS BENEFÍCIOS DA CURA PELA ENERGIA

A cura pela energia significa manter o corpo energético o mais livre possível e a energia fluindo por ele de maneira saudável. Um corpo saudável se adapta – essa é a habilidade do corpo de movimentar a energia naturalmente em resposta a um influxo de energia ou a um bloqueio que ocorre por causa de um trauma ou uma doença. Um corpo energético saudável proporcionará saúde, aumentará sua vitalidade e também ajudará a prevenir o desenvolvimento de doenças e enfermidades. Se você já estiver saudável, então usar técnicas de cura pela energia para recuperar e manter o equilíbrio energético fará com que observe o que está ocorrendo em seu corpo energético conforme você se torne mais ciente sobre o fluxo energético. Se você se submeteu a uma cirurgia ou estiver doente ou machucado, trabalhar com seu corpo energético pode ajudá-lo a acelerar a cura em seu corpo físico. Se você estiver sentindo dor ou estiver com uma doença crônica, poderá perceber que utilizar a cura pela energia em si mesmo, com o tempo, começará a remover os bloqueios em seu corpo e o trará de volta ao equilíbrio energético e à adaptação.

Esta é a maneira como acredito que a saúde e a cura acontecem no padrão de cura pela energia: primeiro precisamos liberar o corpo e estabelecê-lo, depois podemos livrá-lo de bloqueios antigos e recentes, e finalmente podemos nos aprofundar e realizar um trabalho de reparo específico. Esse é o modelo no qual as práticas deste livro se baseiam.

Muitas técnicas de cura pela energia agem como adaptógenos no corpo. O conceito de um adaptógeno não está muito incluído em nossa cultura, embora seja bem descrito e utilizado na medicina botânica e na medicina tradicional chinesa. Um adaptógeno é uma terapia, erva ou intervenção que conduz o corpo de volta à homeostasia – de volta ao equilíbrio, sem importar à qual extremo ele tenha sido levado. Por exemplo, se o corpo foi levado ao extremo da pressão arterial baixa, um adaptógeno aumentaria a pressão arterial, mas esse mesmo adaptógeno abaixaria a pressão arterial em alguém que estivesse com a pressão arterial muito alta. A mesma erva ou terapia, usada tanto para a pressão arterial baixa como para a pressão arterial alta, faria com que uma pessoa tivesse uma pressão arterial mais normal e saudável. Na cura pela energia, a mesma técnica pode muitas vezes aumentar a energia em uma parte do corpo na qual ela está baixa e diminuir a energia em uma região na qual ela está muito alta.

Uma das maneiras mais importantes de a cura pela energia aprimorar nossa saúde é reduzindo a ansiedade. Sabemos que os benefícios do relaxamento da cura pela energia têm um impacto na saúde. Nos anos 1970, a obra do dr. Herbert Benson demonstrou que o relaxamento melhora a pressão arterial e a frequência cardíaca e ajuda no funcionamento do sistema imunológico, no peristaltismo gastrintestinal, no funcionamento do rim e na atividade das ondas cerebrais.[18] Acredita-se que as modalidades de cura pela energia agem por meio do relaxamento ou de uma maneira similar ao relaxamento, modificando o funcionamento do sistema nervoso autônomo para melhorar a saúde e reduzir a inflamação. Atualmente, está ficando claro, na medicina convencional, que a maioria das doenças, ou todas elas, começa como uma inflamação, e o sistema nervoso autônomo afeta a inflamação geral no corpo. Isso significa que cuidar da inflamação e do sistema nervoso, como as técnicas de cura pela energia fazem, pode ser uma forma importante de manter a própria cura do corpo e de prevenir doenças.

A intensidade do efeito das modalidades de energia também pode explicar por que o equilíbrio energético é tão importante em muitos padrões de saúde e de cura, embora seja muito difícil pesquisar isso. Ele pode estar envolvido nos primeiros estágios da doença ou enfermidade e ser muito precoce para se detectar com nossa pesquisa baseada nos resultados.

O CORPO EM DIREÇÃO À AUTOCURA

Como foi explicado anteriormente, a cura pode ser definida como nosso corpo retornando ao padrão original de sua integridade. O corpo está constantemente voltando à homeostasia (equilíbrio ou integridade) pela cura, pela desintoxicação e pela adaptação. Os sintomas ou enfermidades muitas vezes não são um problema, mas sim a solução do corpo para o conflito do excesso de energia. O corpo trata de sua não integridade criando sintomas, enfermidades e dores.

Muitas vezes não damos importância ao fato de o corpo se movimentar naturalmente em direção à autocura. Pense em qualquer corte ou bolha que você teve. Isso naturalmente foi curado no período de alguns dias, e o processo envolveu um conjunto notável de fatores. Também ocorre um fluxo natural em direção à cura dentro do corpo energético; na verdade, o fluxo natural do corpo energético em direção à cura auxilia o funcionamento normal do corpo físico. Ao liberar os canais de energia e permitir que a energia lenta ou estagnada flua em seu padrão natural, ajudamos tanto o corpo energético quanto o corpo físico a se curar.

---

18. Herbert Benson, *The Relaxation Response* (New York: Harper Torch, 1975), p. 120-121.

Passei a perceber como o corpo retorna à homeostasia depois que comecei a me aprofundar no trabalho com a cura pela energia. Conforme praticava regularmente as técnicas de cura pela energia, eu me tornava equilibrada e saudável. Os bloqueios energéticos a longo prazo que causavam minha dor crônica haviam desaparecido, e meu corpo respondia e reagia energeticamente da maneira como deveria, curando-se de forma rápida e eficiente. Eu ainda tinha distensões musculares ou me machucava ou ficava doente às vezes, mas, quando eu trabalhava com o corpo energético, a cura conseguia adiantar-se rapidamente – e ainda é assim.

A primeira vez em que percebi que as práticas de cura pela energia estavam realmente funcionando foi no dia em que tive uma leve distensão muscular ao correr atrás de meus dois bebês. Eu senti uma dor no pescoço e no ombro, como se estivesse começando a ter uma câimbra no pescoço. Eu ainda conseguia virar a cabeça, mas havia uma sensação perceptível em meu pescoço e no ombro. Naquela noite, quando rastejei até minha cama, deitei de costas e coloquei as mãos em cima das coxas para equilibrar o fluxo em meu corpo energético. Depois relaxei, deixei minhas mãos ao lado do corpo e comecei a adormecer. Quando eu estava quase dormindo, escutei um leve zumbido no ouvido direito, e meu braço direito começou a balançar e levantar da cama, quase como se tivesse tendo um espasmo. Meu braço se movia de forma brusca para cima, para fora da cama e para baixo novamente. Após cerca de dez segundos, tanto o movimento quanto o zumbido cessaram, e eu percebi que a dor e a tensão em meu pescoço e no ombro tinham passado. A energia bloqueada tinha sido liberada e desobstruiu o caminho; o músculo relaxou. O mecanismo natural de autocura do corpo energético estava cumprindo sua tarefa enquanto eu adormecia.

O CORPO COMO UM MESTRE

Minha filha mais velha me ensinou uma incrível lição sobre energia quando ela era recém-nascida. Logo após seu nascimento, no segundo ou terceiro dia em que ela estava em casa comigo, ficamos deitadas lado a lado no sofá, e eu estava observando-a adormecer. Ela fechou os olhos e levantou os braços, seus polegares e indicadores se tocaram como em um *mudra* da ioga tradicional, ou um gesto feito com as mãos. Sua respiração acelerou, suas mãos permaneceram levantadas, e ela começou a respirar em um estilo referido na ioga como "respiração do fogo", uma forma de respirar que movimenta a energia com expirações repetidas e aceleradas. Ela respirou dessa maneira por aproximadamente um minuto, depois dormiu. Enquanto ela dormia, suas mãos permaneceram levantadas por mais de 30 minutos.

O corpo é uma máquina de energia, e naturalmente reúne o movimento e as posturas com a respiração para o relaxamento, o sono e a cura. O pequeno corpo de minha filha estava apenas fazendo o que vinha naturalmente a ele. Seu movimento com o braço, seu gesto com a mão e a forma de respirar espelhavam as técnicas de ioga porque elas são projetadas para fluir a partir dos movimentos naturais do corpo.

Meu querido amigo Keith passou por uma história comovente sobre essa sabedoria de cura inata no corpo se apresentando espontaneamente. Keith tinha um caso sério de síndrome da articulação temporomandibular (ATM), também chamada de "trismo". Os músculos de sua mandíbula ficaram rígidos e não conseguiam se movimentar. Impossibilitado de abrir sua mandíbula ou mastigar de maneira funcional, ele começou a perder peso. Era o momento de tentar tudo o que era possível. Após ter muito treinamento espiritual e de meditação, um dia Keith deitou-se reto em um sofá e relaxou. Entrou em um estado profundo de relaxamento e perguntou a seu corpo como ele poderia se curar. Continuou a relaxar tão profundamente quanto podia. Pouco tempo depois, o braço direito de Keith saiu do sofá, moveu-se atravessando seu corpo e o puxou para o chão. Ele decidiu não interromper esse processo, tornando-se uma testemunha dele. Ele se viu rolando pelo chão de sua sala de estar por três horas. Ele não parava de se movimentar, seu corpo assumindo posturas incomuns conforme ele se balançava e rolava ao redor. Quando acordou na manhã seguinte, foi até a sala de estar e permitiu que esse movimento espontâneo assumisse o controle novamente. Isso se tornou uma prática diária, realizada durante horas por dia. Dentro de um mês, sua mandíbula estava curada, boa e com mobilidade; ele podia comer, cantar e mastigar.

Keith sabia que estava envolvido em algo diferente, então continuou sua prática de movimentação diariamente. Depois de um tempo, percebeu que seu corpo era levado às mesmas posições diversas vezes. Ele fez algumas pesquisas e descobriu que elas eram antigas posições de ioga. Keith acredita que passou por uma experiência espontânea de liberação ou por uma experiência espontânea relacionada ao prana. A energia em seu corpo começou a assumir o controle e a levá-lo a uma experiência de cura espontânea por meio da prática de movimentação e respiração que o conduziu a um alinhamento e equilíbrio energético completo. Todas as estagnações de energia que ocorreram durante sua vida foram desobstruídas no período de meses.

A história de Keith e minha experiência com minha filha recém-nascida ilustram como o corpo é tanto um mestre como um guia; nós somos seus alunos, e estamos em sua jornada. A maioria das técnicas de cura pela energia – não importa se envolvam movimento, respiração ou outros meios de transformar a energia – tem origem no corpo em si. Alguém repousou ou permaneceu na consciência do corpo ou, como Keith, recebeu um guia, e assim nasceu uma técnica. Eu não acho possível inventar uma técnica de cura pela energia que não se origine realmente do corpo; ao contrário disso, nós apenas podemos obter novas técnicas do corpo. Ninguém pode deter a sabedoria do corpo, porque o corpo revelará sua sabedoria para qualquer pessoa aplicada o suficiente para procurá-la.

A CURA NO RITMO DO CORPO ENERGÉTICO

A cura de Keith foi resultado de um momento devotado a atividades de cura. Ele foi paciente e passou horas por dia libertando-se, confiando que seu corpo se curasse. Eu calculo que ele tenha feito essa prática de liberação por 60 horas antes de sua mandíbula se destravar e curar, reavendo sua flexibilidade. Em nossa cultura de cura instantânea tomando remédios, sua história é inspiradora.

A cura pode levar anos, ou pode acontecer em um instante. Normalmente, leva tempo. Quando um osso se quebra, ele se reconstitui quando é colocado na posição correta, após ser dado um tempo. Mesmo depois de o osso estar completo novamente, o processo de cura continua conforme o membro recupera sua força e sua função se restaura totalmente. Se olharmos para trás, anos depois, é possível vermos que o osso demorou seis semanas para se recompor, depois demorou mais alguns meses para a função completa do membro retornar, e talvez tenha demorado anos para o local da fratura não apresentar mais sinais de dor nos dias chuvosos. Esse é o ritmo natural de cura no corpo físico.

O tempo também é essencial para a cura do corpo energético. Normalmente, devemos usar um exercício para movimentar a energia diariamente durante três ou quatro meses, e não apenas uma vez, antes de observarmos e sentirmos algum efeito. Quando começamos a trabalhar com o corpo energético, um sintoma, uma doença ou uma dor geralmente se transforma. A cura completa pode não ocorrer imediatamente, embora os sintomas mudem, a doença atenue seu impacto em nossas vidas e a dor diminua. O corpo pode não voltar à sua integridade, embora alguma cura tenha ocorrido. A cura acontece em etapas. Algumas vezes as transformações na cura acontecem tão lentamente que não as percebemos até olharmos para trás e observarmos que estamos muito mais em forma agora do que há um ano. Em mais um ano, nossos sintomas, doenças e dores podem passar completamente.

A CURA PELA ENERGIA E A DOR CRÔNICA

A dor crônica e as síndromes de dores crônicas, como a fibromialgia, requerem um cuidado especial com a cura pela energia. Se você está usando a cura pela energia porque tem uma dor crônica, precisará se mover lentamente pelas técnicas deste livro. Acrescentar muita energia ao seu sistema energético pode fazer com que você se sinta bem inicialmente, mas, se continuar a acrescentar muita energia rapidamente, pode sofrer uma dor mais forte antes de a dor ir embora completamente. Se você tem uma síndrome de dor crônica, diminua os exercícios de movimento por aproximadamente uma semana e depois mude para os exercícios completos no decorrer do primeiro mês.

Conforme mencionei na introdução, eu tive uma síndrome de dor crônica intermitente durante 30 anos. Nasci com uma anormalidade em meu rim esquerdo chamada de sistema coletor duplicado. Basicamente, eu tinha um rim normal do lado direito, mas dois rins se fundiam no lado esquerdo, com dois ureteres que escoavam para minha bexiga. Um dos ureteres estava disposto em minha bexiga de uma forma que não funcionava normalmente, então eu tinha refluxo urinário de minha bexiga para meu rim toda vez que minha bexiga estava cheia ou quando eu me deitava reta. O resultado veio na forma de infecções crônicas na bexiga e no rim dos 4 aos 34 anos, acompanhadas de dor crônica na pélvis e nas costas.

Normalmente esse problema teria sido reparado na infância, mas, por várias razões, não tive essa condição diagnosticada totalmente e não me submeti a uma reparação cirúrgica até a idade adulta. Depois de ter removido a parte extra de meu rim e de meu ureter, a dor continuou, embora não houvesse mais nenhuma razão médica para isso. Entendi que os caminhos da dor na região pélvica estavam sendo ativados e sofrendo independentemente da ausência de infecções. Comecei a explorar intensamente o conceito de o corpo energético estar bloqueado. Explorei as técnicas de cura pela energia e procurei terapeutas energéticos para tentar resolver a dor crônica.

No começo, após cada sessão de cura pela qual passava, a dor irrompia por duas ou três horas. Eu deitava na maca de uma terapeuta e ficava totalmente relaxada; ela ativava a energia através de meu corpo com suas mãos, e então eu voltava para casa e sentia um irrompimento de dor. Isso se tornou um padrão reproduzível pelas primeiras horas após uma prática energética, uma prática cerimonial e até mesmo um exercício árduo. Qualquer influxo de energia causaria dor por algumas horas, e depois a dor seria solucionada sem antibióticos ou remédios.

Como eu entendi o que estava acontecendo no plano do corpo energético, continuei a passar por sessões de energia e a utilizar técnicas de cura pela energia para liberar os canais de energia. A mudança aconteceu lentamente, com o tempo; o desconforto após um influxo de energia diminuiria até ser finalmente solucionado. A melhora inicial aconteceu rapidamente, durante cerca de nove meses, mas a resolução total demorou quatro anos.

Eu conto essa história para quem tem dor crônica. A cura completa leva tempo, e você deve se mover de forma lenta e consistente para os bloqueios de energia serem desobstruídos. Já vi curas espontâneas ocasionais, mas, para a maioria das dores crônicas, a cura leva tempo.

As pessoas com dor crônica geralmente sentem o padrão que senti. Elas passam por uma sessão de energia e se sentem bem por um ou dois dias, e depois têm um irrompimento de dor (ver figura 11). O problema com a dor crônica é que acabamos tendo uma síndrome por causa dela; a mente tende a pensar que a última coisa que ajudou a dor é a "cura", e o último evento que despertou o irrompimento da dor é a "causa". Todo irrompimento de dor faz parecer que o problema retornou à estaca zero ou pior, quando na verdade o padrão de dor está melhorando. Nós vemos a situação dessa forma porque sofrer de dor crônica causa uma forma de desespero silencioso que não consegue observar toda a história e padrão de dor claramente. Nesse caso, temos de olhar para os sintomas com o tempo para avaliar o progresso. O melhor é nos juntarmos a um profissional que possa nos auxiliar a resolver a síndrome e continuar a nos encorajar.

O outro problema com a dor crônica é que, quando a dor vai embora, queremos seguir com uma vida normal, então atividades que são boas para a prevenção e o tratamento da dor podem cair no esquecimento durante os dias bons, mas podem causar muita dor nos dias ruins. Eu me compadeço totalmente de como esse equilíbrio pode ser difícil. Talvez aqueles que não passaram por uma dor crônica não podem realmente compreender o ciclo de esperança e desespero que está associado à dor.

Sugiro que você pratique as técnicas deste livro por pelo menos nove meses. Parece ser um período longo, mas, se você observar há quanto tempo já está sentindo dor, faz sentido testar, por um período longo, técnicas para movimentar a energia.

Por fim, você tem de continuar as práticas após a dor ser solucionada, ou ela pode voltar. De tempos em tempos, recebo pacientes que, depois da resolução completa de seus sintomas, retornam quando os sintomas reaparecem. Eu pergunto toda vez: "Você ainda está realizando as técnicas diariamente?". Eles respondem todas as vezes: "Ah, não, eu parei quando a dor/infecção crônica/dor de cabeça foi embora". Eu recomendo que eles retomem as práticas, e, quando eles fazem isso, os sintomas são solucionados novamente. Faz parte da natureza humana parar de fazer algo que ajudou quando se está melhor. Eu incentivo os pacientes a continuarem as práticas para o resto da vida, especialmente se eles tiveram uma síndrome de dor crônica que durou anos.

Figura 11: Com a dor crônica, a cura pela energia pode levar a irrompimentos de dor a curto prazo, mas à melhora gradual a longo prazo.

Capítulo 2

Conectando-se com o Campo Energético Unificado e com o Campo Xamânico

"Se eu conseguisse controlar os canais da minha respiração
Se eu conseguisse realizar uma cirurgia precisa em mim
Eu conseguiria criar a substância da consciência"
Lalla, *Naked Song*

Nossa energia não é nossa; ela é parte de um campo energético maior. A forma como estamos conectados a esse campo energético maior, geralmente chamado de *campo energético unificado*, influencia tanto nossa vitalidade quanto nossa habilidade para perceber a energia e estar ciente dela. Esse campo energético unificado abrange não apenas nossos campos energéticos individuais, mas também os campos energéticos de tudo o que existe no Universo. Isso inclui os campos eletromagnéticos dos corpos celestes como a Lua e o Sol – os quais influenciam fortemente nossos campos individuais – e também o campo energético da Terra. Como residimos na Terra, o campo eletromagnético terrestre é o campo planetário mais forte com o qual nós humanos estamos em contato.

Eu compreendi que o corpo humano não está separado do mundo físico à sua volta. O corpo (tanto físico quanto energético) é, na verdade, parte do campo energético vivo da Terra; a Terra é o maior corpo com o qual estamos envolvidos e do qual fazemos parte, e é por isso que trabalhar com o campo energético terrestre é uma parte essencial nas práticas de cura pela energia que eu utilizo. E o melhor paradigma que descobri para utilizar o campo terrestre para a cura pela energia é o paradigma do xamanismo.

XAMANISMO E O CAMPO XAMÂNICO

É difícil definir o xamanismo. A definição mais clara que encontrei para um xamã vem do dr. Michael Harner, criador da Fundação de Estudos Xamânicos: "A palavra 'xamã' na língua tungue original se refere a uma pessoa que faz viagens a uma realidade incomum em um estado alterado de consciência. Adotar o termo no Ocidente foi proveitoso porque as pessoas desconheciam seu significado. Termos como 'mago', 'bruxa', 'feiticeiro' e 'curandeiro' têm suas próprias conotações, ambiguidades e preconceitos associados a eles. Embora o termo tenha origem na Sibéria, a prática do xamanismo existia em todos os continentes habitados".[19]

Para mim, um xamã é uma pessoa que trabalha com os campos energéticos do corpo humano, da natureza e da Terra. Os xamãs se relacionam com todo o campo de energia unificado, e principalmente com o campo energético terrestre. Os xamãs interpretam, respondem e agem de acordo com a energia da Terra, assim como com as energias do clima, dos animais, do corpo humano e de todas as outras criaturas. Eles enxergam a energia de todas essas coisas como um fluxo único.

Michael Harner escreve sobre o mesmo conjunto de realidades e realizações que encontrei em minhas jornadas e aprendizados. Ele diz: "O que é realmente importante sobre o xamanismo é que existe uma outra realidade que você pode descobrir pessoalmente (...) Nós não estamos sozinhos".[20] Ele também diz: "Muito do trabalho xamânico (...) é feito na escuridão por uma razão bem simples. O xamã deseja remover o estímulo da realidade comum – luz, som, e assim por diante – e adentrar a realidade invisível. O xamã aprende a olhar para o corpo com 'visão de raio X' e a enxergar a doença e sua localização, e depois extrai essa doença".[21] Para mim, o que os xamãs estão vendo com essa "visão de raio X" é o *campo xamânico*, o campo energético que está tanto dentro do corpo quanto dentro do mundo natural. O campo xamânico é a parte do grande campo energético unificado que acessamos por meio de nosso corpo físico e de

---

19. Bonnie Horrigan, "Shamanic Healing: We Are Not Alone – An Interview of Michael Harner", *Shamanism* 10, nº 1 (primavera/verão de 1997).
20. Ibid.
21. Ibid.

nosso corpo energético. Os xamãs interpretam a realidade no plano da energia; isso requer que os xamãs interpretem a energia no mundo natural e no corpo. Quando alguém vê, sente ou percebe a energia, ou tem outra forma de interagir com ela, está interpretando a realidade e trabalhando com a realidade no plano da energia que facilita essa conexão com a natureza. O inverso também é verdadeiro; é essa conexão com o mundo natural no plano da energia que permite que os xamãs interpretem a realidade no plano da energia.

Essa visão xamânica é diferente daquela dos sacerdotes e sacerdotisas indígenas e de outros terapeutas que estão em contato com o que pode ser chamado de aspectos superiores do campo energético unificado. Enquanto os xamãs se conectam com os aspectos inferiores do campo energético unificado – a Terra e seu campo energético, a temporalidade, o mundo natural, todas as coisas físicas –, os outros se conectam com os aspectos superiores, como seres espirituais, dimensões não físicas do Universo e campos energéticos dos corpos celestiais. Esses sacerdotes normalmente se conectam "acima no céu" em vez de se conectar "abaixo" na Terra e no mundo natural. Seu trabalho pode ser profundo, mas mesmo assim eles não estão interpretando o campo xamânico ou a energia do mundo natural em si. Os sacerdotes maias, por exemplo, conectavam-se ao Sol, às estrelas e ao céu, e eram bem servidos por essa conexão. Ao ficarem conectados com o que está "acima", eles conseguiam interpretar muito do padrão das coisas que estavam por vir. Na verdade, eles construíram pirâmides em suas comunidades para facilitar essa conexão com os corpos celestiais, e eram capazes de trazer e receber enormes quantidades de informações por meio de suas conexões.

Os xamãs conseguem movimentar a energia e se conectar ao campo energético maior ao redor deles de maneiras profundas. Apesar de nem todos nós sermos xamãs, podemos todos nos conectar ao campo xamânico. Uma vez que aprendemos a nos conectar a ele, também podemos aprender a interpretá-lo e a extrair nossa própria sabedoria dele. Conectar-se a esse campo de energia e interpretá-lo requer tentativa e erro – e prática.

A consciência é mantida dentro do campo de energia unificado. Na verdade, a percepção e a consciência são a substância do campo energético, que também poderia ser chamado de *campo unificado da consciência*. Essa perspectiva vai contra muitas modalidades atuais que consideram "ficar consciente" ou "estar consciente". Como humanos, temos uma consciência apropriada para nós mesmos. Mas, na verdade, é o campo energético que detém a percepção ou consciência, e isso significa que a quantidade de percepção ou consciência disponível para cada um de nós em qualquer momento depende de quão intensamente estamos conectados ao campo xamânico. Como o material deste livro está direcionado para a conexão com o corpo, usaremos o termo *campo xamânico*. Podemos utilizar esse termo e o termo *campo unificado da consciência* de maneira intercambiável; a única diferença entre os dois é a forma como nos conectamos ao campo energético maior.

A forma como nos conectamos ao campo xamânico por meio de nosso corpo energético determina à qual informação nós temos acesso. O modelo yaqui de *ponto de conexão* descreve essa ideia melhor. Na tradição yaqui, o ponto de conexão é onde a energia do campo xamânico entra no corpo e é traduzida em nossa realidade pessoal. "O impacto dos campos energéticos passando pelo ponto de conexão foi transformado em informação sensorial; informação que foi então interpretada na cognição do mundo da vida cotidiana", escreveu Carlos Castaneda em seu livro *A Erva do Diabo*.[22] Quando o ponto de conexão "estava em uma nova posição, um conjunto diferente de campos energéticos passava por ele, forçando o ponto de conexão a transformar esses campos energéticos em informação sensorial e interpretá-los, resultando em um verdadeiro mundo novo a se perceber", ele acrescenta.[23]

A forma como nos conectamos a esse campo maior determina como vemos e acessamos a cura, o conhecimento e a percepção ou consciência. E é como estamos conectados e como estamos cientes dessa conexão que nos permite interpretar a realidade no plano da energia. O modelo yaqui fala da matriz de energia e do ponto de conexão; mesmo assim, podemos utilizar o modelo dos chacras e descobrir uma conexão para o campo xamânico por meio de cada chacra separado; faremos isso no capítulo 6. Também podemos utilizar o modelo dos *dan tiens* da MTC, que também iremos explorar no capítulo 6. O principal é que, quando nos conectamos a esse campo de energia xamânico de uma forma, a realidade que vemos no plano da energia parece ser de uma maneira. Se podemos nos conectar ao campo xamânico por múltiplos pontos de conexão, chacras ou *dan tiens*, então temos acesso a mais consciência, vitalidade e informação. Há mais recursos e estímulos internos disponíveis quando podemos manter mais de um estado de consciência, mais de um ponto de conexão ou mais de um ponto de ligação com o campo de consciência maior.

---

22. Castaneda, p. xvii.
23. Ibid.

Eu quero enfatizar que o campo unificado é um campo de energia magnético se movendo em direção à cura, à vida e à morte de uma maneira que segue as leis da energia e da consciência. Nossos campos energéticos individuais estão conectados a esse campo xamânico o tempo todo, mas nós atenuamos nossos sentidos para bloquear a maioria dessa informação. Você pode liberar a abertura de sua consciência para se conectar mais profundamente e de múltiplas formas de uma vez. Inicialmente, conectamo-nos por meio dos centros energéticos do corpo inferior, e estamos conectados ao mundo natural e ao que estou chamando de campo xamânico. Nós nos conectamos por meio dos chacras ou centros superiores, e estamos em outro campo, muitas vezes chamado de energia universal. Tudo é o campo de energia unificado. Eu utilizo *campo xamânico* aqui para diferenciar e enfatizar a conexão com o campo energético maior por meio do corpo inferior, ou por meio do corpo inferior em conjunção com o coração e os chacras superiores, se uma pessoa for capaz de manter mais de dois estados ou pontos de consciência.

Aprendi pessoalmente quanto o campo energético unificado é poderoso por uma experiência que tive no inverno de 2002. Eu estava em Dziuché, uma pequena cidade em Quintana Roo, México, em uma jornada de cura com um grupo conduzido por uma de minhas professoras, Maria Elena Cairo. Nós estávamos visitando um cirurgião psíquico chamado don Jorge Gomez. Quero fornecer uma descrição detalhada de don Jorge, de forma que você possa fazer comigo essa viagem de quando fui ver esse incrível curandeiro. Também quero lhe transmitir o que é possível quando alguém interpreta a realidade no plano da energia.

Don Jorge teve uma história de vida que exemplifica a infância e o sofrimento traumáticos que são comuns para terapeutas extraordinários. O movimento da infância caótica e difícil geralmente fornece a alguém a habilidade para interpretar a realidade de uma maneira diferente, portanto, direcionando a pessoa à cura pessoal (algumas vezes desesperadamente necessária) e à prática energética. Isto é importante: o sofrimento que você recebeu em sua vida é o que lhe permite acesso à prática de autocura em um nível profundo. É também o que o impulsiona à autocura.

Don Jorge era metade africano e metade maia. Sua mãe, que era maia, engravidou de um homem africano, que retornou para a África quando Jorge nasceu. Quando Jorge era novo, sua mãe o vendeu para uma mulher americana que morava em Los Angeles. Ele amava sua mãe adotiva e ficou devastado quando ela morreu; ele tinha 9 anos. Seu pai africano foi contatado, e Jorge estava na África uma semana após a morte de sua mãe adotiva.

O pai biológico de Jorge o levou para a savana e o entregou a um feiticeiro para ser treinado. Ele passou anos na savana, aprendendo técnicas indígenas de cura. Posteriormente, Jorge foi para uma instituição no Quênia que treinava cirurgiões psíquicos. A cirurgia psíquica é um processo de movimento de energia em alta velocidade. Há muitas formas desse processo no mundo. Na Ásia, os cirurgiões psíquicos utilizam suas mãos para penetrar no corpo energético. A forma de cirurgia psíquica que Jorge aprendeu envolvia utilizar tesouras para trabalhar tanto na aura quanto nas partes do corpo energético que estão dentro do corpo físico.

Em Dziuché, eu e os outros membros do grupo íamos de manhã bem cedo para a clínica de don Jorge para suas sessões de diagnósticos. Formávamos uma fila e esperávamos nossos dez segundos na frente dele, cada um de nós segurando um ovo não fertilizado em nossa mão esquerda. Entrávamos, de um em um, e sentávamos em frente à sua mesa. Ele pegava o ovo, quebrava-o em um copo d'água e o interpretava com uma lupa. Ele era um diagnosticador extraordinário. Diagnosticava exatamente o que estava nos afetando no momento, bem como todas as principais doenças que cada um de nós teve durante a vida. Geralmente, quando eu estava sentada à sua frente, ele comentava sobre o desejo mais profundo de minha viagem, como "aprender a passar pelo medo" ou "uma energia mais forte correndo por minhas mãos". Ele conseguia interpretar a realidade de meu corpo e de minha alma de uma forma desvelada e incomum. Ele estava olhando meu corpo e minha alma, interpretando minha saúde e meu desenvolvimento em diversos planos.

Após a sessão de diagnóstico matinal, formávamos uma fila e esperávamos ser chamados para as etapas de cirurgias. Quando chegava nossa vez, cada um de nós subia apressadamente em uma maca, onde um assistente deixaria descoberta a parte de nosso corpo na qual don Jorge trabalharia. Ele vinha até a maca, com a tesoura na mão, borrifava uma solução antibacteriana em nós e fazia seus cortes a uma velocidade que era muito rápida de se ver. Quando eu o observava trabalhando em mim, suas mãos se moviam tão depressa que era difícil ver o que estava acontecendo; entretanto, eu conseguia perceber sensações dentro de meu corpo, bem como em minha pele. Quando eu tive a oportunidade de espreitar o que ele estava fazendo, parecia que as lâminas da tesoura desapareciam em meu corpo, como se estivessem cortando dentro do corpo físico. Quando ele terminou a cirurgia, que demorou de cinco a dez segundos, havia pequenas incisões que pareciam arranhões e já estavam sendo cicatrizadas em minha pele. A quantidade de energia movimentada era enorme, e algumas vezes eu observei marcas roxas bem fortes debaixo da pele, apesar de não parecer ter acontecido muita coisa.

As curas que experimentei e testemunhei foram extraordinárias. Uma vez eu fui com uma tosse crônica e convulsiva que já durava uma semana. Após uma cirurgia em meus pulmões, a tosse havia passado completamente. Azia e dores na vesícula biliar também foram resolvidas com uma cirurgia e nunca mais retornaram. A história mais incrível de nosso grupo foi a de uma mulher com astigmatismo e problemas de visão, pelos quais ela usava lentes bifocais. Depois de uma cirurgia em seus olhos, ela não precisava mais usar óculos. Outras histórias de nosso grupo e da comunidade de don Jorge documentaram cânceres e outras doenças sérias sendo resolvidos com uma cirurgia ou uma série de cirurgias.

Ainda mais intensa do que as curas pelas cirurgias foi a experiência que eu tive de estar na cidade de Dziuché – uma experiência que foi minha iniciação no campo da consciência unificado. Don Jorge realizava de três a quatro etapas de cirurgia psíquica diariamente. Entre as etapas, exausto pelo fluxo de energia que estivera trabalhando por meio dele, ele retornava para sua casa no vilarejo a fim de fazer uma pausa. Todos os funcionários de sua clínica também retornavam para suas casas. Cerca de cinco minutos antes de ele deixar sua casa para retornar à clínica, todos os funcionários começavam a voltar. Não havia um momento exato para essas pausas, e não havia nenhuma comunicação externa ou audível entre don Jorge e os funcionários da clínica. Essa forma de comunicação não verbal acontecia durante todo o dia em Dziuché.

Fiz muitas viagens ao vilarejo e à clínica de don Jorge ao longo dos anos, mas naquela viagem no final de 2002 comecei a captar a "onda" que os funcionários da clínica estavam captando. Eu conseguia sentir uma mensagem vibracional ocorrendo, e era levada a me levantar e ficar pronta para retornar à clínica conforme os funcionários faziam. E depois, com certeza, don Jorge chegaria. Todos nós estávamos recebendo mensagens energéticas dele porque estávamos passando o tempo em seu campo energético. No começo, pensei que fosse apenas a força do campo pessoal de don Jorge que movia todos nós. No entanto, desde então comecei a perceber que ele estava seguindo o campo da consciência maior, assim como todos nós. Era o campo de energia que ditava o movimento inteiro, incluindo sua prática de cura. Todos nós, até mesmo don Jorge, estávamos interpretando o que estava para acontecer e respondendo a isso.

Tive uma experiência semelhante quando trabalhei em uma reserva das Primeiras Nações no norte do Canadá. Os médicos de lá falavam sobre a "transmissão de notícias". Depois de um membro de uma família dar entrada no hospital, a família inteira aparecia, sem nenhum de nós no hospital ter comunicado a eles que um membro de sua família estava lá. Não havia telefones celulares na reserva, e, quando eu perguntava à família quem os havia chamado, eles pareciam perplexos. Isso é o que acontece quando duas realidades opostas colidem: minha pergunta não fazia sentido para eles, assim como sua habilidade de simplesmente aparecer não fazia sentido para mim. Uma boa analogia seria se alguém lhe perguntasse por que você levou um guarda-chuva para o serviço, sendo que estava chovendo quando você saiu de casa. "Que tipo de pergunta é essa?", você provavelmente pensaria. Então, talvez você percebesse que a pessoa não tinha tido nenhum contato com o que estava acontecendo no mundo natural, pois não saiu desde o dia anterior ou não olhou por uma janela. Aqueles conectados com o campo de energia unificado no plano da natureza – aqueles conectados com o campo xamânico – estão em contato com informações indisponíveis para aqueles que não estão conectados a ele. Posteriormente, neste livro, discutiremos essa conexão no plano da natureza.

EFEITOS AO SE CONECTAR COM O CAMPO XAMÂNICO

Em uma manhã, durante outra de minhas viagens a Dziuché, acordei no hotel com uma sensação de zumbido entre as pernas, na região do períneo e do osso sacro. Eu sentia como se uma abelha estivesse presa dentro de meu corpo. Prestei muita atenção. O que era isso?

Duas amigas com quem eu estava também perceberam a vibração. "Você sentiu isso?", uma perguntou para a outra. "A vibração?"
"Sim."

Eu fiquei impressionada, percebendo que o que elas estavam sentindo vinha de dentro de mim. Alguma conexão tinha sido aberta em meu corpo. Era como um motor interno. Eu sabia que era uma conexão pelo campo de energia unificado por meio do chacra raiz – uma conexão no plano do campo xamânico.

Após essa experiência, minha sensibilidade em relação a todo o campo de energia unificado aumentou radicalmente; era como se eu estivesse vivendo com todas as minhas faculdades pela primeira vez. Fiquei surpresa. De alguma forma, eu tinha sido reconectada à rede de energia que o mundo inteiro estava alimentando, vivendo – ou talvez não tivesse sido reconectada, mas conectada de uma maneira nova e diferente. Por exemplo, comecei a perceber os pássaros voando – percebê-los não com meus olhos ou meus ouvidos, mas com meu corpo energético. Com meus olhos fechados, eu sentia um movimento acima de mim e então percebia o pássaro. Eu brincava com esse fenômeno: fechando meus olhos, percebendo uma sensação em meu campo energético e então abrindo meus olhos para ver o que eu estava percebendo, da mesma forma que eu verificaria testes de laboratório para esclarecer o que estava notando depois de examinar o campo energético de alguém. As pessoas caminhando ao longe causavam distúrbios energéticos que eu sentia na energia de meu corpo. Subitamente, pequenos movimentos de energia – não apenas as pistas mentais, auditivas e visuais que a vida nos fornece – se tornaram minha informação. Com a prática, conseguia diferenciar precisamente quais coisas estavam causando os movimentos que eu estava sentindo.

O que aconteceu comigo naquele dia no hotel foi uma iniciação profunda – ou melhor, uma reiniciação – na conexão que eu tinha desde o nascimento, mas aprendi a ignorar ou enfraquecer pela socialização em nossa sociedade baseada na mente. Certo ou errado, a reconexão com o campo xamânico começou a transformar minha vida de maneira significativa. Eu rapidamente percebi e compreendi a sabedoria indígena de que nossa energia não é nossa; ela não nos pertence. Reconheci que meu corpo energético e meu fluxo energético dentro dele estavam conectados à energia de tudo à minha volta. Comecei a viver minha vida em alinhamento com esse fluxo de energia total, e a vida se tornou mais fácil – muito mais fácil. Era como se eu tivesse começado a fluir na direção da corrente em vez de nadar contra a corrente.

Quando perguntei à minha professora, Maria Elena, quando em sua vida ela se conectou com o campo xamânico, ela disse: "Eu nunca estive desconectada dele. Meu caso era que eu não estava conectada com a mente. Eu não entendia a perspectiva de mente racional". Ela continuou dizendo que as pessoas que estão primeiramente conectadas à energia do corpo, e, portanto, ao campo xamânico, temem quando alguém que está conectado apenas com a mente está falando. Isso as deixa com medo porque uma mente que não está em comunicação com o corpo e seu campo energético parece, de algumas maneiras, estar mentindo.

Eu compreendi imediatamente o que ela queria dizer. O inverso também é verdadeiro: quando alguém conectado apenas com a mente interage com pessoas que estão conectadas ao campo xâmanico por meio de seu corpo energético, a pessoa conectada à mente muitas vezes enxerga as ações das outras como ilógicas ou malucas. Embora suas ações possam parecer irracionais, elas estão de acordo com o campo energético maior.

Tanto a mente quanto o corpo são formas compensadoras de se conectar com o campo energético unificado. A maioria das pessoas não treinou sua mente para estar conectada ao campo energético unificado ou ao corpo e seu campo energético, então sua mente muitas vezes está correndo de maneira desordenada por si mesma. Aqueles que seguem tradições mais conscientes se conectam ao campo energético unificado apenas por meio da mente e ignoram as informações que vêm do corpo. Como resultado, essas pessoas geralmente estão conectadas ao campo energético unificado apenas por meio dos aspectos superiores de seu corpo. Por exemplo, elas podem ser capazes de se comunicar por meio do que elas chamam de anjos, de canalizar informações espirituais ou de interpretar o eterno arquivo energético das almas conhecido como registros akáshicos; no entanto, elas ainda podem estar desconectadas da temporalidade, do físico, da natureza ou da Terra – e de todas as energias que esses aspectos inferiores do campo energético unificado fornecem. Interpretar a realidade no plano da energia requer interpretar a energia pelo corpo. O corpo é o que está conectado ao mundo natural e à temporalidade.

O corpo está inerentemente conectado ao campo xamânico, porque o corpo energético é uma parte do campo xamânico. Então, se a mente foi treinada para ouvir o corpo e estar sintonizada a ele, pronto, a mente também está conectada ao campo xamânico. É possível se conectar ao campo unificado pelos aspectos superiores e pelas partes inferiores de nosso corpo energético ao mesmo tempo. Acrescente a conexão por meio do coração simultaneamente, e assim você está no caminho certo para o despertar.

As diferenças na maneira como nos conectamos com o campo de energia unificado criam a dicotomia que observamos atualmente entre as tradições. É a divisão mente-corpo, a divisão científico-indígena, um pouco da divisão yin-yang, e talvez, na verdade, a divisão entre os lados direito e esquerdo do cérebro. A maioria de nós tem uma inclinação por uma conexão ou outra, apesar de estarmos todos conectados de ambas as maneiras até certo ponto. Eu acredito que, coletivamente, estamos chegando a uma integração, à habilidade de se conectar à mente, ao corpo e ao coração.

Com treinamento, a mente pode auxiliar o processo de conectar-se ao corpo e ao campo xamânico; destreinada, a mente pode ficar no caminho. Gosto de usar o exemplo do surfe. Na vida, estamos em nossa prancha de surfe. A água é o campo de energia xamânico, e as ondas são as experiências e os eventos que surgem em nossa vida. Uma grande onda de energia chega, na forma de um evento ou experiência. Temos a opção de surfar nela ou não. Se a mente diz: "Essa onda não deveria estar aqui!", ficamos tão distraídos que surfar a onda se torna impossível, e colidimos com a onda. Se vemos a onda de energia chegando, podemos surfar da melhor forma até a água ficar calma de novo. Ainda podemos cair, mas, se fizermos isso, temos então uma escolha: voltar para a prancha e surfar ou ficar sentados na água pensando o que aconteceu. Nós sempre estamos surfando essas ondas de energia, tanto em nossas vidas pessoais quanto na energia coletiva do campo energético xamânico e do campo energético unificado.

A maioria das pessoas que passam por minha porta não tem um problema para entender a mente e trabalhar a partir dela. No entanto, elas estão muitas vezes trabalhando a partir de uma mente que não está fortemente conectada ao campo xamânico ou ao campo energético unificado; em vez disso, ela está conectada apenas ao campo energético delas. Como muitas vezes enfraquecemos nossa habilidade de perceber a energia e interpretar a realidade no plano da energia, trabalhamos apenas com nosso próprio campo, sem nos conectar com o campo da consciência maior. A abertura que permite a entrada da consciência é bem pequena. Nesses casos, as pessoas estão vivendo suas vidas a partir de um conjunto de ideias sobre como a vida deveria ser. Há muito desapontamento nessa realidade desconectada. A vida está sempre seguindo as regras da energia, e, se não estamos conectados a essas regras, parece que nada está acontecendo do jeito "certo".

Uma vez que conectamos nosso campo energético pessoal com o campo unificado da consciência, começamos a fluir na direção da corrente, a fluir com a corrente de nossa vida. Começamos a ter novas habilidades, novos acessos à consciência, e somos capazes de agir de uma maneira diferente de nossa antiga gama de possibilidades. O que está "errado" com nossa vida começa a fazer sentido quando começamos a seguir as regras da energia e paramos de tentar nadar contra a corrente. Algumas vezes iremos notar que o que parece "não estar funcionando" na verdade está acontecendo exatamente como deveria; é o aspecto que muda. Podemos direcionar nossa consciência para o campo de energia maior à nossa volta, e isso aumenta nossa perspectiva sobre a vida e a cura.

Não estou desprezando a mente aqui. Eu acho que os últimos 500 anos de pensamento racional trouxeram impressionantes avanços para a vida. Também acho que nos tornamos muito domesticados em diversos aspectos.

Sabemos, por meio de pesquisa, que os animais respondem a informações fora de nossa consciência normal. Durante o tsunami no Sudeste Asiático em 2003, muitos animais fugiram da região afetada antes de a onda chegar. Gatos em Los Angeles desaparecem antes de terremotos em uma previsível incidência elevada. Porém, pesquisadores buscando conexões entre os animais e o campo sísmico – um campo vibracional da Terra e, portanto, parte do campo xamânico – descobriram que os animais em zoológicos perderam a habilidade de responder a esses campos naturais. Acredito que o mesmo seja verdadeiro em relação a nós. Perdemos parte de nossa resposta instintiva, e acredito que isso seja resultado de nos desconectarmos ou desligarmos das informações e vibrações que chegam a nós por meio dos chacras inferiores ou dos *dan tiens* inferiores – as partes de nossa anatomia energética que nos conectam naturalmente ao campo xamânico e à sabedoria do corpo, da Terra e do mundo natural. Em alguns aspectos, nós nos tornamos muito domesticados como os animais no zoológico – agora incapazes de responder instintivamente a vibrações sísmicas ou a informações do mundo natural.

Apesar de possivelmente termos nos fechado para esses sinais, é impossível nos desconectarmos do campo xamânico. Como nunca podemos perder totalmente essa conexão, é possível reabrirmos nossa consciência a isso.

DESBLOQUEANDO NOSSAS CONEXÕES NOVAMENTE

Quando senti o zumbido em minha pélvis, sabia que estava me conectando ao campo de energia unificado com meu chacra raiz. Desde então, percebi que é possível se conectar ao campo de energia unificado por meio de qualquer chacra ou *dan tien*. Ficar conectado à energia da mente (pelo *dan tien* superior e pelos chacras superiores), do coração (pelo *dan tien* médio e pelo chacra do coração) e do corpo (pelo *dan tien* inferior ou pelos chacras inferiores) pode nos levar a experiências diferentes do momento presente, pois cada uma nos conecta a diferentes aspectos do campo energético unificado. Quando a conexão de meu chacra raiz ao campo energético unificado foi reiniciada, eu estava desbloqueando minha habilidade de sentir a conexão de meu corpo ao aspecto do campo xamânico do campo energético unificado. Quando explorarmos o centro do coração posteriormente neste livro, você vai experimentar estar conectado ao campo energético unificado por meio do coração, que também é parte de seu próprio campo energético coletivo.

Também é possível estar conectado ao campo de energia unificado por meio de múltiplos centros de energia no corpo de uma vez, portanto, manter dois, três ou mais estados de consciência e conexão de uma vez. Fazer isso requer tempo e prática, e é uma arte.

Para desenvolver essa habilidade de me manter conectada, passei dois anos escutando mais meu corpo do que minha mente. Como o corpo e as células são mais fundamentais para a saúde e a cura do que o processo de pensamento, decidi realizar qualquer ação com a qual estavam alinhados meus chacras inferiores e meu *dan tien* inferior, as partes de minha anatomia energética que registraram a sabedoria de meu corpo e a sabedoria do campo xamânico. Quando eu tive uma escolha do que fazer, fiz o que dava vida a meu *dan tien* inferior. Comecei a perceber uma vibração no local que enfraquecia quando minha cabeça queria fazer uma atividade mas meu corpo não. Seguindo o chamado de minha mente para a melhor parte de meus 37 anos, decidi seguir o chamado de meu *dan tien* inferior durante todo o dia – todas as vezes que eu precisava escolher entre possibilidades diferentes.

O que descobri foi surpreendente – mas isso provavelmente não é nenhuma surpresa. Muitas vezes, de manhã, quando eu acordava, meu corpo não estava alinhado com os planos que tinha feito para aquele dia, e essa diferença se mostrava um desafio. Uma vez, eu e meu marido tínhamos planejado um dia juntos. Eu estava empolgada com o tempo raro longe das crianças, sozinha com meu marido. Mas, quando verifiquei meu *dan tien* inferior, a mensagem que recebi foi: "Vá para o estúdio de cerâmica. Faça algo criativo". Fiquei em choque e pensando em como abordar o assunto com meu marido. Quando fiz isso, ele disse que iria adorar jogar golfe pela manhã, e perguntou por que não passávamos a tarde juntos então. (Talvez nossos corpos já tivessem decidido mutuamente o que iria acontecer. Talvez eu estivesse respondendo à sua integridade corporal, ou ele já estivesse alinhado à minha.)

Então passamos nossa manhã realizando nossas próprias atividades. Fui ao estúdio de cerâmica e comecei a trabalhar com a argila, deixando minhas mãos guiarem o trabalho, sem pensar no que eu estava fazendo. Fiquei surpresa quando criei uma escultura de uma mulher ajoelhada, dando à luz um bebê. Impressionada, eu a admirei. Quatro dias depois, eu engravidei, contra muitas probabilidades. Fiz uso de muitos métodos contraceptivos – na verdade, mais do que normalmente. (Talvez eu estivesse um pouco ciente do que meu corpo estava planejando, já que fiz uso de métodos contraceptivos extras.) O mistério aconteceu de qualquer maneira. A escultura forneceu a representação;

então, quando vi o teste de gravidez positivo algumas semanas depois, eu sabia que tinha sido prevenida e estava pronta. Acredito que meu corpo estava conectado ao futuro e aos seus próprios desejos, apesar de eu e o meu marido termos pensado que tínhamos completado nossa família. A escultura pressagiou a alegria, e eu estava alinhada com nossa jornada seguinte por meio do corpo. O pensamento da mente, "Mas eu ia...", foi reprimido porque eu estava seguindo a sabedoria da vitalidade.

Quando nos conectamos ao campo energético unificado por meio do corpo, fica fácil perceber o que está por vir. Geralmente nos tornamos menos interessados nas ideias, porém mais conectados ao que está acontecendo ou irá acontecer. Estamos confortavelmente permitindo o que nos estimula e a influência do campo energético unificado a tomarem as rédeas – não nossa mente ou nossas ideias ou a mente e as ideias dos outros. Sinto que, quando estamos alinhados, percebemos o que está por vir e alinhamos nossas energias a isso, o que significa que agora queremos isso. Quando acontece, parece ser assim: "Eu acabei de conseguir o que quero! Eu manifestei isso!". Essa perspectiva sobre manifestação difere daquela de muitos professores. Eu acredito que na verdade não manifestamos nada; em vez disso, somos capazes de perceber o que está por vir em nossas vidas e de nos alinhar a isso. Quando a coisa ou o evento acontece, podemos sentir como se tivéssemos feito isso acontecer, manifestamos isso, ou conseguimos o que queríamos, mas o que realmente fizemos foi nos conectar com o que já estava acontecendo e o que estava por vir. O desejo desempenha um papel crucial, pois nosso desejo pode estimular o fluxo de energia a fluir em nossa direção. Nesse sentido, estamos envolvidos na manifestação. Todavia, nosso desejo é por vida, cura ou vitalidade, não por um carro novo ou mais dinheiro, por exemplo. Então, a manifestação é na verdade a habilidade de estar disponível à informação do campo energético unificado, e do campo xamânico especificamente, para responder ao que nos desperta por meio de nossos centros energéticos e para estar aberto ao que quer que esteja para acontecer.

O PAPEL DA TRADIÇÃO E DA CULTURA AO SE CONECTAR COM OS CAMPOS

Lydia é uma xamã com a qual estive no México; ela faz parte da tribo seri. A divindade dos índios seri é o pelicano, e historicamente os seris faziam suas vestes com as peles e penas dos pelicanos. Quando eu perguntei a Lydia como ela se conecta com o campo energético xamânico para o trabalho de cura, ela disse que se conecta pelos pássaros.

Em uma viagem para o México, eu e Lewis Mehl-Madrona levamos um grupo para trabalhar com cerimônias de cura. Lydia e algumas mulheres da tribo dela se juntaram a nós. Uma de nossas participantes pediu uma cura para Lydia. Lydia se sentou, sacudiu o chocalho em sua mão e cantou uma música para os pássaros. Estávamos no segundo andar de uma casa, e havia uma varanda na parte de fora. Quando Lydia estava cantando, a varanda lá fora ficou cheia de pássaros; eles estavam pousando e se apoiando na grade, olhando para dentro, atraídos pela forte conexão de Lydia com a energia dos pássaros, tenho certeza. Quando ela parou de cantar, os pássaros voaram para longe. Os pássaros vivem dentro do mundo natural ou campo xamânico, e Lydia foi capaz de se conectar especificamente com a energia deles porque ela fazia parte de uma cultura ou tradição de cura que os reverenciava.

Nossa mente ocidental nem sempre consegue enxergar ou compreender isso. Quando Lydia terminou sua música, ela acenou com a cabeça para mim; a cura havia sido realizada. Nossa paciente estava deitada no chão e parecia confusa. Quando aconteceria a cura? Percebi sua confusão, então me inclinei para o lado de Lydia e murmurei com meu espanhol fraco: "Lydia, nós somos os brancos. Precisamos ver uma cura para sentir que ela foi realizada. Você poderia examinar nossa paciente aqui e usar suas mãos para realizar uma cura nela também?". Lydia sorriu e assentiu. Ela verificou a jovem mulher e passou as mãos sobre seu corpo por alguns minutos. Então ela acenou com a cabeça novamente. Eu agradeci a ela e assim fez a paciente, que imediatamente relaxou e sorriu.

Quase todas as pessoas já tiveram experiências do "mundo invisível" fazendo contato com elas. Uma vez minha avó me contou uma história de que estava segurando minha tia Betsy, então recém-nascida, em seus braços. Meu avô estava fazendo um reparo no telhado, e ela estava em pé embaixo desse telhado que ele estava consertando. Ela me contou que ouviu a voz de sua falecida mãe gritar: "Mea, afaste-se!". Sem pensar, ela imediatamente se afastou, e, logo que fez isso, um martelo caiu acidentalmente do telhado e por pouco não acertou minha avó e a filha dela.

As pessoas cujas tradições e culturas incluem os espíritos dos mortos servindo como nossos guias e mentores podem dizer que minha avó realmente ouviu a voz de sua falecida mãe do "outro lado". Algumas pessoas que estão conectadas ao mundo dos guias espirituais podem dizer que o guia de minha avó assumiu a voz de sua mãe para conseguir fazê-la sair do lugar, e outras pessoas podem dizer que a voz que ela ouviu foi a voz de Deus. Outros ainda podem dizer que o campo energético de minha avó percebeu a movimentação do martelo e alertou sua mente subconsciente, que lhe deu um sinal claro para se afastar. Com base no plano da energia e do corpo, o que eu acredito que tenha acontecido foi o seguinte: minha avó recebeu uma mensagem vibracional do campo energético sobre o que estava para acontecer. Essa mensagem passou por seu corpo, estimulou seu instinto materno de proteger a filha e foi traduzida na voz de sua mãe alertando-a para sair do lugar. Tudo isso aconteceu no mesmo instante em que ela se afastou. Para outras pessoas, pode nem ter havido uma voz, apenas um passo para trás sem nenhuma "explicação". Todas as informações, não importa se elas chegam até nós por meio de um som, um pensamento, uma sensação, uma percepção, uma intuição ou por outro canal ou forma, são, na verdade, energias traduzidas. A vibração entra e é filtrada pelos pontos de conexão, chacras ou filtros ativados por ela.

A maneira como nos questionamos sobre a conexão com o invisível forma nossa experiência. Reconhecer como traduzimos a energia do campo unificado e do campo xamânico dentro de nós mesmos – como uma voz, um movimento ou um impulso – é o segredo para começar a interpretar os campos. Isso nos permite entender as pequenas pistas e ações que aparentemente não fazem sentido. Acredito que utilizamos nossas religiões, crenças e tradições como estruturas para compreender o que chamo de nossa *consciência primária*, que está ativada o tempo todo.

Uma vez um xamã africano me disse: "Você escuta todos os espíritos". Entendi que isso significa que eu consigo ouvir ou interpretar os campos de uma forma primária, e isso significa que mais energia – a energia de todo o campo energético unificado e todos os seus componentes – está disponível para mim, não apenas a energia filtrada ou representada por meio de minha própria tradição de cura. Por exemplo, quando estou em um lugar novo, as imagens que recebo estão geralmente alinhadas com aquela cultura, mesmo se eu não tiver conhecimento sobre aquela cultura. Acredito que isso aconteça porque as imagens não estão separadas do lugar no qual essa cultura está baseada. Se eu estou escutando o lugar, ele pode fornecer as imagens extraídas por aqueles que vivem lá. Se eu me limitar a escutar apenas minha tradição, todas as vibrações que eu receber serão traduzidas nas imagens e entendimentos dessa tradição.

Quando realmente começamos a ouvir o campo de energia unificado, são abertas muitas de suas novas dimensões. Perceber a maneira como atualmente traduzimos as informações energéticas e vibracionais é essencial para começar a traçar todo o campo unificado e a energia. Vale a pena repetir: nossa energia não é realmente nossa; ela pertence ao fluxo de energia maior, que é o campo energético unificado. O ato de nos abrirmos e nos conectarmos ao campo de energia unificado maior nos permite sentir a vitalidade, a consciência e a cura, conectando-nos a elas. A vida ainda acontece; ainda ficamos doentes, enfermos ou exaustos. Mas, se mantivermos nosso campo energético pessoal aberto à vitalidade da energia no corpo inferior, e se desobstruirmos os bloqueios precedentes e continuarmos a trabalhar com a energia, a vida nos conduzirá ao que necessitamos em seguida. A cura física é aumentada, e certamente podemos ter mais saúde e vitalidade. Eu vi pessoas ficarem conectadas à energia e à vitalidade até enquanto faziam sua última transição para a morte.

Interpretar o campo energético unificado é uma habilidade e uma vantagem impressionante que nos ajuda a aproveitar a vida. Acredito que todos podem aprender a interpretá-lo e escutá-lo, independentemente de terem o desejo, a capacidade ou a ambição de se tornar um xamã ou um terapeuta. Interpretar o campo inclui entender que a energia contida nele é consciente. É a consciência; é o despertar. O campo energético unificado não pode cometer nenhum erro; apenas nossa interpretação dele pode estar equivocada. Interpretar o campo é necessário para explorar profundamente a energia, a cura pela energia e o despertar do corpo, e o corpo é o melhor meio que temos para interpretar a energia. Mais para o fim deste livro, abordaremos como começar a interpretar o campo.

Capítulo 3

Começando: Usar o Movimento para Abrir, Desbloquear, Estabelecer e Receber a Energia

*"Com práticas apaixonadas
Eu mantive as rédeas seguras em minha mente
E fiz da respiração uma coluna"*
Lalla, *Naked Song*

Agora podemos começar a explorar os exercícios que considero serem fundamentais para a autocura com o fluxo energético do corpo. Iniciaremos abrindo e desbloqueando de forma mais completa os centros energéticos inferiores do corpo – as pernas, o primeiro chacra, o segundo chacra e o *dan tien* inferior – e nos conectando ao campo energético unificado por meio desses centros. Abrir e desbloquear esses centros inferiores é importante para nosso bem-estar porque por meio deles extraímos a energia vital do campo energético da Terra e porque nos ajuda a equilibrar a energia dentro de nosso corpo.

CONCENTRANDO ENERGIA

Durante minha prática médica, recebo em meu consultório pessoas em seus quarenta e tantos anos ou 50 anos reclamando de exaustão crônica pela primeira vez na vida. Elas ficam perplexas por não terem mais a energia e a vitalidade que tinham quando eram mais jovens.

Aqui está a chave para esta prática de vitalidade: nossa energia não é nossa. Ela depende de quão conectados estamos ao campo energético da Terra. Todos nós nascemos com um saco vitelino de energia que a vida nos fornece, mas, na meia-idade, já consumimos essa energia. Então, aproximadamente após os 40 anos, devemos concentrar energia em nossos campos energéticos pessoais todos os dias. Felizmente, fazemos parte do campo energético da Terra e estamos, portanto, em constante conexão com ele, de forma que podemos concentrar energia dele para nós mesmos.

A parte de nossa anatomia energética que nos conecta a esse campo maior é o *dan tien* inferior ou os chacras inferiores, na parte inferior do corpo. Quando nos conectamos ao campo de energia maior da Terra, nós nos sentimos vivos e animados; quando estamos fechados a ele por causa de bloqueios em nossos corpos energéticos inferiores, nós nos sentimos cansados. Ficar vivo, criativo, reativo e conectado à energia da Terra começa ao se manter os centros energéticos inferiores e os canais nas pernas e nos quadris abertos para concentrar energia e para sustentar e guardar a energia concentrada. Como nossa conexão com o campo energético da Terra está em fluxo constante, geralmente precisamos desbloquear nossos centros energéticos inferiores muitas vezes ao dia no início, a fim de manter a troca de energia fluindo.

O segundo exercício neste capítulo, Leves Batidas no Corpo Todo, é projetado especialmente para nos auxiliar a concentrar energia da Terra para estimular e despertar o corpo.

ESTABELECIMENTO

Estabelecer o corpo significa fortalecer a conexão entre nosso chacra raiz ou *dan tien* inferior e o campo xamânico. Fazer isso equilibra o fluxo energético entre o corpo e a cabeça, assegurando que o volume de energia esteja centralizado no corpo. Estabelecer o corpo físico é extremamente útil. Estabelecer significa concentrar o centro de nosso corpo energético no *dan tien* inferior e deixar as pernas e os quadris abertos para o fluxo da energia da Terra.

Em nossa cultura, muitos de nós carregamos o volume de nossa energia na cabeça, não no corpo. No plano físico, manter a maioria de nossa energia centralizada acima, nos centros energéticos superiores, pode levar a um desequilíbrio no sistema nervoso autônomo, produzindo ansiedade e um sistema nervoso simpático exageradamente reativo. Para a maior parte, esse deslocamento acima ocorreu no decorrer dos últimos 200 a 500 anos. Nossa cultura reverencia a mente, e como um todo nós temos nossa energia concentrada mais acima no corpo – mais do que os índios seri no México, por exemplo.

Não sei se esse desequilíbrio é causado pelo estresse ou se é uma resposta inadequada a ele. O que eu sei é que esse deslocamento de energia acima é aumentado pelo trauma, como um acidente, uma doença, uma cirurgia, um medo ou ocorrência assustadora, ou até mesmo por notícias ruins. O que muitas vezes fazemos nessas situações é levar a energia da dor, do problema ou do trauma para nossa cabeça e pensar nisso na tentativa de achar uma solução, de suavizar nossos sentimentos sobre isso, de nos ajudar no momento ou de prevenir que isso aconteça novamente. Deslocar a energia da experiência para cima e para longe da parte inferior do corpo físico nos tira do equilíbrio no plano do corpo energético, resultando no não estabelecimento ou na condição de *asustado*. Essa palavra em espanhol significa "assustado" ou "amedrontado" e é um diagnóstico comum feito pelos terapeutas energéticos no México. Eu vejo essa condição em pacientes que passaram por um momento difícil, ficaram machucados ou doentes, ou passaram por um evento traumático ou doloroso. Como resposta, seu corpo energético foi deslocado da parte inferior do corpo físico. A situação resultante se assemelha à depressão. Essas pessoas sentem um baixo nível de energia generalizado. Elas têm dificuldades em tomar decisões, sem compreender o motivo disso, e não há energia para resolver a situação.

Depois que minha terceira criança nasceu, eu estava totalmente não estabelecida. Tinha acabado de me submeter a uma cesariana, e, uma semana depois, minhas outras duas crianças se envolveram em um pequeno acidente de automóvel. Eu estava confusa; não conseguia tomar nenhuma decisão, chorava com frequência e me sentia muito deprimida. Ficava pensando se eu estava tendo uma depressão pós-parto e se a base da depressão pós-parto era não estar estabelecida e equilibrada.

Planejei fazer uma viagem de cura para o México, para mim e meu bebê de dois meses. Eu não conseguia decidir para onde ir, nem conseguia arrumar as malas para essa viagem. Era como se eu estivesse paralisada por dentro. Não conseguia nem decidir que tipo de leite deveria comprar no mercado. Embarcamos em um avião para o México, mas, quando uma amiga que também estava no avião mencionou que estava feliz por eu ter decidido ir, eu respondi: "Ah, eu acho que não vou à viagem". Ela indagou de forma gentil: "Quando você acha que irá decidir?". Essa é a maneira como eu estava desconectada de meu chacra raiz, de meu corpo energético e da realidade temporal.

Essa indecisão continuou por três dias após termos desembarcado em Cancun, até que me consultei com uma adorável terapeuta mexicana. No meio da sessão de cura, senti e ouvi um estalido em minha pélvis inferior. Minha energia foi reestabelecida e retornou ao alinhamento. Dentro de uma hora, eu estava totalmente no momento. Conseguia tomar decisões, estava alinhada com a viagem e sentia que estava de volta em mim.

Essa foi minha primeira experiência incorporada nessa intensidade de não estabelecimento. Acredito que essa condição de *asustado* aconteceu muitas vezes comigo e continua a acontecer em minha vida de maneiras mais leves, mas aquela experiência de *asustado* em particular foi um ensinamento. Desde então, já tive pacientes que descreveram ter sentido o mesmo estalido durante uma sessão de cura sem saber sobre corpo energético e sobre não estar estabilizado.

Observo sintomas de *asustado* em nossa cultura em larga escala. Sempre que acredito que os sintomas de alguém são o resultado de *asustado*, faço o paciente realizar tantos exercícios de estabelecimento quanto possível, incluindo dois exercícios descritos mais adiante neste capítulo – Leves Batidas nos Dedos dos Pés e Sacudindo os Ossos –, bem como os exercícios de Leves Batidas nos Pés e de Respiração do Chacra Raiz (descritos em capítulos posteriores). Usar esses exercícios para trazer o corpo físico de volta ao alinhamento com o corpo energético pode aliviar os sintomas de *asustado* quase imediatamente. Se os sintomas já estiverem presentes há um bom tempo, pode ser necessário realizar exercícios de estabelecimento mais prolongados. Por exemplo, se uma pessoa teve um acidente de carro cinco anos antes e passa por depressão em um baixo nível desde então, pode levar seis meses praticando os exercícios para o corpo se restabelecer completamente. Além disso, as práticas ajudam a estabelecer o corpo o suficiente, de forma que a condição de *asustado* não aconteça com tanta frequência. Podemos usar o corpo para nos treinar a parar de levar tudo para a cabeça e sentir o evento que causou o medo ou o trauma.

LEVES BATIDAS NOS DEDOS DOS PÉS

Bater levemente nos dedos dos pés é uma prática antiga que abre o fluxo energético nas pernas e nos quadris e alinha o corpo energético na parte inferior do corpo físico. Bater levemente nos dedos dos pés também ajuda a equilibrar a energia entre o corpo e a cabeça, enquanto estimula radicalmente o fluxo de energia nas pernas, permitindo que você fique conectado ao campo energético maior da Terra.

Bater levemente nos dedos dos pés influencia muitos aspectos na saúde. De um ponto de vista da medicina tradicional chinesa, estimula os canais do baço, do fígado e do estômago; esses são os meridianos energéticos responsáveis por todo o fluxo energético, a vitalidade e o fluxo sanguíneo.[24] Bater levemente nos dedos dos pés também estimula o fluxo linfático nas pernas, o retorno venoso do sangue ao coração e os sinais nervosos nas pernas e nos quadris. Isso é bom para ajudar na síndrome das pernas inquietas, na insônia e na dor neuropática. Como é tão estabelecedor, também é excelente para tratar a ansiedade. Pode-se usar este exercício para conter um ataque de pânico, e geralmente ele é mais fácil de ser feito do que um exercício de concentração ou uma técnica de respiração, porque, durante um ataque de pânico ou ansiedade, a respiração e a mente estão geralmente em caos.

Bater levemente nos dedos dos pés é um adaptógeno que levará o corpo de volta ao equilíbrio. Este exercício pode energizá-lo quando a energia está baixa e relaxá-lo quando você está tenso ou ansioso. Ele manterá sua energia durante o dia e o auxiliará a dormir à noite.

Antes de começar

Você precisará encontrar um lugar confortável no chão. Se você tiver problemas nas costas, pode realizar este exercício deitado em uma cama ou em um sofá. *Não faça este exercício se você se submeteu a uma artroplastia no joelho ou no quadril recentemente ou se estiver grávida.* Se você se submeteu a uma artroplastia no joelho ou no quadril recentemente, pode usar um massageador vibratório portátil para estimular o fluxo nos pés e nas pernas; passe o massageador completamente pelos pés e pelas pernas para simular as Leves Batidas nos Dedos dos Pés. Há pontos meridianos nas pernas e nos quadris que podem estimular o parto, então mulheres grávidas devem esperar após o nascimento para realizar este exercício ou utilizar o massageador. Existirão outros exer-

---
24. Deadman e Al-Khafaji, p. 610-611.

cícios neste livro que poderão abrir suas pernas e seus quadris de forma segura se você estiver grávida.

Se você estiver com machucados nas pernas e na pélvis, poderá notar alguma dor ou desconforto. Se você sentir isso, pode continuar o exercício e superar esse problema. Caso se torne realmente desconfortável, apenas pare e realize o exercício posteriormente, diminuindo a duração, de forma que você permita o fluxo da energia bloqueada a se reparar suavemente com o tempo. Quase todo mundo sentirá alguma dor nos dedões do pé e um pouco de ardência nas coxas. Esse efeito é normal; apenas supere isso, pois diminuirá nos primeiros minutos de prática.

LEVES BATIDAS NOS DEDOS DOS PÉS

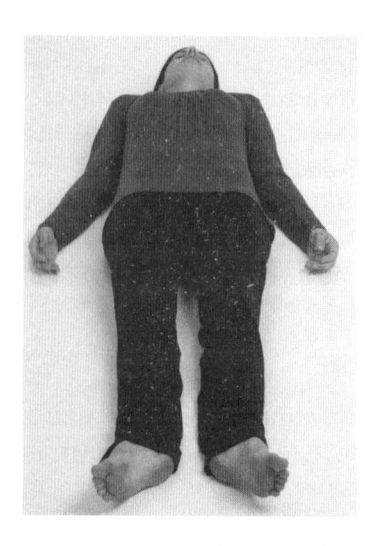

Figura 12a: Posição inicial para as Leves Batidas nos Dedos dos Pés.

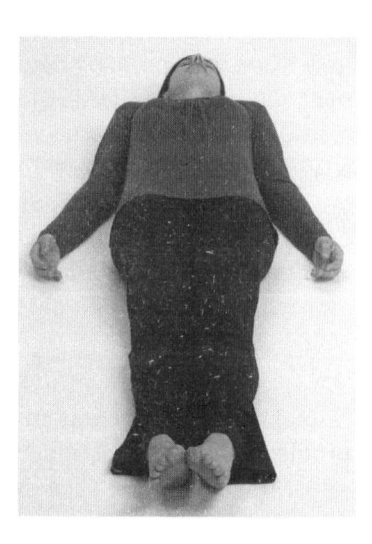

Figura 12b: Mantenha seus calcanhares no lugar, gire suas pernas para dentro a partir de seus quadris e bata levemente seus dedões do pé.

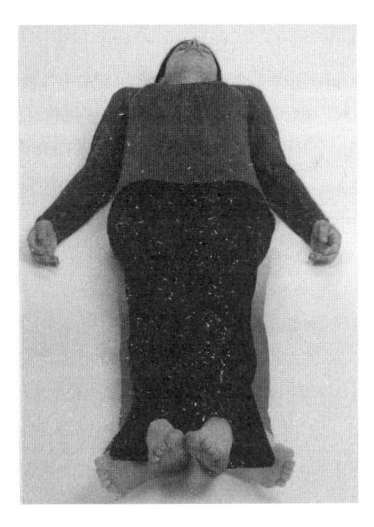

Figura 12c: Gire suas pernas para dentro e para fora a partir dos quadris, permitindo que o impulso mantenha o movimento.

A prática

A chave para esse exercício é que as pernas giram a partir dos quadris, bem como os limpadores de para-brisa em um carro. Encontre um lugar confortável no chão ou em sua cama. Deite-se reto e de costas. Permita que seus quadris e pernas descansem facilmente, os quadris soltos e os pés separados. Gire ou balance as pernas e os pés, para dentro e para fora, a partir dos quadris, deixando os calcanhares em um lugar no chão. Se você notar os calcanhares deslizando, vista meias ou coloque um tapete de ioga embaixo dos pés para evitar que eles deslizem de um lado para o outro. Agora, gire as pernas, primeiro batendo levemente os dedões do pé, e depois fazendo as pernas e os pés girarem para fora. Mantenha as pernas retas. Certifique-se de estar girando as pernas a partir dos quadris, não apenas a partir dos tornozelos. Comece a bater os dedões do pé rapidamente. (Veja as figuras 12a, 12b e 12c.)

Quanto mais rápido você bater, mais fácil será realizar este exercício, pois você utilizará o impulso da batida anterior, bem como dos músculos rotadores nos quadris e nas coxas. Um possível desconforto nos dedões dos pés e nas coxas passará em alguns minutos.

Feche os olhos e relaxe. Ouvir música rápida e rítmica ajuda, pois você pode realizar o movimento conforme a batida da música. Inicialmente, continue o movimento por cinco minutos; depois, faça isso por períodos mais longos. Gosto de praticar este exercício por 20 minutos ou mais, dependendo de quanto tempo disponho.

Quando parar, continue descansando de costas. Por um momento, perceba como você se sente e relaxe nessa posição. Onde está sua percepção em seu corpo nesse momento? Torne-se ciente de como você está sentindo os pés, as pernas, a pélvis, o torso, os braços, as mãos, o peito e a cabeça.

Quando dar leves batidas nos dedos dos pés

Use esse exercício diariamente pela manhã para abrir o fluxo energético na parte inferior de seu corpo. Você também pode utilizá-lo à noite se tiver problemas de insônia ou síndrome das pernas inquietas, pois ele estabilizará seu fluxo energético, permitindo que você durma. Essa prática aprofunda e transforma o corpo energético com o tempo; você se tornará bem confortável em relação a ele. Realize a prática durante pelo menos um mês. Não se surpreenda se você se apaixonar por ela quando captar seu ritmo.

Considero esse exercício uma das bases de um programa de tratamento de ansiedade. Ele influencia o fluxo de energia no corpo, assim como o sistema nervoso autônomo, que é responsável por nossa reação de lutar ou fugir – a parte do sistema nervoso que causa a ansiedade e o pânico. Os pacientes geralmente surgem em meu consultório um mês após iniciarem a técnica de Leves Batidas nos Dedos dos Pés e dizem: "Funcionou! Eu comecei a ter ansiedade, fiz o exercício, e ela passou!".

Menciono um mês aqui por uma razão. Quando a ansiedade começa, o sistema nervoso autônomo dispara, e então você fica em um estado de ansiedade. É difícil transformar a ansiedade, e você só tem de se juntar a isso. No entanto, se você utilizar uma prática como essa quando não estiver ansioso, o corpo ficará acostumado com o equilíbrio que ela proporciona. Depois de um tempo, o corpo o conduzirá a essa prática quando a ansiedade começar, mas você tem de realizá-la durante pelo menos um mês. Com o tempo, o corpo começa a se reequilibrar e o levará em direção ao reequilíbrio quando necessário. Lembre-se: o corpo se movimenta em direção à integridade e à cura; quando você começar a trilhar esse caminho, o corpo vai começar a desejar a prática quando necessário. Então você não vai precisar se lembrar de usar o exercício de Leves Batidas nos Dedos dos Pés para a ansiedade. Se você realizar o exercício o suficiente quando estiver fácil, ele se tornará uma resposta natural quando for necessário.

LEVES BATIDAS NO CORPO TODO

Com as Leves Batidas nos Dedos dos Pés, podemos abrir os canais para a metade inferior do corpo. Este exercício seguinte, Leves Batidas no Corpo Todo, conduz a energia da Terra para o depósito de energia no *dan tien* inferior, no abdome, e a movimenta para estimular e despertar o corpo. Os bloqueios de energia começam a se dissolver conforme batemos em regiões específicas do corpo.

A prática começa com leves batidas em cima do *dan tien* inferior para produzir a energia para o dia. Se você tem um tempo limitado, dê leves batidas em cima do *dan tien* inferior e dos quadris para uma rápida concentração de energia, mas recomendo que você tenha tempo para bater levemente no corpo todo, pois fazer isso estimula mais fluxo energético. Você pode realizar essa prática por 15 minutos ou mais, até no máximo uma hora.

Atualmente, existem diversas técnicas populares de batidas em pontos específicos do corpo. Elas são excelentes, mas prefiro fazer as batidas no corpo todo. Já observei esse exercício movimentar a energia dos seios nasais, dos ombros, das pernas e até mesmo do abdome. Ele auxilia nas desobstruções físicas e emocionais. É maravilhoso, e você rapidamente irá descobrir onde precisa dar mais batidas.

Antes de começar

Se você está grávida, pule, nesse exercício, a parte de leves batidas na barriga. Se você tiver dores nos joelhos, incline-se de um lado para o outro em vez de saltar para cima e para baixo. Se você não conseguir bater em todas as regiões por conta de uma incapacidade física, use um massageador portátil.

No fim desse exercício, bateremos levemente nas costas. Se não tiver alguém que possa fazer isso por você, use um massageador portátil.

A prática

Faça esse exercício em pé. Você pode manter os pés um pouco mais afastados do que sua postura normal para o equilíbrio.

Começamos com o segunda chacra e o *dan tien* inferior, acima do osso púbico e abaixo do umbigo, bem na bexiga (figura 13a). Cerre os punhos suavemente e dê leves batidas nessa região enquanto salta usando os joelhos com cuidado para estimular a energia através das pernas. Pode ser um movimento pequeno, desde que você se mexa para cima e para baixo. Respire em sua região abdominal inferior enquanto estiver fazendo isso. Escolha um ponto no chão e mantenha os olhos focados nele para ajudar a manter a consciência em seu corpo. Faça as batidas nessa região de dois a três minutos. Em seguida, dê leves batidas no abdome, seguindo um sentido circular horário, por mais um minuto. Depois, fique parado e observe se consegue sentir a energia que foi concentrada para o dia. Ela pode parecer estar serpenteando ou aquecendo. Não se preocupe se você não sentir nada. Eu só comecei a sentir a energia após ter praticado esse exercício por um mês.

Recomece a saltar e movimente suas mãos para a região dos pulmões; dê leves batidas com as mãos ou as pontas dos dedos em toda a região do peito (figura 13b). Esse é um excelente local para você dar leves batidas se tiver dores ou problemas nos pulmões. Tente usar as pontas dos dedos, as mãos inteiras ou os punhos para descobrir qual das opções funciona melhor. Lembre-se de ser cuidadoso com você mesmo no começo.

Agora, dê leves batidas na axila esquerda com a palma da mão. Bater levemente nas axilas é importante para atenuar a depressão e aliviar problemas nos ombros, nos braços, nos pulsos e nas mãos.

Continue dando leves batidas abaixo no braço esquerdo. Abaixe o braço devagar e demore um tempo extra onde você perceber um desconforto. Quando alcançar a mão esquerda, bata as mãos brevemente.

Figura 13a: Inicie as Leves Batidas no Corpo Todo cerrando os punhos suavemente e batendo no *dan tien* inferior.

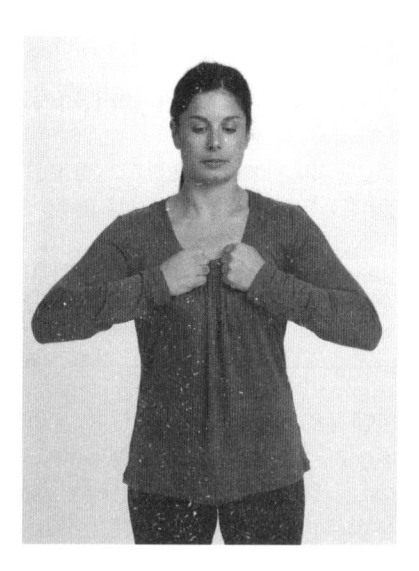

Figura 13b: Continue as Leves Batidas no Corpo Todo batendo em toda a região do peito com os punhos ou as pontas dos dedos.

Isso estimulará todos os pontos de energia nas mãos. Depois, bata novamente no braço esquerdo subindo, passando por qualquer local em que não tenha batido enquanto estava descendo. Eu vou batendo para baixo em um lado do braço e da mão e vou subindo pelo outro.

Faça o mesmo com o braço direito, começando da axila e depois trabalhando para baixo e para cima no braço direito.

Usando as duas mãos, bata levemente na nuca e nos ombros com as pontas dos dedos. Esse é um ponto onde muitas pessoas armazenam estresse, então dar leves batidas nessa região auxilia os problemas no pescoço e nos braços e as dores de cabeça. Dê leves batidas subindo por trás da cabeça, em cima da coroa e nos lados da cabeça.

A seguir, com as pontas dos dedos, dê leves batidas na fronte, na face e sobre as maçãs do rosto. Se você tiver problemas nos seios nasais, demore um tempo extra sobre as bochechas e a fronte.

Passe para a mandíbula e bata levemente nela. Essa é uma maneira excelente de movimentar a energia de sua mandíbula se você sente dor na articulação temporomandibular (ATM).

Descendo, dê leves batidas no pescoço, até chegar à parte de cima do peito.

Agora, passe para os quadris. Com os punhos, bata na frente dos quadris, onde as pernas encontram o corpo. Bata no quadril direito e no quadril esquerdo ao mesmo tempo. Eu acho esses pontos muito importantes. Eles são as passagens por onde a energia que concentramos da Terra entra em nosso corpo superior, e dar leves batidas neles é importante para tratar dores nas pernas, problemas nos quadris, síndrome das pernas inquietas, edema nas pernas, problemas vasculares (do fluxo sanguíneo) nas pernas e todo o fluxo energético.

Passe para o sacro ou cóccix. O sacro é outra passagem importante no corpo energético, e precisa ser desobstruído com frequência. Bater levemente no sacro é importante se você tem algum tipo de dor nas costas. Passe para as batidas nas nádegas. Ficamos tanto tempo sentados que essa região muitas vezes precisa de movimento energético.

Pause por um momento e fique parado. Agora você começará a bater descendo e subindo pelas pernas. Comece pela perna esquerda; com as duas mãos abertas, bata descendo pela perna esquerda. Ao subir pela perna, passe pelos lugares em que você não bateu quando estava descendo. Eu gosto de bater na frente e na parte externa da perna quando estou descendo, e atrás e na parte interna quando estou subindo. Demore um tempo extra na parte externa das coxas se estiver tenso nessa região. A dor é uma indicação da energia bloqueada, então bata mais nos locais com desconforto. Passe para a perna direita e bata descendo e subindo do mesmo modo.

Quando você terminar na perna direita, pare de bater, fique ereto e feche os olhos. Verifique seu corpo. Como ele se sente? Existe alguma região que necessite ser mais trabalhada? Se a reposta for sim, passe mais tempo dando leves batidas nessa região.

Por fim, suas costas precisam ser liberadas. Peça que outra pessoa dê leves batidas no centro das suas costas, entre as omoplatas. Se você estiver sozinho, use um massageador portátil. Demore pelo menos dois minutos no centro das costas para liberá-la. Depois, você pode passar a bater no restante das costas por outros dois minutos. Novamente, demore um tempo extra nas partes das costas que você sentir que necessitam ser mais trabalhadas.

Fique parado, feche os olhos e perceba como você se sente.

Quando dar leves batidas no corpo todo

Use as Leves Batidas no Corpo Todo sempre que você quiser energizar seu corpo. Pode ser uma prática diária ou semanal, dependendo de quanto tempo você dispõe pelas manhãs. Também é excelente para você se recarregar durante a tarde. Você pode utilizá-la para qualquer doença, pois ela se dirigirá aos bloqueios de energia em todas as regiões de seu corpo.

Eu ajusto esse exercício de acordo com a necessidade. Por exemplo, se sentir que estou ficando gripada, vou dar mais leves batidas na região dos seios nasais e do peito. Uma vez, em um workshop intensivo, tive uma paciente com um histórico de sinusite crônica por 30 anos. Enquanto realizávamos diversas atividades com ela durante quatro dias, passávamos um tempo extra dando leves batidas na face em nossa prática matinal. Seus seios nasais foram desobstruídos no último dia do intensivo e permaneceram assim por dois anos e meio. Quando eu a vi de novo depois isso, ela mencionou que a sinusite crônica tinha voltado – após ela ter parado as leves batidas na face. Eu a aconselhei a recomeçá-las, e novamente seus seios nasais foram desobstruídos.

A prática de Leves Batidas no Corpo Todo é excelente para ser realizada em grupo. Se você quer aprender mais sobre como utilizar essa prática em um grupo, visite um centro de Dahn Yoga, um tipo de ioga que inclui leves batidas no corpo e alguns dos outros exercícios de cura pela energia deste livro.

SACUDINDO OS OSSOS

A emoção é, na verdade, energia em movimento (*e-moção*), e toda experiência que temos carrega sua própria energia para ser experimentada. Esse é um ponto crucial na cura no plano do corpo energético. Quando sentimos nossas emoções e experiências completamente, a energia delas se movimenta por todo o corpo, do chacra raiz ao chacra da coroa, e então sai pelo chacra da coroa ou dá a volta e percorre as costas. Ainda assim, muitas vezes, levamos a energia para a cabeça e começamos a pensar sobre ela, alterando realmente o fluxo natural da energia através do corpo. Quando isso acontece, a energia se consolida em nosso corpo e pode continuar a emergir em nossa consciência como uma memória repetidas vezes. Quando desobstruímos bloqueios energéticos no corpo, o que estamos realmente fazendo é liberando a energia de uma doença antiga, de um trauma antigo, de sentimentos antigos ou de experiências antigas – energias antigas somatizadas ou armazenadas.

Algumas vezes, quando começamos a desobstruir o corpo, sentimentos ou experiências antigos podem emergir. É bom quando isso acontece. Queremos que isso aconteça. Mas, quando acontece, não leve a energia desse sentimento ou experiência para a cabeça. Em vez disso, use a seguinte prática, Sacudindo os Ossos, para movimentá-la por todo o seu corpo energético e para fora dele.

O exercício Sacudindo os Ossos é o melhor que conheço para desobstruir nosso corpo energético e revitalizar nosso corpo físico. Os animais se desvencilham das experiências para se libertar da energia delas, e assim eles podem continuar sem sofrer uma experiência residual ou pós-traumática dos eventos. Uma vez vi um homem chutar um cachorro de forma cruel. O cachorro uivou de dor, desvencilhou-se da experiência e desceu a rua relaxado, como se nada tivesse acontecido. Podemos ver essa liberação de energia acontecendo com os animais domesticados. Observe um gato ou um cachorro sacudindo seu corpo após uma queda, um pulo ou uma experiência que causou surpresa. Ele se desvencilha da experiência e passa para um estado de relaxamento. Em nossa cultura, até usamos a expressão "sacuda isso" para descrever essa ação.

Enquanto estiver fazendo esse exercício, você pode perceber sentimentos fortes – dores, memórias ou até mesmo alegria – vindo à consciência. Esse é um dos propósitos desse exercício. Não pense sobre o que surgiu; apenas sacuda isso. Use sua respiração para se libertar da experiência ou do sentimento conforme você o sacode com o movimento. A maioria dos sentimentos passará em alguns minutos.

Antes de começar

Você precisará de um local para ficar no chão e de uma música com uma batida acelerada. Qualquer música com uma boa batida – uma música com a qual você possa se sacudir – o auxiliará a se movimentar por um período de tempo mais longo. Eu utilizo a música de James Asher, de seu álbum *Shaman Drums*.[25] Gosto de começar esse exercício com a música intitulada "Amma".

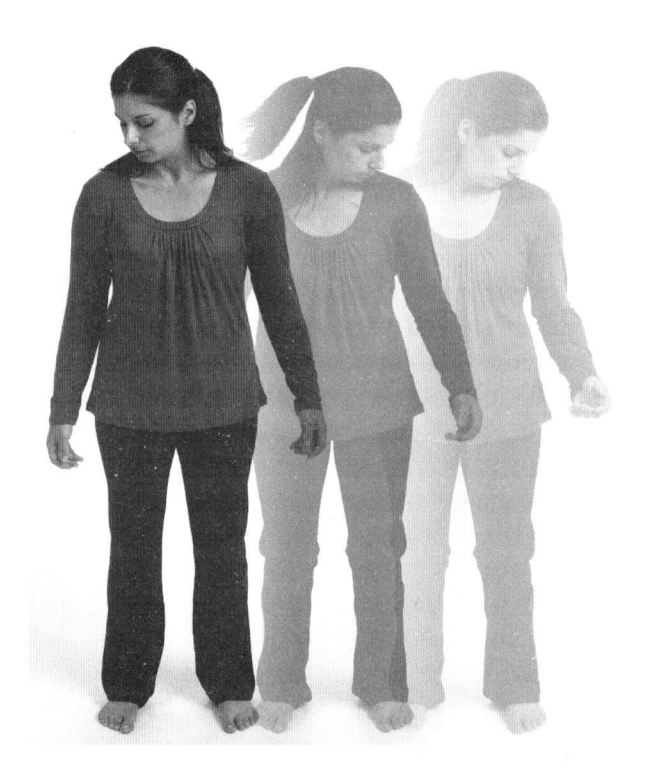

Figura 14: Para realizar o exercício Sacudindo os Ossos, salte para cima e para baixo usando os joelhos com cuidado, enquanto sacode os braços e o corpo energeticamente. A cabeça fica pendendo para a frente; faça-a girar devagar de um lado para o outro conforme seu corpo se movimenta.

---

25. James Asher, *Shaman Drums* (Sammasati Music, 2002).

A prática

Esse exercício deve ser feito em pé. Imagine um cordão saindo da coroa de sua cabeça e indo até o céu, e relaxe seu corpo como uma boneca de pano. Deixe o pescoço ficar solto e a cabeça pender para a frente. Feche os olhos.

Conforme a música toca, sacuda energeticamente os braços e o corpo, e salte usando os joelhos cuidadosamente. A cabeça fica pendendo para a frente e se mexe com o corpo; faça-a girar devagar de um lado para o outro (ver figura 14). Deixe que o movimento, a respiração e a música assumam o controle, e permita se deixar levar. Se em algum momento esse exercício se tornar difícil ou intenso, abra os olhos, pare de se sacudir e mantenha-se parado.

Pratique o exercício Sacudindo os Ossos por pelo menos cinco minutos. De dez a 15 minutos é ainda mais efetivo.

Pare e perceba como se sente.

Quando sacudir os ossos

Eu recomendo que você utilize o exercício Sacudindo os Ossos como a primeira coisa pela manhã ou em qualquer momento após ter tido uma experiência difícil ou até mesmo uma conversa difícil. Você também pode utilizar esse exercício no fim da jornada para se libertar do dia e se preparar para um novo dia, ou para se libertar de qualquer experiência antiga que tenha tido.

Cada vez que você fizer esse exercício, será diferente e aprofundará o que está acontecendo em seu corpo e em sua vida. Você pode querer utilizar essa prática por períodos de tempo mais longos com certas circunstâncias, como experiências extremamente difíceis ou traumas de um passado distante.

Quando recebi a notícia de que meu pai estava morrendo, como médica imediatamente recorri à razão para pensar em algum remédio que pudesse prescrever para mantê-lo vivo. Eu sabia que recorrer à razão era um grau de defesa. Em vez disso, eu precisava sentir a experiência genuína de uma filha perdendo o pai. Fui para meu consultório e comecei a praticar o exercício Sacudindo os Ossos. Demorou cerca de 20 minutos para eu conseguir dispersar toda a história sobrejacente para chegar ao sentimento genuíno subjacente. Esse exercício me ajudou de forma significante. Quando fui visitar meu pai, não gastei energia tentando mudá-lo ou consertá-lo, ou no processo médico. Fui capaz de bendizer meu moribundo pai.

Pratique esses três exercícios de movimentação de energia diariamente e comece a experimentar a energia do corpo e a energia à sua volta de forma diferente. Isso é a sabedoria experiencial; usar as práticas irá deixá-lo aberto a experimentar a energia no corpo estando conectado a um campo maior.

Capítulo 4

O Centro do Coração e a Arte do Toque Sagrado

*"Eu fui até a porta e vi como
Intensamente as fechaduras foram fixadas
E a saudade em mim se tornou tão forte
E então eu vi que estava olhando
De dentro da presença"*
Lalla, Naked Song

Vamos passar agora da conexão ao campo energético da Terra pelo corpo inferior para a conexão ao nosso corpo energético e ao campo de energia unificado pelo centro do coração. Chamamos esse centro energético de centro do coração porque ele transpõe as tradições e as diferenças nas anatomias energéticas entre as tradições. É um ponto de conexão importante se o observamos como parte da tradição da matriz, como o chacra do coração hindu ou como o *dan tien* médio na Medicina Tradicional Chinesa (MTC).

O centro do coração, localizado no peito, é o centro energético mais importante para o trabalho de cura. A energia gerada, amplificada e filtrada pelo centro do coração é intrinsecamente curadora. Quando alguma forma de cura está harmonizada com a energia do centro do coração, tem uma habilidade impressionante para transformar.[26]

---
26. A palavra *harmonizada* vem da música e pode ser aplicada para os centros energéticos também. Quando duas vibrações são harmonizadas ou utilizadas juntas, elas se influenciam. Na música, significa que, quando duas, três ou quatro cordas de um instrumento são

Quando digo *harmonizada*, significa mantendo dois estados de consciência ou percepção de uma vez. Embora possamos realizar a cura a partir de nossa consciência normal, se harmonizarmos a energia do centro do coração em nossa prática, estamos utilizando técnicas de cura pela energia ao mesmo tempo em que estamos nos concentrando na energia do centro do coração. Manter os dois pontos de consciência requer prática, mas, conforme você percorrer este livro, ficará mais claro como é possível fazer isso.

Quando concentrada, a energia do amor transpessoal do centro do coração pode dar clareza a uma dinâmica de cura, uma dinâmica pessoal ou um evento de uma maneira muito mais rápida do que a energia de outros chacras conseguem. A energia dos chacras inferiores (chacra raiz e segundo chacra) tem um grande impacto sobre a cura, mas o centro do coração é o pináculo da transformação. Assim como as energias do chacra raiz e do segundo chacra são as mais importantes para a vitalidade existente, o centro do coração é o mais importante para a cura.

A energia do centro do coração cura tanto a mente quanto o corpo. A forma como observamos o mundo influencia no modo como percebemos as experiências que acontecem conosco. Quando enxergamos o mundo pelos mesmos filtros muitas vezes, tais como o filtro do "eu e meu", podemos acabar tendo pensamentos repetitivos e visões que não se aplicam mais a nossas circunstâncias ou vida e que podem drenar nossa vitalidade e nosso campo energético. Alguns de nossos pensamentos, especialmente os pensamentos repetitivos ou as formas de pensamentos, são apenas reflexos das energias se movimentando através do corpo, ou padrões de uma energia armazenada ou estagnada no corpo que continua a ser refletida na mente. Em outras palavras, muitas preocupações e ansiedades que sentimos têm origem em um corpo energético desequilibrado, que afeta nossos pensamentos, que afeta nosso sistema nervoso, que então afeta nossa mente. Os pensamentos não são primários; o corpo é. Explorar o centro do coração nos permite outra perspectiva sobre algum evento ou realidade que estamos vivendo. Trabalhar com o centro do coração a longo prazo pode permitir que isso se torne um de nossos pontos de conexão primários para reunir a realidade.

---

tocadas de uma vez, elas criam um som novo e adicional por meio da harmonia. É assim que enxergo a cura e o centro do coração, ou qualquer órgão ou outro chacra ou *dan tien*: utilizados juntos, eles criam harmonias e uma matiz ou nova vibração. Eu uso *harmonizada* em vez de *atada*, ou amarrada, pois há um significado diferente em um sentido vibracional. Uma energia influencia a outra.

APROFUNDANDO-SE NA NATUREZA TRANSPESSOAL DO CENTRO DO CORAÇÃO

É a natureza transpessoal da cura que produz a maior transformação, e o centro do coração é uma fonte transpessoal de amor e energia.

Geralmente, quando pensamos que estamos trabalhando com o coração, estamos na realidade trabalhando com o amor de um ponto de preferência pessoal. A preferência pessoal é formada no terceiro chacra, um ponto de diferenciação de si mesmo e do outro ("eu ou meu"). O terceiro chacra é importante; sem ele, não seríamos capazes de determinar "Esse sou eu, não você". Essa diferenciação é crucial para a sobrevivência. Quase todos os relacionamentos amorosos em nossas vidas são relacionamentos *pessoais* baseados no domínio do terceiro chacra – diferenciação do ego e "Esse sou eu, e esse é você". Como tal, eles não são somente incondicionais. Eles vêm do nível da preferência pessoal e de "É assim que deveria ser". Ensinamos nossos filhos de acordo com o amor pessoal, para enraizá-los na sociedade.

Em contraste, o centro do coração é uma fonte transpessoal de amor. É a fonte e conexão ao campo unificado no plano do amor – independente, incondicional, amor puro, em qualquer forma que o amor possa se apresentar. O amor transpessoal nem sempre parece agradável. Ele pode ser ardente, passional, destrutivo; ele pode ter muitas faces ou apresentações. O centro do coração pode abranger uma compreensão ou reverência por tudo – do esplêndido ao terrível. A paternidade, os relacionamentos amorosos e íntimos, a espiritualidade e os eventos grandes ou traumáticos da vida podem nos levar à energia e ao amor do centro do coração – contanto que não vivamos por meio da realização de nossos filhos, do relacionamento, dos ensinamentos espirituais ou do evento que mudou a vida como uma maneira de sentir nosso próprio poder ou senso de importância pelo mundo deles.

O centro do coração não se trata de preferência pessoal, nem de aceitar tudo o que surge em nosso caminho. A energia do centro do coração é uma energia coletiva que permite reverenciar toda a vida. Para entender isso completamente, você tem de praticar a Meditação do Centro do Coração, a fim de despertar e experimentar a qualidade específica da energia do centro do coração.

Existem dois ensinamentos maravilhosos que começam a explicar a dificuldade na diferenciação entre a preferência pessoal ou o amor pessoal do terceiro chacra e o amor transpessoal e universal do centro do coração: "A caverna de mil anos termina no coração" e "O caminho de mil milhas termina no coração". Leva tempo para entender essa pequena transformação ao centro do coração. "Mil anos" ou "mil milhas" se refere ao trabalho de se centralizar repetidas vezes no centro do coração antes de essa diferenciação estar clara ou aparente. O que normalmente pensamos ser amor está enraizado na preferência pessoal, e é necessário. Mas, para o trabalho de cura, precisamos passar para o amor incondicional e para a reverência de tudo que existe, incluindo doenças, enfermidades ou experiências do passado com as quais estamos lidando. Precisamos aprender esse caminho afastando-nos da preferência pessoal e nos direcionando para o centro do coração. É uma disciplina sentir uma preferência pessoal e então transformá-la para o centro do coração por uma visão diferente. Como transformar os estados de consciência da preferência pessoal para o centro do coração pode ser um desafio no começo, a melhor maneira de explorar essa transformação é praticar a Meditação do Centro do Coração com frequência suficiente para podermos nos direcionar para o centro do coração rapidamente quando necessitamos. Para fazermos isso, iremos nos aprofundar em uma meditação do centro do coração, uma experiência direta do centro do coração, mais adiante neste capítulo.

É o amor incondicional (ou energia) do centro do coração que é capaz de ver e aceitar cada coisa como ela é. O centro do coração contém admiração pelo mistério da energia e pela vida em si. Embora receba nomes diferentes, a energia do centro do coração está presente em todas as religiões e tradições espirituais. A energia do coração é universal; todas as culturas e religiões têm uma relação com essa energia e com as práticas para estimulá-la. Não importa qual seja nosso treinamento ou tradição, todos nós sabemos, de uma certa maneira, o que é a energia do centro do coração.

A ENERGIA DO CORAÇÃO

A energia do centro do coração é um campo eletromagnético ou vibracional do coração, e o centro do coração é o campo subjacente do verdadeiro coração físico. Os dois se influenciam da mesma maneira que o corpo energético influencia todo o corpo físico. Nosso campo energético total responde e serve primeiro ao centro do coração e depois aos outros centros energéticos.

O Instituto HeartMath documentou que o campo eletromagnético do coração é o mais forte em todo o corpo e especialmente para a concordância e a condução.²⁷ A *concordância* é a sincronização entre a função cardíaca, a frequência respiratória e o sistema nervoso autônomo. A *condução* é o conceito de que estamos transmitindo informação energética através do campo energético, consciente ou inconscientemente, para os outros e para o ambiente à nossa volta o tempo todo. A condução influencia nosso sistema nervoso autônomo, especialmente nossa reação de lutar ou fugir. O conceito de condução é bem demonstrado na música. Na música, uma corda de um instrumento vibrando em uma frequência pode influenciar outra corda, levando a segunda corda a uma vibração harmônica. Da mesma forma, quando ensino os pacientes a darem leves batidas nos dedos dos pés ou a meditarem, eu faço o exercício com eles e, fazendo isso, realmente lhes transmito a vibração da experiência.

Outra história impressionante de meu amigo Keith, que você conheceu no capítulo 1, exemplifica a condução. Keith aprendeu a usar o movimento e o som para mover a energia e curar sua disfunção temporomandibular debilitante. Como ele estava em contato intenso com os movimentos que seu corpo lhe mostrou, ele automaticamente começava a mexer o pescoço balançando, liberando-se, quando estava relaxado. Seu pescoço se mexia, e sua cabeça inclinava de um lado para o outro, fazendo um movimento que se assemelhava ao número oito ou ao símbolo do infinito. Um dia, quando busquei Keith no aeroporto, ele mencionou que achou que estava dormindo no voo, mas, quando voltou a si, percebeu que, em vez disso, deveria ter passado por um estado profundo de relaxamento. Quando abriu os olhos, percebeu que o homem perto dele, que estava trabalhando em seu laptop, estava mexendo a cabeça formando um oito. E o homem no outro lado do corredor, lendo um livro, estava fazendo a mesma coisa! Keith também me contou que, quando ele estava no banco na semana anterior, fechou olhos e relaxou por um momento, movendo a cabeça inconscientemente da mesma forma. Quando ele abriu os olhos, tanto sua mulher quanto o analista de crédito estavam fazendo o mesmo movimento com o pescoço, totalmente sem perceber.

Como ou por que as pessoas estavam captando o movimento de Keith é o mistério da condução. Estamos transmitindo informação energética e vibracional o tempo todo, e essa informação é bem mais importante do que qualquer coisa que dizemos. O que conduzimos, independentemente

---

27. Doc Childre e Howard Martin, *The HeartMath Solution* (New York: HarperCollins, 1999), p. 34. Esse livro descreve um excelente corpo de trabalho, e, se você estiver interessado nessa obra, eu a recomendo.

do que estamos dizendo (ou em conjunção ao que estamos dizendo, se nossas palavras estão na mesma vibração), é uma comunicação efetiva e poderosa. Na verdade, grandes professores transmitem a maior parte de seu trabalho vibracionalmente pela condução, apesar de seus estudantes, no começo, pensarem que o ensinamento está chegando a eles por meio das palavras saindo da voz do professor ou guru. Brugh Joy, um de meus professores, costumava dizer que, se você quer aprender algo de alguém, deve ficar perto dessa pessoa o máximo que puder. A atividade não importa; apenas estar em sua presença é o suficiente. O mesmo é verdadeiro se você quer se curar de uma doença. Eu aconselho meu pacientes a passarem um tempo com pessoas que se curaram da doença contra a qual eles estão lutando. Os sobreviventes têm uma representação energética ou física no nível primário do padrão que eles podem transmitir, estejam ou não conscientes disso, por meio da presença e da condução.

Então, quando dizemos que o coração é o campo energético mais forte para a condução, significa que ele tem a capacidade de conduzir outras pessoas à nossa volta em seu campo energético mais rapidamente e mais efetivamente do que qualquer outro centro ou campo eletromagnético do corpo. Como os outros passageiros no voo de Keith e sua mulher e o analista de crédito do banco, outros campos energéticos irão captar vibrações energéticas do centro do coração e começar a vibrar da mesma maneira.

O coração conduz o cérebro. "Quando concentramos atenção em nossos corações, a sincronização entre nossos corações e cérebros aumenta", escrevem Doc Childre e Howard Martin em seu livro de 1999, *The Heartmath Solution*. "Experimentos sugerem que a interação energética entre o coração e o cérebro desempenha um papel nesse processo."[28]

O fato de o coração ser o campo mais forte para a condução é importante para curarmos nós mesmos e os outros. Os pesquisadores do Instituto HeartMath documentaram que o coração contém uma "inteligência" e que "a informação energética contida no campo do coração não é detectada apenas por nossos cérebros e corpos, mas também pode ser registrada por aqueles à nossa volta".[29] Isso significa que, quando transmitimos a energia do centro do coração para outras partes de nosso corpo – um rim, um joelho, os pulmões –, os campos energéticos individuais dessas partes irão registrar a energia do coração e se sintonizarão com ela. Isso também significa que, quando transmitimos a energia do centro do coração através de nosso campo energético aos outros, os

---

28. Ibid.
29. Ibid.

campos energéticos deles irão registrar essa energia e se ajustarão automaticamente para se harmonizarem com ela.

O Instituto HeartMath também tem dados sobre a *coerência global*, que ocorre quando um grande grupo se sintoniza com a energia do centro do coração. O resultado é perceptível no campo energético coletivo do grupo. O Instituto também reúne dados sobre efeitos ainda maiores da coerência global, e os dados mostram que um grande grupo se sintonizando com o campo do centro do coração pode ter um impacto na energia perceptível do campo energético global. Portanto, o centro do coração tem um impacto profundo tanto em nossas vidas pessoais quanto no campo de energia unificado maior com o qual estamos em constante conexão. A energia do centro do coração é um remédio poderoso para nós mesmos e para as pessoas à nossa volta.

OS QUATRO ATRIBUTOS DO CENTRO DO CORAÇÃO

Quando começamos a nos conectar ativamente à energia do centro do coração e a explorá-la, é importante nos conectarmos a seus atributos. O pensamento ocidental necessita de palavras ou atributos para se conectar a certas energias; as palavras nos permitem iniciar nossa jornada a essas energias universais e coletivas. Quando meditamos sobre palavras que capturam os atributos do centro do coração, conduzimos nossos corpos energéticos às vibrações desses atributos e ao centro como um todo.

O centro do coração possui quatro atributos principais: a compaixão, a harmonia inata, a presença de cura e o amor incondicional.

Compaixão

A palavra *compaixão* vem do latim e significa "sofrendo com". A compaixão é o desejo afetuoso de aliviar o sofrimento de outra pessoa, combinado ao respeito profundo pela experiência dela. Significa que conduzimos a experiência *com* a pessoa, ao seu lado, em vez de tentar mudar a experiência a fim de ajudá-la a se sentir melhor. Na compaixão, entramos em contato com a verdade de que a vida toda, incluindo as partes dolorosas e difíceis, é sagrada. A compaixão pode ser transformada em muitas coisas, mas não significa ter pena ou dó de alguém. É se conectar a um oceano profundo de sentimentos (incluindo a dor e o sofrimento, mas não limitado a eles) –, um oceano que é transpessoal e pode ser compartilhado entre os indivíduos.

Assim como existem campos energéticos coletivos ou vibrações para cada um dos chacras, há campos vibracionais coletivos de muitas outras coisas, incluindo a dor, a alegria e a raiva, assim como a sexualidade, o caos ou a desordem. (Até mesmo doenças diferentes podem ter seus próprios campos energéticos vibracionais específicos.) Você já percebeu que, quando vai a uma casa de espetáculos para ver um bom comediante, no fim da apresentação não importa muito o que ele está dizendo? Todo mundo ri, não importa o que sai da boca do artista, porque fomos fisgados pelo campo energético vibracional do riso.

Harmonia inata

A harmonia inata é o estado que envolve a calma em meio ao caos. Esse é o ponto firme dentro de nós, o olho do furacão interno. É uma calma completa, não importa o que esteja acontecendo na realidade externa. Temos de retornar a ela repetidas vezes. Praticar a mudança para a harmonia inata é importante não apenas para aquietar uma tempestade emocional interna ou uma mente caótica, mas também porque, durante os momentos de caos e dificuldade (incluindo na doença), esse é atributo para o apoio interno. A harmonia inata possibilita a estabilização durante momentos difíceis ou tumultuados, caso você se encontre em uma situação de emergência ou um período de histeria grupal ou coletiva.

Uma amiga da área médica, adepta ao centro do coração, compartilhou uma história sobre harmonia inata comigo há alguns anos. Em uma manhã, ela recebeu uma ligação do amigo de corrida do marido dela dizendo que seu marido, que era saudável e cheio de vida, simplesmente caiu no chão durante a corrida. Minha amiga trabalhava na área de cardiologia, então ela sabia que essa era um notícia muito ruim e que seu marido provavelmente não sobreviveria a esse acontecimento. Conforme ela dirigia rumo ao hospital para encontrar a ambulância e descobrir a consequência do ataque cardíaco de seu marido, ouvia repetidamente: "Harmonia inata, harmonia inata, harmonia inata". Era um cântico interior que a conduziu enquanto ela dirigia e quando chegou ao hospital. Quantas vezes já ouvimos histórias semelhantes sobre a calma que se apodera de uma pessoa durante uma crise, de forma que ela seja capaz de realizar qualquer ação necessária e esperar para depois desmoronar? A harmonia inata é o atributo do coração que permite que isso aconteça. Ela vem naturalmente para muitas pessoas, e, com a prática, cada um de nós pode obter acesso a essa energia nos momentos difíceis.

Todos os quatro atributos do centro do coração são inatos no corpo e no campo energético. Eles vêm à tona quando são necessários. Praticar a Meditação do Centro do Coração, mais adiante neste capítulo, torna mais fácil acessá-los quando precisamos deles – nos momentos de cura, nas crises ou na desordem. A prática também torna os atributos mais fáceis de ser acessados diariamente por meio de nossa consciência comum.

Presença de cura

A presença de cura é o anseio e desejo em direção à cura. Quando digo "em direção à cura", significa que o anseio e desejo movimenta a energia para a cura, ou em direção a ela. A presença de cura é o amor em ação. O corpo está estimulado para se curar, e muito desse impulso vem da energia da presença de cura. A cura ocorre na presença do amor e no desejo de cura.

Nos ensinamentos budistas profundos, a energia inicial de toda a criação está dento de um vazio. O mesmo é verdadeiro nas visões de mundo das tribos yaqui e seri. Na realidade, é verdadeiro na maioria das mitologias da criação. O primeiro movimento de energia nesse vazio é o amor, na forma da presença de cura, que então move a energia no vazio em direção à ação, em direção à manifestação de todo o Universo ou realidade. Esse movimento de energia à manifestação é o padrão subjacente no campo de energia unificado, em nosso corpo energético individual e em nossos corpos físicos ou psiques; isso está acontecendo o tempo todo. A compaixão é então manifestada a partir desse movimento de amor para ação em direção à cura.

Todos os quatro aspectos do centro do coração estão envolvidos na cura. No entanto, a presença de cura é o aspecto da energia do centro do coração que movimenta e influencia todo o campo de energia em direção à cura, porque realmente deseja a cura e, por meio do amor, a realiza.

Amor incondicional

O amor incondicional é uma irradiação do amor que é tanto incondicionado quanto incondicional. É o amor divino ou o amor que tem origem em uma fonte além de nós mesmos; é uma energia do campo de energia unificado à nossa volta, e podemos nos conectar a ela. É também o campo energético do amor que nos cerca e nos percorre. O amor incondicional envolve a habilidade de apreciar toda e cada coisa exatamente como ela é, da criação à destruição, exatamente como é. O amor incondicional pode enxergar cada coisa ou evento com reverência ao papel que isso desempenha na vida. É a mudança de julgamento para se *impressionar* e *admirar*. Não vivemos neste lugar de amor incondicional a todo o momento, pois somos indivíduos com diferentes jornadas e preferências pessoais, apesar de que sentir o amor incondicional diariamente nos permite uma cura mais profunda do que qualquer outra energia ou estado meditativo que já experimentei.

Quando as pessoas estão confusas sobre a natureza transpessoal do centro do coração ou o amor incondicional, gosto de usar a natureza como o exemplo fundamental. O inverno vem todo ano e mata as folhas e as flores das plantas perenes. Você consegue imaginar o que aconteceria se o mundo natural ficasse desordenado toda vez que o inverno chegasse para podá-las e colocá-las em seu ciclo natural de repouso e crescimento renovado? O amor incondicional nos possibilita ver a ação do inverno pelo que ela é: um aspecto da natureza vital e inerente.

Adentrar o centro do coração, especialmente quando estamos praticando a autocura com a energia, permite-nos um acesso mais fácil a essa perspectiva curadora, misericordiosa, centralizada e incondicional. Isso estimula a resposta de cura do corpo e transforma traumas antigos ou recentes, emocionais ou psicológicos, porque o centro do coração é o que abastece a cura em primeiro lugar.

Eu me direciono ao centro do coração antes de impor minhas mãos sobre outra pessoa ou sobre mim mesma em uma forma de cura, pois, quando faço isso, a qualidade da energia que transmito é diferente do toque comum. As mãos são abastecidas pela vibração do centro do coração. Isso acontece naturalmente para muitos de nós; nossas mãos "são ativadas" quando queremos auxiliar, servir, ajudar ou cuidar de nós mesmos ou de outra pessoa na energia de cura e no amor incondicional.

MEDITAÇÃO DO CENTRO DO CORAÇÃO

A Meditação do Centro do Coração é minha forma primária de meditação, apesar de eu já ter sido estudante e praticante de muitas outras formas de meditação. Essa prática de meditação diária o ajudará a desobstruir seu corpo energético e insuflá-lo com energia de cura. O centro do coração é a fonte da energia de cura. Utilizar essa prática de meditação diariamente acelerará os benefícios da cura por meio dos exercícios contidos neste livro.

O posicionamento das mãos durante essa meditação é importante. As mãos levam energia ao centro do coração enquanto meditamos. Você já deve ter visto pinturas ou esculturas de Buda e de outras figuras religiosas com suas mãos em posições distintivas, como com a palma aberta e o polegar e o dedo médio se tocando. Elas são *mudras*, gestos feitos com as mãos que movimentam a energia e a equilibram no corpo, e posições diferentes têm efeitos específicos nele. Nesse caso, o *mudra* do centro do coração amplia a meditação radicalmente. Uma vez que você já estiver familiarizado com a meditação, pode tentar movimentar suas mãos para outros locais enquanto a pratica, a fim de observar como isso transforma a meditação. Depois, leve suas mãos de volta ao chacra do coração e veja se consegue sentir alguma mudança em sua meditação.

A posição da cabeça também influencia o fluxo de energia e sua concentração durante a meditação. Tente inclinar a cabeça de formas diferentes e encontrar uma posição que ajude a levá-lo ao estado meditativo mais profundo.

A figura 15 é uma ilustração do gesto feito com as mãos utilizado nessa meditação para se conectar ao centro do coração e ampliar o fluxo de energia. Coloque a mão direita sobre a região do coração, em cima do esterno, no meio do peito. Coloque a mão esquerda sobre a mão direita, com os polegares se tocando. Se você sentir qualquer dificuldade em manter a posição como ilustrado, tente pressionar delicadamente as mãos sobre o peito. No começo, você também pode apoiar os cotovelos com almofadas. Com o tempo, esse gesto feito com as mãos fica fácil; então, continue praticando-o.

Muitas pessoas para as quais eu dou aula dizem que essa é a meditação mais fácil que elas já realizaram, ou que essa foi a primeira meditação que conseguiram realizar. Acredito que isso seja porque a Meditação do Centro do Coração transpõe muitas formas de meditação com seus quatro atributos. A Meditação do Centro do Coração inclui um componente produtivo (criando sentimentos – nesse caso, a compaixão); um componente receptivo (recebendo o que está acontecendo – nesse caso, o amor incondicional); um componente zen, criando uma mente silenciosa (harmonia inata); e uma meditação ativa ou curadora (presença de cura). Como ela transpõe muitas formas de meditação, as pessoas geralmente podem encontrar seu caminho para a meditação pelo atributo ou forma de meditação ao qual elas são mais afins. Pratique todos os quatro atributos quando você meditar. Com o tempo, os outros atributos também surgirão.

Essa pode ser uma meditação móvel ou imóvel. Há movimento no centro do coração, e eu o incentivo a movimentar o corpo se você sentir um movimento enquanto estiver meditando. Como o coração é o foco, movimente seu corpo como precisar para se sentir confortável.

Antes de começar

Encontre um lugar confortável e silencioso para se sentar. Você pode querer manter os atributos do centro do coração anotados ao seu lado a fim de olhar para eles até conseguir se lembrar de todos os quatro sem esforço.

Se você gosta de música, encontre uma composição musical que evoque o centro do coração e toque-a durante sua meditação. Eu gosto do CD *Heart Chakra Meditation*, de Karunesh, que tem quatro compo-

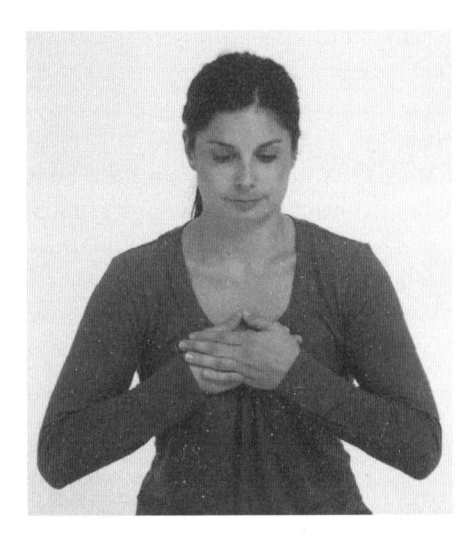

Figura 15: Para realizar a Meditação do Centro do Coração, coloque a mão direita sobre a região do coração. Coloque a mão esquerda sobre a mão direita, com os polegares se tocando. Esse gesto feito com as mãos é um *mudra*, movimentando e equilibrando a energia no corpo durante a meditação.

sições musicais muito semelhantes: "North", "East and West", "South" e "Circle".[30] Você pode meditar durante uma, duas, três ou todas as quatro canções, dependendo da duração de sua meditação. Não importa qual você escolha, recomendo que utilize a mesma composição musical a cada vez que meditar – uma composição musical que você utilize apenas para essa meditação. Utilizar a mesma composição musical exclusivamente permitirá que você se direcione instintivamente ao centro do coração conforme a música se inicia. A música se tornará um iniciador para a meditação e o estado de consciência que você está explorando.

---
30. Karunesh, *Heart Chakra Meditation* (Oreade Music, 2003).

A prática

Sente-se em uma posição confortável. Coloque as mãos sobre o chacra do coração e feche os olhos. Evoque cada atributo para a meditação. Mantenha o foco utilizando a imagem, a palavra e o sentimento para estimular e invocar cada atributo no mantra.

> **Compaixão:** Compaixão oceânica e ilimitada.
> **Harmonia inata:** Calma em meio ao caos, o ponto firme. Infinito, permanência, felicidade.
> **Presença de cura:** Anseio e desejo em direção à cura. Amor em ação.
> **Amor incondicional:** Amor incondicionado e incondicional. Reverência. Admiração. Impressionamento.

Depois, concentre-se internamente em seu coração, sua respiração e nos quatro atributos. Mexa-se se sentir um movimento. Algumas pessoas notam um movimento circular, ou percebem que precisam mudar de posição de tempos em tempos. Confie que seu corpo também é um *mudra*; se ele quer se movimentar, ajude-o a se mudar para uma posição confortável.

Quando usar a Meditação do Centro do Coração

Medite de cinco a 20 minutos diariamente. Se você pratica a meditação por apenas cinco minutos por dia, faça também, a cada semana, uma Meditação do Centro do Coração por 20 minutos.

PRÁTICA DIÁRIA

Quero enfatizar a necessidade de uma prática diária de autocura e centralização. A cura e a homeostasia do corpo energético e do corpo físico são um processo constante, que ocorre a cada momento, então não realize sua prática de autocura apenas uma vez por semana ou uma vez por mês. Uma prática diária manterá o fluxo de energia livre e continuará a estimular e facilitar o corpo energético e o corpo físico a se curaram. Assim como bebemos e comemos diariamente, podemos trabalhar a cura diariamente com nosso próprio corpo. Utilize as práticas de autocura todos os dias para receber o benefício mais completo do trabalho que você está realizando consigo mesmo.

Uma prática diária deve incluir tanto um componente de movimento quanto um componente de meditação. Descobri que, quando uso uma prática de movimento primeiro, a meditação se aprofunda mais. Gosto de utilizar primeiro um dos exercícios para concentrar, estabelecer ou desbloquear a energia (ver capítulo 3), e depois a Meditação do Centro do Coração. Recomendo que a prática mínima consista em cinco minutos de movimento e cinco minutos de meditação, ao menos uma vez por dia. Praticar dez minutos de cada é ainda melhor.

Tente uma combinação diferente de exercício e meditação a cada dia, e registre suas experiências. Depois de já ter experimentado cada combinação possível, escolha a que se adapta melhor a você. Conforme você continua a praticar, pode adaptar e mudar sua prática diária para ela se adequar à sua necessidade e situação atual.

Realizar uma prática energética diária era difícil para mim no começo. A resistência a mudanças é um aspecto importante de nossa constituição e nos protege de certas dinâmicas em nossas vidas. Para fazer mudanças na cura, é importante descobrir onde reside sua resistência e encontrar uma maneira de contornar isso. Minha resistência a uma prática diária reside em iniciar a prática a cada dia; uma vez que começo, eu gosto.

Contornei minha resistência iniciando um grupo que se encontrava em minha casa às 6 horas. Eu demonstrava movimentos e meditações matinais – sem custo, as pessoas apenas vinham e se juntavam a mim. Eu acordava às 5h40, descia as escadas sonolenta e fazia o café ou chá da manhã. Eu tinha o mesmo pensamento todas as manhãs: "Esta é a última vez que ofereço isso. Odeio acordar cedo. Não quero fazer isso de novo. Depois que meditarmos, vou anunciar que este é o último dia do grupo". Então, eu entrava na sala, começava o movimento e, dentro de dois minutos, pensava: "Meu Deus, eu adoro fazer isso! Estou tão feliz em fazermos isso!". Então eu agradecia ao grupo por ter comparecido. Todo dia era igual, até depois de seis meses, quando eu já conseguia realizar a prática sem esse incentivo.

Você pode querer começar seu próprio grupo para uma prática estendida uma vez por semana. A energia em grupo muitas vezes nos ajuda a realizar esses exercícios por períodos mais longos de tempo. Eu recomendo 30 minutos de movimento e 25 minutos de meditação para uma prática em grupo semanal mais eficiente.

TOQUE SAGRADO

Ser capaz de se direcionar ao centro do coração é essencial para movimentar a cura com nossas mãos. Na verdade, se você conseguir fazer apenas uma prática deste livro, deve ser a arte de se direcionar ao centro do coração e utilizar o que eu chamo de Toque Sagrado, um meio de movimentar a energia do centro do coração para outras partes de nosso corpo por meio de nossas mãos.

O Toque Sagrado é fundamental para a autocura com a medicina energética. No Toque Sagrado, a qualidade do toque é mais importante do que quem está realizando o toque. Na verdade, não tenho certeza se para o corpo interfere quem está realizando o toque; só importa a qualidade do toque. Ativar o centro do coração e conceder sua energia às mãos permite muita comunhão, comunicação e consciência. Você pode fazer isso rapidamente, transmitindo reverência, admiração e compaixão de suas mãos para o corpo com seu toque. O corpo se torna vivo com esse toque, e uma relação começa a se desenvolver entre suas mãos e o tecido de seu corpo que as mãos estão tocando. Eu começo cada Meditação do Centro do Coração com a arte do Toque Sagrado, pois ela informa e estimula o corpo, mostrando que a meditação começou. Você pode praticar o Toque Sagrado o dia todo.

A prática

Encontre uma posição sentada confortável. Feche os olhos. Coloque a mão direita sobre a região do coração, em cima do esterno, no meio do peito. Coloque a mão esquerda sobre a mão direita, com os polegares se tocando. (Essa é a mesma posição que usamos para a Meditação do Centro do Coração.)

Concentre sua atenção nas mãos. Toque o peito como se fosse o objeto mais sagrado que você já tocou. Transmita compaixão, gratidão e reverência a seu corpo. Esse é o Toque Sagrado. Agora veja se consegue direcionar sua atenção ao corpo. Qual é a qualidade desse toque? Como é esse toque?

Agora, desça as mãos até as coxas. Transmita gratidão, compaixão e reverência a suas pernas. Agradeça por elas. Então direcione sua consciência às pernas. Como é esse toque? Qual é a qualidade do toque de suas mãos nas pernas?

Nesse momento, transmita medo para as pernas, a fim de sentir a diferença entre o Toque Sagrado e outros tipos de toque. Toque as próprias pernas como se estivesse tocando algo de que tivesse medo, ou como se estivesse tocando algo estragado. Direcione sua atenção às pernas agora. Como é esse toque?

Volte para o Toque Sagrado, com compaixão, gratidão e reverência, e veja se você pode perceber uma diferença. Como é o Toque Sagrado agora?

Retire as mãos das pernas, balançando-as delicadamente, e coloque-as de volta nas pernas naturalmente. Como é esse toque?

Volte para o Toque Sagrado. Transmita compaixão, gratidão e reverência a suas pernas e agradeça a elas por esse exercício.

Quando usar o Toque Sagrado

O Toque Sagrado é uma prática simples que libera e aprofunda, significando que você aprenderá mais e mais conforme a realiza, e ela revelará mais e mais dimensões dela para você.

O Toque Sagrado permite que você comece a se unir com a maioria dos campos energéticos. Recomendo que você utilize o Toque Sagrado com tudo que você toca – até mesmo com os animais, as plantas e os objetos. Tudo é sagrado, e, quando praticamos o Toque Sagrado, experimentamos uma consciência do corpo todo do aspecto sagrado da vida. Use o Toque Sagrado com todas as outras práticas de cura pela energia que estou compartilhando com você neste livro.

Eu sei que os outros podem perceber a diferença entre o toque casual e o Toque Sagrado. Mesmo se eu não contar a eles que estou usando o Toque Sagrado, posso perceber pela reação deles que seu corpo sabe a qualidade do toque que estou transmitindo. Isso fica mais claro com meus pacientes com demência avançada. Pessoas com demência muito avançada não se comunicam mais com o mundo à sua volta, e elas ficam sentadas ou deitadas com os olhos fechados o dia todo. Quando eu as examino com um toque casual ou normal, elas ficam incomunicáveis e mantêm os olhos fechados. Quando eu utilizo o Toque Sagrado, elas geralmente abrem os olhos e olham diretamente em meus olhos por um momento, antes de ficarem "fora", fechando os olhos e se tornando incomunicáveis. O Toque Sagrado é tão poderoso assim. Ele se comunica em um nível muito profundo – tão profundo que pode alcançar alguém que é quase impossível de se alcançar.

Capítulo 5

Sentindo e Movimentando a Energia

"Meu corpo pegou fogo como uma brasa
Conforme eu invoquei a sílaba OM
Aquela que diz: Você é Isso
Em mim"
Lalla, *Naked Song*

Estamos constantemente utilizando o corpo todo como nossa ferramenta para sentir, perceber e movimentar a energia, quer nossa mente esteja ciente disso ou não. Nossa consciência nos dá indicações o tempo todo, seja quando estamos com outra pessoa ou com nossos animais, na natureza, ou apenas pensando em alguém. No capítulo 4, praticamos a arte do Toque Sagrado, que nos permite começar a nos unir com os campos energéticos por meio do toque. Neste capítulo, iremos aprofundar essa prática de sentir e movimentar a energia realizando mais exercícios com nossas mãos e com a respiração.

Todas essas práticas são artes; quanto mais praticamos, mais sensíveis à energia nos tornamos e mais informações podemos extrair. Aprender a trabalhar com a energia é como aprender um idioma. Primeiro, conseguimos dizer *sim, não, por favor* e *obrigado*, e depois conseguimos comprar coisas necessárias em uma loja. Com o tempo, conforme nos tornamos melhores no idioma, podemos usar o telefone ou conversar. Depois, podemos até começar a compreender outra cultura por meio de seu idioma.

Percebo e aprendo coisas por meio do toque que eu não conheceria ou não acessaria de outra forma. Quando toco alguém, geralmente aparecem, em minha consciência, sintomas ou detalhes que eu não podia extrair pela história da pessoa. Um exemplo comovente aconteceu há muitos anos. Uma mulher foi ao meu consultório com dor abdominal crônica, que vinha em ciclos a cada seis meses aproximadamente e durava por alguns dias. Ao longo de 20 anos, ela fez muitos exames e testes médicos adicionais por causa dessa dor. Os exames não revelaram nada; tudo estava normal. Eu a escutei, fiz algumas perguntas e depois a coloquei na maca para que pudesse examinar sua barriga.

No momento em que coloquei minha mão nela, deixei escapar: "Ah, você perdeu um bebê!". Fiquei surpresa em me ouvir dizer isso, e fiquei preocupada com a maneira como ela iria reagir. Ela disse: "Sim, e ainda estou angustiada com isso!". Ela ficou grávida e perdeu o bebê havia mais de 30 anos, e seus sentimentos ainda não tinham sido resolvidos. É possível que os ciclos de dor abdominal estivessem ocorrendo pois a energia armazenada da experiência e as emoções não resolvidas em seu corpo eram ativadas repetidamente. Provavelmente seu corpo estava tentando expressar essa energia ou movimentá-la pelo corpo energético para a cura. Eu sei que essa energia foi transmitida para mim como uma imagem e conhecimento, de minhas mãos para meu cérebro e para fora de minha boca.

Conforme examinei a mulher, nós conversamos sobre essa perda. Fui levada às lágrimas com a história dela e com a intensidade de sua dor. Mantive minhas mãos em sua barriga durante o exame, enquanto ela me contava os detalhes de sua perda. Eu não disse em voz alta que a dor em seu abdome estava conectada à perda de sua criança não nascida, mas fiz a conexão sendo testemunha de sua experiência e "conduzindo" a energia. Sua dor foi solucionada, e ela não voltou mais ao consultório. Apesar de eu não ter conhecimento se sua dor foi solucionada completamente ou apenas durante aquele período, ainda me lembro de como fiquei surpresa por ter captado a história dela apenas pelo toque. Tantas coisas são transmitidas pelo toque que continuam a confundir minha mente racional, ocidental e médica.

PREPARANDO AS MÃOS PARA TRABALHAR COM A ENERGIA

A maioria das modalidades de cura utiliza uma prática para preparar as mãos para trabalhar com a energia ou "conduzi-la". A preparação é um evento ou ação que inicia as mãos para a cura. Como você pode não ter sido treinado em uma modalidade de cura, começaremos nosso trabalho de imposição das mãos com uma preparação para as mãos. Essa preparação precisa ser feita apenas uma vez, embora você possa utilizá-la no futuro para ativar suas mãos antes de realizar um trabalho de cura em si mesmo ou em outra pessoa. Não importa se você a utilizar em cada sessão ou não, perceba que, uma vez que suas mãos forem preparadas com a prática a seguir, provavelmente elas serão ativadas de forma natural quando você praticar o Toque Sagrado ou se direcionar para a energia do centro do coração. Comece a prestar atenção em quando suas mãos estão ativadas; é importante perceber como e quando elas estão ativadas, se você decidir fazer um trabalho de cura em outras pessoas ou em animais.

A fim de preparar suas mãos para o trabalho de cura, iremos usar uma prática rápida que utiliza o som. O som movimenta a energia por meio do tom e da vibração. Quando inicio uma sessão de energia, muitas vezes faço esse exercício de tom, acrescido ao Toque Sagrado, para ativar minhas mãos para a cura pela energia.

Antes de começar

O som e a vibração podem movimentar uma grande quantidade de energia. Iremos preparar nossas mãos para a cura pela energia aplicando nossa voz nas mãos. Utilizaremos a palavra *Om* (ou *Aum*), uma palavra em sânscrito que significa "a manifestação de Deus na forma", ou "um reflexo da realidade absoluta", ou "a vibração do supremo".[31] É uma palavra com uma vibração poderosa, então acredito que Om seja uma excelente palavra para essa preparação (ver figura 16).

Se você se sentir desconfortável com o Om, escolha outra palavra expressiva ou tom. Pode ser uma palavra reverente, uma palavra de sua tradição espiritual ou de cura, ou uma das palavras da Meditação do Centro do Coração. Certifique-se de que a palavra ou o tom tenha um significado profundo para você.

Além de preparar suas mãos, esse exercício irá ajudá-lo a se tornar ciente de como a vibração e a energia são sentidas em suas mãos. Todos podem fazer esse exercício; você pode utilizá-lo sempre que tiver vontade.

A prática

Sente-se em uma posição confortável e esfregue as mãos. Pare de esfregá-las e permita-se perceber qualquer sensação em suas palmas ou dentro delas.

---

31. Lockhart, p. 37.

Coloque a mão esquerda perto da boca e faça o som de *Om* (*Aum* – um tom prolongado) três vezes em sua palma. Faça isso em voz alta e observe se consegue projetar a voz *em* sua palma.

Depois, feche os olhos e concentre sua consciência na palma. O que você percebe?

Abaixe a mão esquerda e levante a mão direita. Faça a mesma coisa com a palma direita, novamente, com três tons.

Agora, sinta suas mãos e palmas. Como elas estão?

PERCEBENDO A ENERGIA ENTRE AS MÃOS

Esse exercício permitirá que você utilize a energia. Quando você se torna ciente da energia, pode se tornar capaz de senti-la, enxergá-la ou percebê-la por meio de um conhecimento ou sentimento vibracional. Para mim, a energia é como uma vibração ou densidade, apesar de todos nós a sentirmos de forma diferente. Meus pacientes dizem que minhas mãos se aquecem quando estou trabalhando com elas, embora o calor não seja uma forma precisa de medir a energia. As mãos de alguns terapeutas ficam extremamente vermelhas, enquanto as de outros parecem não sofrer nenhuma mudança.

Figura 16: A imagem visual do símbolo Om é tão potente energeticamente quanto o som Om. Vê-la pode induzi-lo à energia do Om e influenciar o *dan tien* superior.

A prática

Sente-se com seus braços de cada lado, os cotovelos arqueados de forma que as mãos fiquem na sua frente, as palmas de frente uma para a outra com uma distância de aproximadamente 90 centímetros. Feche os olhos e leve uma mão em direção à outra lentamente. Perceba qualquer sensação que tiver no caminho. Perceba as camadas ou qualquer sensação que mude. Muito lentamente, junte as mãos totalmente.

Retorne suas mãos para a posição inicial, cerca de 90 centímetros de distância. Dessa vez, enquanto você junta as mãos, veja se percebe uma camada ou um ponto em que esteja ciente da energia. Quando sentir isso, mantenha suas mãos nesse ponto. Tente fazer uma bola de energia bem nos limites da energia que você sentiu. Movimente a bola de energia lentamente de lado a lado, entre as mãos, até sentir sua consistência.

Se você não sentir nenhuma energia, comece de novo, dessa vez com as mãos a uma distância de aproximadamente 20 centímetros. Movimente as mãos lentamente de um lado para o outro, juntando-as e afastando-as, e veja se consegue sentir a bola de energia. Algumas pessoas descrevem a sensação de um elástico entre as mãos; outras dizem que é como ter um ímã em cada uma das mãos, que se atraem e se repelem. Mantenha essa sensação enquanto quiser. Quando terminar, balance as mãos.

LIBERANDO A ENERGIA DAS MÃOS

As mãos podem se tornar cheias de energia ou de sensações de tempos em tempos. Quando você sente a energia, pode perceber que sua habilidade para senti-la muda: algumas vezes está ativada, algumas vezes você não consegue sentir mais nada. Eu chamo essa mudança de não sentir nada de *estar cheio*. As mãos estão tão cheias de energia que a sensação começa a enfraquecer. Um de meus professores, Brugh Joy – um médico, místico e terapeuta energético –, explicou a mudança desta forma: "Uma vez que você está se movendo na velocidade do vento, você não o sente mais".

Para renovar a sensação, você precisa liberar suas mãos sacudindo-as rapidamente ou dando rápidas borrifadas de água nelas. Os xamãs utilizam uma preparação xamânica, uma mistura de álcool, hamamélis e óleos ou ervas ou flores. Você pode fazer um borrifador de álcool com um óleo essencial; eu gosto de óleo de rosa, laranja, toranja ou hortelã. Em muitas lojas, você pode comprar Água Florida, que também ajuda a limpar as mãos e a aura. Eu deixo um borrifador com minha mistura por perto para usar nas mãos e no corpo entre os pacientes ou durante uma sessão quando sinto que minhas mãos estão lentas ou não estão mais sensíveis.

Espere que as sensações mudem conforme você começa a "se mover na velocidade do vento". Eu sentia muito mais energia há 20 anos, e agora normalmente sinto uma resistência apenas onde há um bloqueio.

ANALISANDO O CAMPO ENERGÉTICO

Agora que suas mãos estão preparadas e ativadas e que você começou a sentir a energia, começaremos a praticar o método de analisar o campo energético do corpo.

Analisando seu próprio campo energético

Sente-se em uma cadeira em posição confortável. Levante a mão direita, com a palma para baixo, cerca de 90 centímetros acima da coxa direita. O que você sente? Lentamente, desça a mão direita com a palma para baixo em direção à perna (figura 17). Perceba qualquer sensação que você sinta na mão. O que você está sentindo é a aura, as camadas de seu corpo energético que cobrem o corpo físico. A aura em si tem camadas em seu interior. Você pode sentir essas camadas no campo energético conforme aproxima a mão da perna. Elas podem parecer espinhosas ou quentes. Eu as sinto como uma mudança de densidade ou um limite conforme passo pela aura. Muitas pessoas percebem e descrevem sua sensação de uma forma um pouco diferente. Perceba o que você sente em vez de tentar se adequar ao que eu descrevi.

Desça toda a sua mão sobre a perna direita. Agora, levante a mão de novo a cerca de 30 centímetros acima da perna. Perceba o que você sente.

Em seguida, coloque a mão de lado, a uma distância bem longe da perna e do corpo, e perceba o que você sente quando ela não está acima de uma parte de seu corpo. Depois, coloque a mão de novo acima da perna. Um pouco da habilidade de sentir a energia é diferenciar as sensações. Mover a mão sobre a perna e depois longe dela, sobre o chão, o ajudará a começar a desenvolver uma consciência de seu próprio campo energético.

Espere um pouco e faça esse mesmo exercício com a mão esquerda e perna esquerda. Inicialmente, uma mão será mais sensível à energia do que a outra. Novamente, posicione a mão esquerda a cerca de 90 centímetros da coxa esquerda, descendo-a devagar. Testando a energia e a sensação novamente, veja se consegue sentir uma diferença na mão quando ela está mais acima da coxa e quando ela está mais perto dela. Como você sente a aura perto da perna e quando a mão está distante? De novo, tente movimentar a mão lateralmente, para longe da perna, e retornar para cima dela, para você ter a sensação de sair da aura da perna e depois retornar a ela.

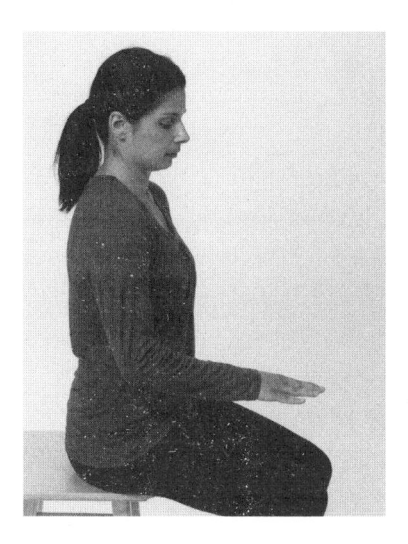

Figura 17: Para começar a analisar seu campo energético, inicie com a mão direita, a palma para baixo, a cerca de 90 centímetros acima da coxa direita. Lentamente, desça a mão em direção à perna, sentindo as camadas do corpo energético conforme continua descendo.

Analisando os campos energéticos dos outros

Normalmente, é mais fácil sentirmos o campo energético de outra pessoa – ou o campo energético de um animal ou de uma planta – do que sentir nosso próprio campo energético. Então, você pode querer tentar esse exercício com outra pessoa, a fim de aprimorar sua habilidade de sentir a energia. O contraste é um aspecto importante ao sentir as diferenças. Começar com nosso próprio campo é excelente e fácil, mas trabalhar com outros campos energéticos e compará-los ao nosso nos ajudará a aprender a identificar sensações novas e desconhecidas. Se possível, consiga outra pessoa ou outro ser para praticar esse exercício de sentir a energia.

MOVIMENTANDO A ENERGIA COM ATENÇÃO E CONSCIÊNCIA

A energia está se movimentando no ambiente e em nossos corpos o tempo todo. Movimentar a energia de uma forma mais intencional requer *dois pontos de foco*: a atenção e a consciência.

Quando uso a palavra *atenção* aqui, significa utilizar alguma de nossas faculdades para direcionar nosso foco à energia em nosso corpo. Você pode fazer isso por meio da mente, usando visualização, imagens ou palavras. Ou você pode atuar pelos outros sentidos: pela sensação de toque; pela audição, ouvindo ou usando o poder da palavra ou o do tom; ou mesmo pelo olfato, se essa for a forma como a energia se apresenta a você. Uma dessas faculdades levará sua atenção à sua habilidade de movimentar a energia. Em seguida, você precisa se juntar ou se conectar à consciência.

A consciência é a presença do campo energético unificado; é a presença daquilo que está à nossa volta. Você pode interpretar aqui que a consciência é na verdade externa a nós, e estamos trazendo-a para dentro. Como foi explicado no capítulo 2, a consciência é a substância real do campo de energia unificado, e a quantidade de consciência disponível para nós depende de nossa conexão com o campo maior.

É melhor trazer ou acessar a consciência por meio da respiração e da emoção. No entanto, qualquer segundo ponto de atenção – a visão, a audição, o olfato – pode trazer a consciência. Enquanto dois pontos de foco são bons, três são ainda melhores. Por exemplo, na Meditação do Centro do Coração, usamos as mãos (toque) e os atributos silenciosos (a mente), e geralmente eu utilizo a respiração e a sensação. Esses são quatro pontos de foco, e movimentam muita energia para o centro do coração. Uma música que você utiliza apenas para a meditação servirá como um quinto ponto, uma música que o conduz.

A princípio, não se preocupe com a consciência. Com o tempo, você descobrirá que a consciência pode vir como qualquer segundo ponto de atenção. O campo de energia unificado ou campo de energia xamânico vem conforme a energia começa a se movimentar, porque a energia é consciência. Normalmente falamos da consciência de uma forma pessoal – "minha consciência" ou "nossa consciência" –, porque ela é a parte da consciência maior e universal que está disponível a cada um de nós no momento. É uma mudança radical quando você compreende o conceito de que é um campo de consciência com o qual estamos em contato ou conexão. O mesmo é verdadeiro quanto à energia; ela não é "nossa"; portanto, quando falamos sobre "nossa energia", é a energia do campo unificado ou campo xamânico com a qual estamos em contato ou conexão no momento. Conforme você trabalhar esses conceitos, pode acrescentar mais pontos de atenção e consciência para observar como movimentar melhor a energia em seu corpo.

Para as duas práticas seguintes, usaremos a respiração para a consciência e nossas mãos como um foco de atenção. (A propósito, se você acrescentar respiração e toque a alguma visualização dirigida, a energia que se movimenta na visualização será ainda mais aumentada.) As técnicas de desbloqueio e estabelecimento que você praticou no capítulo 3 utilizam dois pontos de foco. As Leves Batidas nos Dedos dos Pés utilizam o movimento nos quadris e nas pernas e a sensação das batidas nos pés. Acrescente uma respiração controlada, e as Leves Batidas nos Dedos dos Pés irão movimentar mais energia. O mesmo é verdadeiro para o exercício Sacudindo os Ossos: utilizamos o movimento, e a respiração vem naturalmente com esse exercício. Podemos também acrescentar o ritmo do som para movimentar mais energia. Novamente, se você estiver confuso, não se preocupe. O movimento da energia acontece naturalmente enquanto seu corpo e o corpo energético encontram maneiras de acrescentar um segundo ou até mesmo terceiro ponto de atenção ou consciência.

Nós também vamos começar a praticar usando múltiplos pontos de foco nos exercícios seguintes. Para testar o uso da atenção e da consciência ao movimentar a energia, começaremos com duas técnicas simples de respiração: a Respiração Abdominal e a Respiração do Chacra Raiz. Essas duas técnicas de respiração podem movimentar a energia imediatamente dentro do corpo.

RESPIRAÇÃO ABDOMINAL

Quando a energia em nosso corpo energético está desequilibrada, assim como quando há muita energia em nossa cabeça (o desequilíbrio energético mais comum em nossa cultura), o sistema nervoso autônomo ou simpático é afetado; essa é a parte de nós responsável pela reação de lutar ou fugir, pelo relaxamento, pela frequência cardíaca e até mesmo pela pressão arterial. Quando estamos em um estado de desequilíbrio, nosso sistema nervoso pode acabar com muito do sistema nervoso simpático ativado, colocando-nos em um estado constante e moderado de lutar ou fugir.

A Respiração Abdominal, também chamada de respiração diafragmática, tem um efeito imediato sobre o corpo físico, bem como sobre o corpo energético. Ela transforma o equilíbrio da energia na região abdominal inferior, aumentando o tônus parassimpático (relaxamento) e diminuindo o tônus simpático (a reação de lutar ou fugir). O sistema nervoso irá naturalmente fazer algo para retornar à homeostasia ou ao equilíbrio sempre que começar a se desequilibrar. Cerca de um mês após eu ter começado a praticar a respiração abdominal, percebi que recorria a essa respiração mesmo sem pensar. Quando prestei muita atenção ao que estava acontecendo, percebi que, no momento em que algo estava para me tirar do caminho, meu corpo, pronto para retornar à homeostasia, iniciava a respiração abdominal. Meu sistema nervoso começaria a ficar estabelecido, e meu corpo energético ficaria consolidado no corpo físico em vez de se tornar desequilibrado. É isso que queremos que aconteça – queremos praticar um exercício de respiração o suficiente para que o corpo comece a se tornar assim naturalmente e sem esforço quando o sistema nervoso e o corpo energético precisam manter seu equilíbrio ou serem reequilibrados.

Antes de começar

Ajuste um cronômetro para esse exercício, a fim de que não fique distraído pela necessidade de manter a noção do tempo. Recomendo que você pratique o exercício por cinco minutos de cada vez até se acostumar a ele.

A prática

Sente-se em uma posição confortável. Coloque as mãos, uma em cima da outra, sobre o abdome inferior, embaixo do umbigo e acima do osso púbico (figura 18). Feche os olhos e respire em suas mãos. Enquanto respira, o abdome inferior irá inflar com a inspiração e se esvaziar com a expiração. Se respirar em suas mãos parece ser difícil, use a visualização de encher uma bexiga no abdome inferior.

Se você ainda estiver tendo dificuldades, tente fazer essa respiração deitado reto e de costas. O diafragma é mais facilmente trabalhado na posição plana, pois ele é empurrado para baixo nessa técnica para fazer a respiração entrar. (A respiração normal utiliza os músculos do peito para trazer a respiração para dentro.) É por isso que o abdome inferior se expande na inspiração e se retrai na expiração.

Leva de dez a 15 respirações para começar a fazer esse tipo de respiração de forma adequada. Continue respirando em seu próprio ritmo, concentrando toda a sua consciência e atenção no abdome inferior enquanto faz isso.

Após os cinco minutos, retire as mãos. Volte ao recinto, abra os olhos e perceba como você se sente.

Quando usar a respiração abdominal

Quando você se tornar apto a realizar a respiração abdominal, pode praticá-la com os olhos abertos. Em um ponto, pratique sem as mãos e utilize a mente e a sensação da respiração e a energia como os pontos de atenção ou consciência. Ser capaz de praticar sem as mãos no abdome permitirá que você utilize a respiração abdominal enquanto estiver em locais públicos. Tente utilizar essa prática por dois minutos de cada vez, várias vezes ao dia. Quando comecei a praticar essa respiração, eu a realizava o máximo que podia ao longo do dia, sempre que me lembrava de empregá-la.

Se você quer ver a respiração abdominal em ação, observe um bebê. A maioria dos bebês utiliza naturalmente a respiração abdominal dos primeiros seis a nove meses. Além disso, observe as pessoas que estão em um estado muito relaxado ou dormindo; elas geralmente mudam para a respiração abdominal assim que começam a dormir. Em meu

Figura 18: Para a respiração abdominal, coloque as mãos, uma em cima da outra, sobre o abdome inferior. Repire em suas mãos, inflando o abdome na inspiração e esvaziando-o na expiração.

trabalho de cura, os pacientes normalmente mudam para a respiração abdominal naturalmente quando estão deitados de costas e relaxados. Você também pode perceber sua respiração enquanto estiver recebendo uma massagem; se não for uma massagem dolorosa, você descobrirá que seu corpo segue esse padrão de respiração naturalmente.

RESPIRAÇÃO DO CHACRA RAIZ

A respiração do chacra raiz é mais estabelecedora do que a respiração abdominal. Ela utiliza a atenção e a consciência para conectá-lo ao campo energético por meio do chacra raiz. Nós chamamos isso de estar conectado ao campo energético da Terra.

Antes de começar

Assim como na respiração abdominal, ajuste um cronômetro para esse exercício, a fim de que não fique distraído pela necessidade de manter a noção do tempo. Novamente, recomendo que você pratique esse exercício por cinco minutos na primeira vez.

A prática

Sente-se de forma confortável e coloque as mãos na região do chacra raiz – a região do períneo entre as pernas (figura 19). Feche os olhos e leve sua atenção para as mãos sobre a região do períneo. Agora, acrescente consciência, por meio da respiração, a seu chacra raiz com cada inspiração. Na expiração, acompanhe a respiração retornar e sair através da boca. Você pode fazer isso em uma respiração agora: inspire e traga sua respiração para a boca e o nariz, descendo pela traqueia, através do torso, até o chacra raiz e as mãos. Expire enquanto acompanha a respiração retornar e sair pela boca. Quando você conseguir fazer isso, ficará mais simples: inspire no chacra raiz e expire pela boca.

Respire em seu próprio ritmo por cinco minutos.

Uma vez que você se tornou apto a praticar a respiração do chacra raiz, tente realizá-la com os olhos abertos. Experimente praticá-la sem as mãos, usando a mente para a atenção e direcionando sua mente para a sensação em seu chacra raiz. Continue a utilizar a respiração como o ponto de consciência ou o segundo ponto de foco. Quando você estiver apto a essa respiração com os olhos abertos e sem as mãos, poderá utilizá-la no trabalho, na fila do mercado ou em qualquer momento durante o dia. Se você está utilizando essa respiração em um local privado, mantenha as mãos na região do períneo para aumentar o aspecto da atenção na movimentação de energia.

Após a respiração do chacra raiz se tornar fácil, veja se consegue concentrar a respiração além de seu chacra raiz – na Terra. Esse foco expandido pode requerer um pouco de prática. Dominar isso implica visualizar cada respiração indo para o chacra raiz e depois para o centro da Terra. Você pode fazer isso com a boca aberta ou fechada. A respiração percorre a traqueia, continua pelo chacra raiz e depois se desloca até a Terra. Em cada expiração, acompanhe a respiração sair pela boca. Eu utilizo as mãos durante essa respiração.

Quando usar a respiração do chacra raiz

Use essa respiração sempre que sentir a necessidade de estar estabelecido, como quando você está assustado, pensando muito ou tendo um dia "desligado". Tente praticá-la por dois minutos de cada vez, muitas vezes durante o dia, e observe como seu dia se transforma.

Você pode querer associar a respiração do chacra raiz ou a respiração abdominal a uma atividade, de forma que se lembre de fazer isso frequentemente. Por exemplo, você pode praticar a respiração abdominal toda vez que olhar para um relógio, ou pode usar a respiração

Figura 19: Para a respiração do chacra raiz, coloque as mãos sobre a região do períneo. Observe sua respiração entrando pela boca e pelo nariz, descendo pelo corpo, até o chacra raiz e as mãos. Depois, acompanhe a respiração retornando pelo corpo e saindo.

do chacra raiz cada vez que você se sentar. Eu gosto de associar a respiração do chacra raiz com atividades feitas em uma posição sentada, especialmente aquelas para as quais me sento no chão ou na terra.

RESPIRAÇÃO CIRCULAR

Esse exercício, a respiração circular, o ajudará a começar a perceber o fluxo de energia circular dentro do corpo e a reconhecer as passagens no corpo energético. As passagens são pontos no fluxo energético onde a energia pode ser concentrada, bloqueada ou drenada para fora do campo pessoal, como um vazamento. Essa respiração circular trabalha com a passagem de energia na nuca, bem embaixo do occipício (a parte atrás do crânio), com outra no sacro e com uma terceira no umbigo. Essas três regiões são muitas vezes os locais dos vazamentos ou bloqueios de energia. Elas podem nos conectar ao campo energético maior à nossa volta, apesar de ser melhor manter essas passagens fechadas. Quando essas passagens estão abertas e drenando a energia o tempo todo, podemos ter problemas de fadiga. Podemos ficar "fisgados" nesses pontos em nosso corpo pela energia de um grupo maior, como nossa família ou um clã, ou mesmo pelo inconsciente coletivo. Alguns terapeutas irão tão além quanto cortar os "cordões" nesses locais. Eu acho mais fácil e mais efetivo usar a respiração circular para permitir que seu corpo cure esses pontos por si mesmo.

Antes de começar

Ajuste um cronômetro para cinco minutos. Assim como com as outras técnicas de respiração, uma vez que você pegar o jeito desse exercício, poderá utilizá-lo por períodos mais curtos de tempo. Observe bem a imagem dessa respiração (figura 20); ela o ajudará a entender a descrição a seguir.

A prática

Sente-se em uma posição confortável e feche os olhos. Coloque as mãos sobre o abdome inferior ou *dan tien* inferior. Inspire e, enquanto isso, imagine a respiração descendo, do abdome inferior, através da região do períneo entre as pernas, em direção ao sacro. Depois, visualize a respiração se movimentando de sua espinha dorsal até o crânio, ao topo da cabeça, e até sua fronte. Depois, na expiração, observe a respiração/energia e a consciência de sua fronte se movimentando de volta para baixo pela frente do corpo, até o abdome inferior.

Demora um tempo para aprender a visualizar o caminho circular completo, e você pode não conseguir fazer isso na primeira respiração. Apenas continue a respiração até conseguir visualizar a energia se movimentando por todo o caminho em volta do corpo com uma respiração. Perceba os pontos onde você sente dificuldade. Esses pontos provavelmente são regiões que precisam ser trabalhadas (como os pontos onde um vazamento precisa ser contido), e essa respiração ajuda com isso. Você pode perceber que o sacro e a nuca são locais em que você pode ficar preso. Você também pode dar leves batidas nessas regiões para desbloquear o fluxo; depois, retorne e tente a respiração circular novamente.

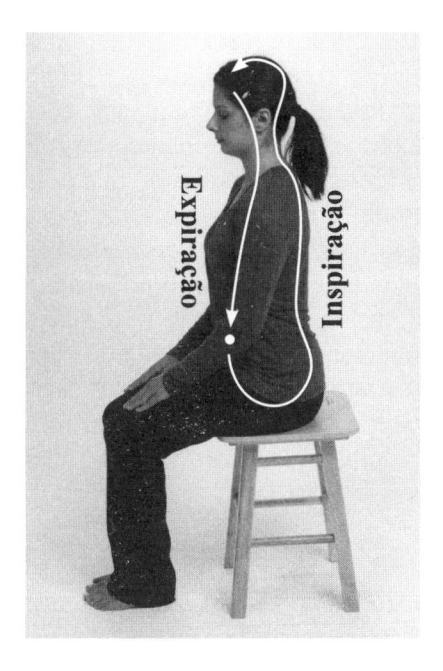

Figura 20: Com a respiração circular, use sua consciência para observar a respiração percorrendo seu corpo conforme o padrão mostrado.

Quando usar a respiração circular

Utilize essa respiração sempre que você precisar de um relaxamento profundo. Ela é excelente para o alívio da dor quando você está passando por um procedimento doloroso ou um trabalho corporal, ou se precisa ficar quieto quando está sentindo um desconforto. É também muito útil quando você está se sentindo confuso, estressado, defensivo ou agitado. O sacro é um centro muito importante porque permite que nos mantenhamos em pé sozinhos, sem perder nosso centro, quando a vida envia um estremecimento que não estamos esperando. Eu recomendo que você aprenda essa técnica de respiração muito bem e a pratique de duas a três vezes por dia, por pelo menos dois minutos de cada vez, até conseguir praticá-la sem esforço. Depois disso, você pode recorrer a esse exercício quando precisar; e, assim que começar a ficar desequilibrado, perceberá que é o momento de usar a respiração circular.

CONEXÃO ENERGÉTICA COM O CORPO TODO

Em seguida, iremos praticar algo fundamental para a cura, a Conexão Energética com o Corpo Todo. Aprendi essa prática com o dr. Brugh Joy, apesar de muitas modalidades populares de cura pela energia terem uma conexão com o corpo todo semelhante a essa.[32]

A Conexão Energética com o Corpo Todo equilibra o corpo energético inteiro e também fará um trabalho de reparo específico. Essa prática é centro da questão na autocura energética; quando você se consulta com terapeutas energéticos, essa prática é o tipo de trabalho em que eles se concentram inicialmente. Se você realizar os exercícios de movimentação, de liberação e desobstrução do capítulo 3 diariamente, esse equilíbrio e trabalho de reparo serão mais fáceis. Recomendo que você pratique esse exercício de equilíbrio do corpo semanalmente. Ele é útil mesmo se você comparecer a sessões frequentes com um terapeuta energético.

Antes de começar

Todo mundo pode fazer esse exercício. Você precisará de um relógio e de um lugar onde possa se sentar confortavelmente com as pernas esticadas (no chão, na cama ou no sofá). Mantenha as imagens (figura 21a a figura 21n) por perto, para que você possa ver como posicionar as mãos.

A prática

Sente-se em uma posição confortável com as pernas estendidas. Vire a perna esquerda para fora e dobre o joelho dessa perna para posicionar o pé esquerdo na parte interna da coxa direita (figura 21a). Coloque a mão

---

32. W. Brugh Joy, *Joy's Way: A Map for the Transformational Journey* (Los Angeles: J. P. Tarcher, 1979), p. 269.

direita no pé esquerdo e a mão esquerda no joelho esquerdo. Conecte-se com a perna usando o Toque Sagrado com ambas as mãos. Sinta uma conexão entre as mãos e através da perna.

Usando o Toque Sagrado, transmita energia da mão direita para a mão esquerda. Depois, transmita energia da mão esquerda de volta para a mão direita. Inunde sua perna com energia. Emane compaixão, gratidão e reverência.

Agora, deixe a perna esquerda reta, estendendo-a ao lado da perna direita. Coloque a mão direita sobre o joelho esquerdo, e a mão esquerda sobre o quadril esquerdo (figura 21b). Conecte-se com sua coxa com as duas mãos, usando o Toque Sagrado. Sinta uma conexão entre as mãos através da perna. Usando o Toque Sagrado, transmita energia da mão direita para a mão esquerda. Depois, transmita energia da mão esquerda de volta para a mão direita. Inunde sua coxa com energia. Emane compaixão, gratidão e reverência.

Mude para a outra perna. Dobre a perna direita para posicionar o pé direito na parte interna da coxa esquerda. Coloque a mão esquerda sobre o pé direito e a mão direita sobre o joelho direito. Conecte-se com a perna usando o Toque Sagrado com ambas as mãos. Sinta uma conexão entre as mãos através da perna. Usando o Toque Sagrado, transmita energia da mão direita para a mão esquerda; depois, transmita energia da mão esquerda de volta para a mão direita. Inunde sua perna com energia. Emane compaixão, gratidão e reverência.

Continue nesse mesmo padrão para se conectar ao restante do corpo. Lembre-se de conectar ambas as mãos através do corpo e, com o Toque Sagrado, inunde cada área com compaixão, gratidão e reverência. Demore pelo menos um minuto em cada área após você sentir uma conexão. Continue nessa ordem:

- Mão esquerda sobre o joelho direito e mão direita sobre o quadril direito
- Mão esquerda sobre o quadril esquerdo e mão direita sobre o quadril direito (figura 21c)
- Mão direita entre as pernas e mão esquerda sobre o abdome inferior, embaixo do umbigo e acima do osso púbico (figura 21d)
- Mão direita sobre a região do plexo solar embaixo das costelas e mão esquerda sobre o abdome inferior (figura 21e)
- Mão esquerda sobre o coração e mão direita sobre a região do plexo solar (figura 21f)

- Ambas as mãos sobre a região do coração: coloque sua mão esquerda em cima da mão direita, com os polegares se tocando (figura 21g)
- Mão direita sobre o ombro esquerdo e mão esquerda sobre o coração (figura 21h)
- Mão esquerda sobre o ombro direito e mão direita sobre o coração (figura 21i)
- Mão direita sobre o coração e mão esquerda sobre a região da garganta (figura 21j)
- Mão direita sobre a fronte e mão esquerda sobre a garganta (figura 21k)
- Mão direita sobre a fronte e mão esquerda sobre a coroa da cabeça (figura 21l)
- Ambas as mãos no topo da cabeça, com a mão esquerda no lado esquerdo e a mão direta no lado direito (figura 21m)
- Mão esquerda no topo da cabeça e mão direita a cerca de 30 centímetros sobre a cabeça, com a palma da mão virada para cima, em direção ao céu (figura 21n)

Para terminar essa prática, deite-se reto e de costas, com os braços ao seu lado. Relaxe nessa posição e receba o trabalho de cura que você fez em si mesmo. Perceba como você se sente, avaliando como seu corpo respondeu. Mantenha-se relaxado por três a cinco minutos. Depois, você já pode se levantar e seguir para a próxima atividade no dia.

CONEXÃO ENERGÉTICA COM O CORPO TODO

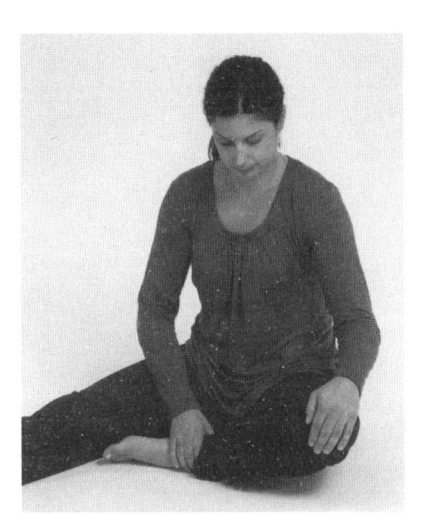

Figura 21a: Primeira posição – mão direita sobre o pé esquerdo, mão esquerda sobre o joelho esquerdo

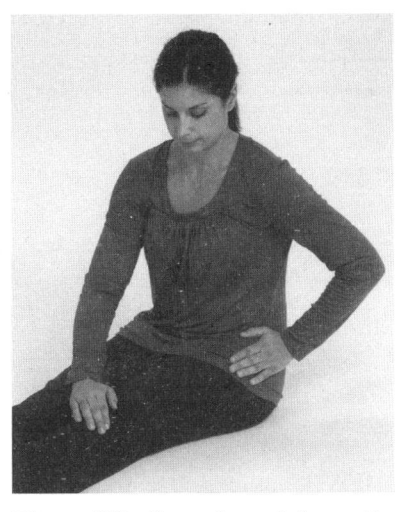

Figura 21b: Segunda posição – mão direita sobre o joelho esquerdo, mão esquerda sobre o quadril esquerdo

Figura 21c: Terceira posição – mão direita sobre o quadril direito, mão esquerda sobre o quadril esquerdo

Figura 21d: Quarta posição – mão direita sobre a região do períneo, entre as pernas; mão esquerda sobre o abdome

CONEXÃO ENERGÉTICA COM O CORPO TODO

Figura 21e: Quinta posição – mão direita sobre o plexo solar, mão esquerda sobre o abdome

Figura 21f: Sexta posição – mão direita sobre o plexo solar, mão esquerda sobre o coração

Figura 21g: Sétima posição – mão esquerda sobre o coração, mão direita em cima da mão esquerda, os polegares se tocando

Figura 21h: Oitava posição – mão direita sobre o ombro esquerdo, mão esquerda sobre o coração

CONEXÃO ENERGÉTICA COM O CORPO TODO

Figura 21i: Nona posição – mão direita sobre o coração, mão esquerda sobre o ombro direito

Figura 21j: Décima posição – mão direita sobre o coração, mão esquerda sobre a garganta

Figura 21k: Décima primeira posição – mão direita sobre a fronte, mão esquerda sobre a garganta

Figura 21l: Décima segunda posição – mão direita sobre a fronte, mão esquerda sobre a coroa da cabeça

CONEXÃO ENERGÉTICA COM O CORPO TODO

Figura 21m: Décima terceira posição – mão direita sobre o lado direito da cabeça, mão esquerda sobre o lado esquerdo da cabeça

Figura 21n: Última posição – mão direita acima da cabeça, com a palma para cima; mão esquerda sobre a coroa da cabeça

Quando usar a conexão energética com o corpo todo

Esse é um excelente exercício semanal. Você pode realizar a prática inteira mesmo se tiver uma dor crônica; é tão suave que você pode realizá-la sem efeitos colaterais. Essa prática também é a base ao praticar a cura nas outras pessoas, se assim você quiser.

USANDO INSTRUMENTOS PARA MOVIMENTAR A ENERGIA

Já abordamos o uso de um massageador vibratório portátil para movimentar a energia em suas costas ou em outros lugares que você não consegue alcançar. Você também pode utilizar o massageador onde tiver um bloqueio ou onde perceber uma dor. Como discutimos no capítulo 1, o local do bloqueio energético pode não ser exatamente na região da dor; então, lembre-se de trabalhar ao redor da região, especialmente nas regiões mais próximas do centro de seu corpo. Se você tem regiões que são mais sensíveis às leves batidas no corpo, esses são lugares bons para utilizar o massageador.

Chocalhos podem ser usados para movimentar uma enorme quantidade de energia. Os chocalhos liberam energias estagnadas, complicações ou bloqueios. Tente fazer[33] ou comprar um chocalho (em uma loja de música) e, então, balance-o sobre partes de seu corpo nas quais você tenha alguma forma de dificuldade, como dor, energia estagnada ou baixo fluxo de energia. Você o está balançando em sua aura; como a energia da aura está conectada à energia dentro do corpo, o som e a vibração terão um impacto nele. Lembre-se, se o problema está em uma extremidade, o bloqueio muitas vezes está acima do problema. Por exemplo, com uma dor no pé, use o chocalho sobre o joelho e quadril, bem como no pé, porque o bloqueio pode estar em algum desses três locais ou em todos eles.

Diapasões e tigelas também movimentam a energia com sua vibração e som. Tocar a ponta de um diapasão para locais específicos pode ter um impacto maravilhoso no corpo energético. A experiência é a melhor forma de avaliar os efeitos de um diapasão. Experimente para ver como se sente e o que percebe. Toque a ponta de um diapasão para qualquer parte de seu corpo. Você pode utilizá-lo sobre uma mandíbula tensa, sobre um tendão que o está incomodando, sobre sua fronte ou sobre seu chacra do coração para liberar mais essas regiões.

As tigelas cantantes também são instrumentos agradáveis para movimentar a energia. A melhor forma de usar uma tigela cantante é colocando uma capa de tecido, uma toalha ou um cobertor em seu corpo, colocando a tigela em cima do cobertor e tocando a tigela enquanto ela está sobre você. É melhor fazer isso sobre o torso. Se você utilizar duas tigelas, perceba quando elas conduzem e como a energia em seu corpo se movimenta de uma tigela para outra. Gosto de colocar uma tigela no

---

33. Um chocalho simples pode ser feito colocando-se sementes secas, milho ou feijões em uma lata ou em um recipiente plástico. Primeiramente, abra a parte de cima de uma lata de alumínio e deixe essa tampa presa em algum lugar. Depois de esvaziar, limpar e secar a lata, coloque as sementes secas, o milho ou os feijões nela e feche a tampa com uma fita isolante firme. Se você quiser, também pode fazer um buraco na extremidade fechada da lata e prender uma haste ou um cabo nesse local.
Um recipiente de plástico com uma tampa (como um pote de vitamina) também pode ser utilizado para fazer um chocalho rápido e simples. Uma caixa ou um copo de madeira também podem produzir um bom chocalho, com um som agradável. Teste o chocalho assim que produzi-lo (ou antes de comprá-lo), para ver se você gosta dele e se sente feliz com a maneira com que ele movimenta a energia. Cada chocalho é diferente; encontre ou produza um de que você goste.

dan tien inferior, uma sobre o coração e uma sobre a fronte. Toque todas as três e perceba a infusão em todo o seu corpo. Tome cuidado se você sofrer de dor crônica no abdome, porque a energia elevada nele pode aumentar a dor. Com dor crônica, comece tocando a(s) tigela(s) por um período bem curto de tempo.

As penas são instrumentos maravilhosos para ser utilizados na aura. Passar uma pena suaviza ou coloca em harmonia a energia que ela toca. Geralmente uso uma pena após um chocalho; o chocalho irá liberar um bloqueio ou uma complicação, e a pena irá suavizar a energia de volta a seu padrão original ou estado descomplicado. Encerro muitas sessões de cura em meus pacientes usando uma pena na aura, cerca de 30 centímetros afastada do corpo. Uma pena é excelente para liberar a energia da aura também. Você pode usar penas grandes, como de pavão ou avestruz, ou menores, como de corvo ou urubu.

Muitas culturas utilizam a fumaça na forma de incenso ou de um defumador feito de ervas como sálvia ou copal (uma resina) para liberar a energia. Para incensar o corpo, acenda um pouco de sálvia ou incenso e passe a fumaça pelo corpo para purificar a aura. Você também pode incensar um cômodo para liberar a energia antiga ou estagnada.

Capítulo 6

Equilíbrio, Alinhamento e Sabedoria do Corpo

*"Seus pensamentos são como uma criança se agitando
perto do seio da mãe, inquieta
e medrosa, que, com um pouco de orientação,
pode encontrar o caminho da coragem"*
Lalla, *Naked Song*

O equilíbrio é definido normalmente como "ajuste harmonioso ou adequado"[34] ou "estabilidade mental e emocional".[35] Em relação ao corpo energético e à saúde, o equilíbrio depende de dois aspectos importantes: a distribuição da energia entre o corpo superior, o coração e o corpo inferior, e um bom fluxo de energia por todo o corpo. Quando estou explorando o equilíbrio e trabalhando com ele, prefiro começar com o paradigma dos *dan tiens* da medicina tradicional chinesa. É preciso ter um equilíbrio de energia entre o *dan tien* inferior ou centro de energia primário, o *dan tien* médio ou região do coração e o *dan tien* superior ou região da cabeça. A regra de equilíbrio entre os três é *cabeça fria, coração neutro* e *pélvis quente*.[36] Isso significa que a maioria da energia no corpo deve ser centralizada no *dan tien* inferior

---

34. *The Random House Dictionary* (New York: Random House, 1967), p. 112.
35. "Balance", *Merriam-Webster.com*, 2012.
36. Karina Stewart, acupunturista licenciada e doutora em medicina oriental, comunicação pessoal, março de 2002.

ou região do abdome inferior. O coração é o ponto central, e, de modo mais eficiente, há menos energia na cabeça (figura 22).

Em nossa cultura, geralmente vejo que as pessoas estão invertidas em relação a esse equilíbrio, com uma cabeça quente, um coração neutro e uma pélvis fria. O volume de energia no corpo é levado muito acima. Isso torna difícil permitir que a energia das emoções e experiências flua naturalmente através do corpo energético em resolução. O capítulo 3 discutiu sobre como as pessoas frequentemente levam a energia para a cabeça muito rápido em vez de permitir que ela flua naturalmente através de todo o seu corpo e de seu corpo energético. Quando surge uma vibração ou experiência que seja considerada desagradável, levar a energia para baixo, ao *dan tien* inferior ou aos chacras inferiores, naturalmente evitará uma resposta de não estabelecimento, ou *asustado*. Quando a energia da emoção ou experiência não flui naturalmente através do corpo, pode ser criado um fragmento de energia no corpo energético que precisa ser liberado, ou tendemos a reviver o que aconteceu. A energia no corpo irá reativar esse fragmento repetidas vezes. (Se você já teve um sentimento reativado ou uma memória ressurgida durante uma massagem, era isso que estava acontecendo – um fragmento de energia estava sendo reativado.)

Figura 22: O equilíbrio ideal de energia no corpo: a maioria da energia do corpo está centralizada no *dan tien* inferior (o abdome). Há menos energia no *dan tien* médio (o coração), e ainda menos no *dan tien* superior (a cabeça).

Quero diferenciar entre o sentimento e a emoção. A emoção é a *energia* em movimento; o sentimento é essa energia no plano do terceiro chacra. Identificamos essa energia como um sentimento quando ela é processada pelo terceiro chacra. É maravilhoso experimentar os sentimentos. Se interpretarmos a emoção como ela é, como energia em movimento, então a dor, a tristeza e a dificuldade, e até mesmo os sentimentos maravilhosos e prazerosos (ficamos tão presos aos sentimentos prazerosos quanto aos sentimentos difíceis), podem ser levados para baixo, ao chacra raiz e ao segundo chacra ou *dan tien* inferior. Movimentar as emoções para baixo estabelecerá a energia no corpo e transformará o sentimento (atividade do terceiro chacra) em energia no *dan tien* inferior ou no chacra raiz e no segundo chacra. Uma vez estabelecida e transformada no plano da energia, a energia naturalmente percorre o caminho de volta através dos chacras e *dan tiens*. Conforme faz isso, a energia geralmente estimula a criatividade e a ação. Na verdade, a energia da emoção ou experiência irá criar mais energia ou vitalidade para todo o sistema energético no corpo.

Movimentar a energia das emoções e experiências para baixo, aos centros energéticos inferiores, é o segundo ensinamento mais importante deste livro, vindo em seguida do ensinamento de ativar e utilizar a energia do centro do coração. Neste capítulo, ensinarei a você os passos iniciais para movimentar a energia da emoção e experiência para o *dan tien* inferior ou chacra raiz e segundo chacra. Fazer isso pode ser complicado no começo, por causa da perspectiva de nossa cultura racional e de como temos sido socializados. (Você quer ver como muitas vezes nossa cultura nos incentiva a interromper a energia em direção aos nossos centros inferiores? Apenas observe quantas pessoas cruzam as pernas.) Porém, levar a energia para baixo repetidamente equilibra a energia no corpo, bem como a vitalidade no plano do *dan tien* inferior. Levar a energia de qualquer emoção ou experiência para baixo – até mesmo às pernas (use as Leves Batidas nos Dedos dos Pés enquanto você a leva para baixo) – realmente libera os canais de energia. Então, a energia irá naturalmente se movimentar de novo através do corpo e circular novamente como energia. Será preciso praticar esse movimento de energia muitas vezes até ele se tornar um costume. Como são requeridos dois pontos de foco para movimentar a energia, concentrar sua atenção onde a energia no corpo está ativa e usar técnicas simples de movimentação ou respiração para mudar a localização e o movimento da energia é o começo para auxiliar o movimento da energia em um alinhamento adequado.

O equilíbrio também se refere ao equilíbrio do sistema nervoso autônomo – o equilíbrio entre a reação simpática (lutar ou fugir) e a reação parassimpática (relaxamento). A reação simpática é nossa reação de estresse; ela faz nossa circulação periférica ser interrompida, distribui mais sangue para os órgãos internos, aumenta nossa frequência cardíaca e nossa pressão arterial. Essa reação deveria estar em equilíbrio com a reação parassimpática de relaxamento, que permite que o sangue circule para as extremidades e que diminui a frequência cardíaca e a pressão sanguínea enquanto relaxamos. Um sistema nervoso saudável pode mudar de um estado de estresse simpático para um equilíbrio do simpático e parassimpático rapidamente. Portanto, manter o equilíbrio no sistema nervoso autônomo significa manter a habilidade de voltar à homeostasia rapidamente no nível do sistema nervoso, conforme discutimos no capítulo 3.

Muitos anos atrás, recebi um lição sobre a importância do equilíbrio energético quando raspei minha cabeça. Eu tinha ouvido uma história do santo indiano Babaji, que descreveu o *mundan*, o ato de raspar a cabeça, desta forma: "Apenas pense no topo de sua cabeça como um heliporto, e raspá-la torna mais fácil a aterrissagem". Isso, para mim, significou que raspar minha cabeça abriria meu chacra da coroa. Então em segui com isso, após passar a aversão de perder o cabelo e mudar minha aparência. Descobri que, dentro de um dia, o corpo energético alcançou seu equilíbrio ideal: cabeça fria, coração neutro e pélvis quente. Eu continuei a raspar a cabeça até conseguir alcançar esse alinhamento por meio de práticas energéticas. Até minhas crianças notaram uma diferença. "A mamãe está melhor com a cabeça raspada", disse minha filha de 6 anos de idade. O comentário dela foi a maior evidência de que eu não estava mais "com a cabeça quente". Continuei a manter meu cabelo raspado ou bem curto pelos dois anos seguintes, até sentir que poderia manter minha energia equilibrada sem raspar a cabeça.

Não estou sugerindo que você raspe a cabeça, mas acredito que os estudos sobre consciência e equilíbrio deste capítulo o ajudarão a discernir como você transmite a energia em seu corpo. Após conseguir fazer esse discernimento, você pode começar a praticar a arte de movimentar a energia em seu corpo para acessar mais vitalidade e para a energia se liberar e circular novamente da forma como fazia quando você nasceu.

O equilíbrio no corpo energético significa que existe um bom fluxo de energia por todo o corpo e que o corpo energético está em um estado constante de fluxo ou movimento. O que muitos terapeutas chamam de "equilibrar os chacras", eu vejo como estabelecer o corpo, purificar o corpo e estimular o fluxo pelo corpo. Se você tem uma região com baixo fluxo consistentemente, como meu *dan tien* inferior quando eu tinha uma doença crônica, então deve continuar a praticar as técnicas deste livro para conduzir o corpo energético ao equilíbrio (um bom fluxo saudável) e ao alinhamento. Por *alinhamento*, refiro-me ao fluxo de energia saudável que se alinha naturalmente. Se voltarmos a tratar da emoção, um corpo alinhado pegará um sentimento e o enraizará nos centros energéticos inferiores como energia, ou *e-moção*, e então a energia se movimentará de novo pelo corpo naturalmente. Na história que contei sobre minha filha bebê no capítulo 1, o *mudra* e a respiração que ela fez são indicadores de um sistema energético naturalmente alinhado. A energia se movimentou por seu corpo energético naturalmente, direcionando-se pelo corpo com a respiração e o gesto feito com a mão.

Quero ressaltar que o corpo e o corpo energético são um sistema vivo. Se voltarmos para a analogia de um rio e seus afluentes, é fácil perceber que os chacras, os *dan tiens*, a matriz, os meridianos e a aura estão em um constante estado de fluxo para receber o que o corpo está fazendo no momento. Não existe uma quantidade certa ou "adequada" de energia em um local em algum momento. O equilíbrio e o alinhamento são a energia fluindo por todos os canais sem estagnação ou transbordamento. O exercício de Conexão Energética com o Corpo Todo, do capítulo anterior, é uma excelente maneira de trabalhar com seu corpo inteiro para estimular o equilíbrio, o alinhamento e o fluxo de energia através dele. Quando o corpo está estabelecido e liberado e a energia fluindo, esta vai para onde é necessária, quando é necessária.

Você pode se consultar com um terapeuta energético se quiser ter um retorno sobre como seu corpo energético está, contanto que você se lembre de que o terapeuta conseguirá captar apenas uma amostra sua no momento, e não uma visão completa de seu fluxo energético. Por exemplo, se um terapeuta disser que um de seus chacras está obstruído, ele está obstruído naquele momento, e é provavelmente um padrão com o qual você deve trabalhar. No entanto, os chacras se obstruem e desobstruem o tempo todo, e uma leitura é apenas isso. Utilize-a para trabalhar com isso, e depois reavalie seu corpo energético.

EXERCÍCIO DE CONSCIÊNCIA PRIMÁRIA

Quando você inicia o trabalho de cura pela energia, normalmente conduz um estado de consciência de cada vez. Eu chamo esse estado de *consciência primária*. (Ela é diferente da *consciência primordial*, um termo usado para falar sobre a consciência conectada ao campo energético a partir dos chacras inferiores.) Sua consciência primária é o ponto onde a maioria de sua energia está concentrada em seu corpo; é a consciência mais disponível para você no momento atual.

Esse exercício mostrará a você onde sua consciência primária está atualmente, o que é importante quando você começa a aprender a interpretar a realidade no plano da energia. Você precisa interpretar o que está disponível no momento antes de conseguir conduzir mais de um estado de consciência ou percepção. Esse trabalho de autocura o ensina como interpretar a energia em seu corpo, a fim de ser capaz de acessar e movimentar a energia de uma forma intencional. Quando nossa consciência primária está localizada em apenas um ponto, temos a tendência de estarmos intensamente envolvidos em uma atividade que requer apenas essa consciência, como escrever (cabeça) ou dançar (*dan tien* inferior). O problema é que muitos de nós vivemos toda a nossa vida por meio de apenas uma percepção ou estado de consciência. Com o tempo, viver dessa maneira afeta o equilíbrio em nosso corpo energético e em nosso corpo físico, o que, por sua vez, afeta nossa saúde e cura.

Para o equilíbrio e a cura, conduzir dois estados de consciência ou dois pontos de percepção, como a maneira com que usamos nossas mãos e nossa respiração no capítulo anterior, permitirá que o corpo movimente a energia de forma rápida e efetiva. Quando você pegar o jeito disso, pode passar para três estados de consciência ou pontos de percepção. A realidade, como mencionado antes, é reunida pela energia do corpo, por isso queremos aprender a usar mais de um ponto de conexão no corpo. Conseguir fazer isso é importante para aprender a interpretar a energia e como ela está ativada em nosso corpo de momento a momento.

A prática

Deite-se reto e feche os olhos. Verifique seu corpo. Qual é o primeiro lugar para onde sua atenção se direciona quando você o verifica? Não pense a respeito disso – apenas perceba para onde sua atenção se direciona. Esse é o lugar onde sua atenção primária está no momento. Ela está atrás dos olhos, no peito, na barriga, nas pernas, nos pés? Para a maioria das pessoas, ela está atrás dos olhos ou na cabeça. Perceba que existe um ponto predominante. Não o mude – apenas o perceba.

Apesar de sua energia e consciência estar com mais frequência em uma região do corpo do que no restante dele, sua consciência primária não é um estado ou ponto fixo. Durante o dia, verifique frequentemente onde está sua consciência primária e se ela mudou de lugar. Agora, pare e realize este exercício novamente antes de continuar com a prática seguinte.

CONDUZINDO MÚLTIPLOS ESTADOS DE CONSCIÊNCIA

Estamos acostumados a conduzir ou presenciar um estado de consciência ou um estado de percepção de cada vez. No entanto, é possível, com a prática, conduzir até quatro ou cinco estados. Com esse exercício, começaremos a explorar a possibilidade de que podemos conduzir dois estados de consciência de uma vez. O objetivo é se tornar capaz de conduzir mais de um estado de consciência durante todo o dia.

A prática

Deite-se reto, feche os olhos e verifique seu corpo novamente para encontrar sua consciência primária. Ela pode mudar quando você fica relaxado.

Agora, coloque suas mãos sobre o *dan tien* inferior, que é a região do abdome inferior, entre o osso púbico e o umbigo (figura 23). Respire pelo *dan tien* inferior e, usando o Toque Sagrado, emane a região com gratidão e compaixão. Tente harmonizar ou conectar seu ponto de consciência primária com a consciência de seu *dan tien* inferior. Verifique se consegue manter sua atenção na barriga e em seu ponto de consciência primária ao mesmo tempo.

Bata levemente os dedos dos pés algumas vezes e repouse as mãos sobre as coxas. Agora, coloque as mãos sobre a fronte (figura 24). Verifique se consegue manter dois estados de consciência, os dedos dos pés e a cabeça, ao mesmo tempo.

Em seguida, coloque as mãos de volta em seu *dan tien* inferior e verifique se consegue manter dois estados de consciência, seu *dan tien* inferior e a cabeça, ao mesmo tempo.

CONDUZINDO MÚLTIPLOS ESTADOS DE CONSCIÊNCIA

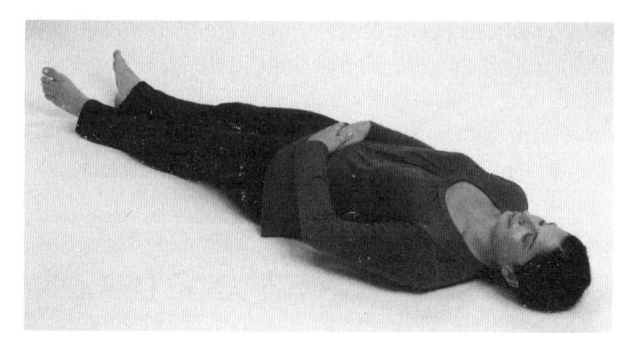

Figura 23: Coloque as mãos sobre o *dan tien* inferior. Verifique se consegue manter sua consciência nesse ponto e no ponto de sua consciência primária simultaneamente.

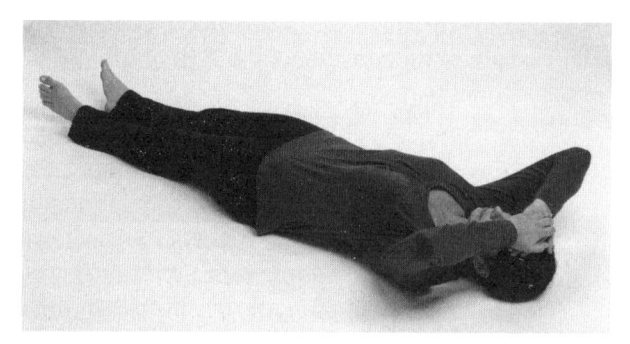

Figura 24: Continue colocando as mãos na fronte. Verifique se consegue manter sua consciência nesse ponto, em seu *dan tien* inferior e nos pés simultaneamente.

Figura 25: Termine colocando as mãos sobre o coração (seu *dan tien* médio). Verifique se consegue manter sua consciência nesse ponto, em seu *dan tien* inferior e em sua cabeça simultaneamente.

De novo, bata levemente os dedos dos pés algumas vezes. Verifique se consegue se tornar ciente de seus pés, de seu *dan tien* inferior e de sua cabeça – das três regiões – igualmente ao mesmo tempo. Pode estar ficando difícil, mas continue tentando. A prática fará com que essa habilidade se torne mais acessível a você.

Agora, deixe uma mão sobre seu *dan tien* inferior e coloque a outra sobre o coração, seu *dan tien* médio. Verifique se consegue se tornar ciente de seu *dan tien* inferior, de seu coração e de sua cabeça ao mesmo tempo. Verifique se consegue sentir a energia se movimentando entre esses dois centros energéticos.

Em seguida, coloque as duas mãos sobre o centro do coração e perceba se você consegue ficar em contato com a consciência no *dan tien* inferior e no *dan tien* superior conforme faz isso (figura 25).

Quando conduzir múltiplos estados de consciência

E se você sempre entrasse em contato com seu abdome (*dan tien* inferior), seu coração (*dan tien* médio, o centro do coração) e sua cabeça (*dan tien* superior) – todas as três regiões – antes de tomar uma decisão ou trabalhar com uma ideia? Esses três centros têm diferentes sabedorias e experiências de vida, e normalmente usamos apenas a cabeça e o *dan tien* superior para tomar decisões. Recomendo que você pratique esse exercício quanto mais vezes puder, até se tornar apto a ele. Quando conseguir conduzir todos os três estados de consciência, treine entrar em contato com esses três centros durante todo o seu dia.

Eu quase sempre sigo o processo que dá vida ao corpo, o *dan tien* inferior, e não a cabeça ou *dan tien* superior. Esse é um conceito radical para algumas pessoas. Seguir a sabedoria do corpo pode ser difícil se sua vida é muito estruturada em um emprego ou em atividades com as quais a energia do corpo não está de acordo. Você pode começar a seguir a vitalidade do corpo nos fins de semana ou nos dias livres no início. Com o tempo, isso fica mais fácil.

Se existe conflito entre a cabeça e o corpo, e se não consigo me direcionar ao corpo sozinha, eu me direciono ao coração, o *dan tien* médio, antes de escolher um curso de ação. A reverência ou admiração do coração sempre proporciona outra perspectiva e muitas vezes oferece outra solução, ou permitirá que o *dan tien* superior e o *dan tien* inferior entrem em alinhamento.

DESPERTANDO A RESPOSTA DO CORPO

Quando peguei o jeito de verificar os diferentes centros, comecei a utilizá-los para checar quais de minhas atividades – e até mesmo quais pessoas que eu considerava amigas – estavam fazendo bem para meu corpo. Esse próximo exercício, Despertando a Resposta do Corpo, o ajudará a explorar isso de que estou falando.

Nesse exercício, verificaremos o *dan tien* superior e o *dan tien* inferior para observar como eles respondem a atividades, pessoas e problemas em sua vida. Praticar esse exercício o ensinará a direcionar-se a atividades que estão no fluxo de cura, em vez de tentar forçar a energia em seu corpo para se adequar à forma como você está vivendo. Novamente, o ensinamento principal é "cabeça fria, coração neutro, pélvis (*dan tien* inferior) quente". Queremos começar a interpretar o que ajuda nosso *dan tien* inferior a se direcionar à vitalidade, mantendo nosso centro do coração aberto e nosso *dan tien* superior frio – funcionando, mas longe da vibração caótica e da mente confusa. Quero reiterar que a mente é um reflexo do corpo, então uma mente caótica muitas vezes é um sinal de que nosso fluxo energético não está equilibrado no corpo.

A prática

Deite-se de costas em uma posição confortável e feche os olhos. Repouse as mãos em seu *dan tien* inferior. Pratique a arte do Toque Sagrado e emane a região com compaixão e reverência.

Em seguida, coloque as mãos em seu *dan tien* médio, ou região do coração, e emane essa região com o Toque Sagrado. Coloque as mãos na fronte, ou *dan tien* superior, e novamente emane a região com o Toque Sagrado. Depois, repouse as mãos ao lado. Conecte-se a esses três centros novamente.

Usando uma imagem ou alguma sensação ou emoção que você possui, traga à sua consciência alguma atividade que você adora fazer. Coloque as mãos sobre o *dan tien* inferior. Verifique se essa atividade anima ou aquieta seu *dan tien* inferior. Se esse *dan tien* tivesse um botão de ligar e desligar, essa atividade ligaria ou desligaria seu *dan tien*? Se essa parte de seu corpo pudesse falar, ela diria sim ou não? Ela seria atraída à atividade ou repelida por ela?

Desista das expectativas aqui. Se você se deparar com pensamentos ou raciocínios nesse momento, estará pensando em vez de entrando em contato com o *dan tien* inferior. Tente novamente. Algumas pessoas precisam de tempo para aprender a entrar em contato com o corpo.

Agora, mude para o *dan tien* superior, ou fronte, e verifique. O que você acha dessa atividade que você adora? Gosta dela ou não? Liga ou desliga? Essa parte do corpo está dizendo sim ou não?

Deixe sua mão de lado e permita-se apagar essa imagem.

Continue usando imagens, sentimentos e sensações para trazer à sua consciência alguém que você adora ter por perto, como se essa pessoa estivesse sentada ao seu lado. Coloque as mãos sobre seu *dan tien* inferior e verifique. Essa pessoa o anima ou o aquieta? Essa pessoa dá vida ao seu *dan tien* inferior ou o enfraquece? Liga ou desliga? Se essa parte de seu corpo pudesse falar, ela diria sim ou não? O corpo é atraído a essa pessoa ou repelido por ela? Novamente, se você se deparar com pensamentos ou raciocínios, estará pensando em vez de entrando em contato com o *dan tien*. Se isso acontecer, tente novamente.

Agora, mude para o *dan tien* superior, ou fronte, e verifique. O que você acha dessa pessoa que você adora ter por perto? Você gosta dela ou não? Sim ou não?

Deixe as mãos de lado e apague de sua consciência essa pessoa que você adora.

Agora, traga outra pessoa à sua consciência – alguém que você não gosta de ter por perto. Use imagens, sentimentos e sensações para trazer essa pessoa à sua consciência. Coloque as mãos sobre seu *dan tien* inferior para verificar se essa pessoa anima ou aquieta esse centro energético. Liga ou desliga? Sim ou não? Novamente, se você se deparar com pensamentos ou raciocínios nesse momento, tente mais uma vez.

Mude para o *dan tien* superior. O que você acha dessa pessoa que você não gosta de ter por perto? A resposta é sim ou não? Sua mente está ligada ou desligada?

Agora, pegue as mãos e coloque-as sobre o coração. Como você sente essa pessoa no nível do coração, a partir da reverência e admiração?

Deixe as mãos de lado novamente e apague essa pessoa de sua consciência.

Por fim, traga à sua consciência, por meio de imagem e sensação, um conflito ou um problema que você está tendo em sua vida.

Coloque as mãos sobre seu *dan tien* inferior. Verifique se esse problema ou conflito anima ou aquieta seu *dan tien*. Liga ou desliga? Sim ou não? Ele dá vida a você ou enfraquece seu *dan tien* inferior?

Agora, coloque as mãos no *dan tien* superior e fronte. Liga ou desliga? Sim ou não?

Agora, coloque as mãos no coração e *dan tien* médio e observe esse conflito da posição de reverência pelo que ele é.

Deixe as mãos de lado e respire fundo.

Quando despertar a resposta do corpo

Como já foi discutido, existem múltiplos centros de energia no corpo e, portanto, múltiplas escolhas de como podemos experimentar as coisas. Juntos, os centros energéticos formam uma escada, e de cada degrau obtemos uma visão diferente do mundo. Nossa consciência primária é o degrau em que mais ficamos. A maneira como nos movemos para os outros degraus e começamos a perceber mais do que apenas nossa consciência normal é a arte de permitir diferentes experiências na vida e na cura. Como o sistema de chacras possui sete centros diferentes, é complexo para a consciência normal, diária e comum, e é por isso que eu gosto dos *dan tiens*. Acho que é uma boa meta ter dois *dan tiens* em nossa consciência sempre que possível e entrar em contato com os três sempre que conseguirmos.

A tradição hopi e a MTC veem os diferentes órgãos como sendo diferentes estados de consciência ou percepção. A doença, nessas modalidades, pode ocorrer a partir de um conflito entre órgãos. Na tradição de cura havaiana Ho'oponopono, a doença no corpo é vista como tendo origem no conflito com a família. Experimentar diferentes realidades ou energias dentro do corpo (incluindo a mente, pois ela é parte do corpo) é o primeiro passo para explorar o conflito que reside nele. Isso pode levá-lo a um potencial de cura maior e a mais vitalidade. Além disso, se compreendermos que a doença no corpo é uma resolução desses conflitos, então, algumas vezes, reunir toda a consciência que podemos sobre o conflito ou diferentes energias de diferentes partes do corpo pode levar a uma resolução ou cura espontânea da doença ou enfermidade. Transformar a doença e a enfermidade somente a partir do plano da consciência ou energia é um trabalho muito intenso, ao qual não se dirige o escopo deste livro. Apesar de eu estar dando uma breve descrição aqui, a maioria de nós precisa aliar a cura pela energia à medicina convencional, à MTC e a outras modalidades de cura para combater e curar uma doença que está presente no corpo.

Para ilustrar ainda mais a que estou me referindo aqui, quero usar o conceito de um círculo de conversa. Em algumas tradições nativas americanas, quando surge um conflito em uma comunidade, essa comunidade se reúne e forma um círculo. Um bastão da palavra é passado em volta do círculo, e cada pessoa fala sua verdade. Isso continua até o conflito se resolver espontaneamente. Com cada pessoa oferecendo sua perspectiva e escutando as perspectivas dos outros, a resolução surge do círculo. Algumas vezes todos os membros estão satisfeitos, mas em outras vezes os membros decidem colocar seu ponto de vista de lado pelo bem de toda a comunidade. A comunidade é equilibrada e alinhada por meio desse processo.

O corpo é como uma comunidade de energias e órgãos. Estamos aprendendo a ouvir e sentir todas as diferentes consciências e permitir que elas dialoguem por meio de práticas energéticas até que algum conflito se resolva ou nós, por meio de nosso processo pessoal, possamos conter o conflito com consciência. Uso esse método do círculo de conversa com estudantes de medicina e residentes quando planejamos algum evento. É incrível observar como essa maneira irracional de planejar e reunir diferentes ideias sempre traz algo à frente que é mais produtivo e poderoso do que fazer uma votação ou tomar decisões unilaterais. O mesmo vale com o corpo. Se trabalharmos no plano da energia, a harmonia ocorre de uma maneira que não podíamos imaginar inicialmente.

Quando comecei a entrar em contato com múltiplos estados de consciência, descobri que certas coisas que eu não achava que gostava de fazer, na verdade, davam vida ao corpo. Além disso, descobri que algumas de minhas amizades estavam no nível da cabeça apenas, e que meu corpo não se sentia particularmente vivo quando eu estava com essas pessoas. De um modo contrário, descobri que minha cabeça tinha problemas com certas pessoas em minha vida enquanto meu corpo se sentia vivo com elas. Prestar atenção a esses tipos de diferenças é o princípio para prestar atenção ao que está acontecendo no plano do corpo sutil, em vez de tentar fazer o corpo energético se adequar à maneira como queremos que nossa vida siga. É também o princípio para levar problemas para o coração e enxergá-los com reverência, em vez de vê-los apenas a partir da cabeça.

Deixe-me contar uma de minhas histórias preferidas sobre esse tipo de verificação. Uma vez eu estava no telefone com alguém que conheço. Ele estava reclamando bastante, primeiro sobre quase todo mundo que ele conhecia, e depois sobre boa parte do mundo. Em vez de escutar os detalhes particulares discutidos, eu me perguntei: "Como meu corpo está reagindo a essa conversa?". Comecei a perceber que tinha um sentimento quente e ardente na barriga e no coração. Na verdade, o tom da voz dele estava me banhando em um sentimento de cura, e meu corpo se animava com sua voz e nossa comunicação. Então, ignorei o que ele estava falando e direcionei minha consciência à vibração de sua voz. Eu me sentei, fechei os olhos e escutei atentamente sua voz, impressionada por estar recebendo essa maravilhosa transmissão de energia, incluída nesse estranho desabafo.

Tente fazer esse exercício de tempos em tempos. Verifique o corpo para ver se você consegue perceber o que está acontecendo além de sua cabeça. Acredito que estamos a par de pouco do que está acontecendo energeticamente entre duas pessoas ou entre um grupo, mas, com um pouco de prática, podemos nos tornar bem mais cientes.

Lembre-se de que a maioria das pessoas tem dificuldade no começo ao entrar em contato com o *dan tien* inferior. Se você também tiver, volte e use diariamente o exercício de Leves Batidas nos Dedos dos Pés (capítulo 3). Você sentirá uma diferença no momento em que estiver estabelecido, quando o corpo energético envolver completamente o campo energético maior da Terra no chacra raiz.

MOVIMENTO ENERGÉTICO E OS CHACRAS

Nos últimos exercícios, utilizamos o sistema de *dan tiens* para explorar a energia no corpo. Agora, quero aprofundar com o sistema de chacras. Cada chacra interpreta a energia de uma forma única e específica. Explorar os chacras o ajudará a aprender a discernir as diferenças sutis em suas qualidades de energia. Cada um dos chacras, assim como os *dan tiens*, tem um fluxo e propósito diferente. Já vi muitas representações explicando com o que cada chacra lida, e quero alertá-lo a não interpretar muito literalmente as definições dos chacras feitas por outras pessoas. Você precisa acessar cada chacra e descobrir por si mesmo qual é o propósito deles.

Por exemplo, o chacra raiz é descrito muitas vezes como lidando com a sobrevivência e com as questões financeiras. Essa não é minha experiência com o chacra raiz; é uma definição muito pequena; além disso, "questões" é uma tradução incompleta de energia. Por exemplo, a fonte das questões financeiras pode ser o chacra raiz, o segundo chacra ou o terceiro chacra, ou eles podem estar relacionados à saúde ou a questões paternas. Na verdade, o que muitos de nós chamamos de "questões financeiras" é apenas uma preferência pessoal por quanto dinheiro queremos. Existe também uma diferença entre muito dinheiro e falta de dinheiro, e cada uma dessas duas questões deve residir em partes diferentes do corpo. *Nós queremos interpretar energia, não questões.*

Eu gosto de observar os chacras de acordo com o movimento. O chacra raiz é a passagem inferior do campo energético. É o primeiro lugar pelo qual a vibração pode entrar no corpo. Quando acontece um evento, ele entra no corpo como uma vibração no chacra raiz. A partir daí, ele passa para o segundo chacra, onde começa a se tornar vivo e ativo em nosso corpo. Esse é o começo do processo criativo, e é o início de nossa consciência de que algo aconteceu. Esse é o plano onde experimentamos a energia como um instinto ou evento.

A partir do segundo chacra, a energia passa para o terceiro chacra, onde começa a diferenciar entre processos mais específicos envolvidos na ação, baseados no corpo individual. É onde a energia diferencia entre quem e o que somos, pelo ego, preferência pessoal, amor pessoal por aqueles em nossas vidas, e estimula ações que nos permitem viver, cuidar de nós mesmos e nos mover pelo mundo como indivíduos separados. Aqui, a diferenciação da energia nos permite formular uma resposta individual para o evento vibracional.

A partir do terceiro chacra, se possível, a energia passa para o coração, o quarto chacra. O quarto chacra é outra passagem que nos conecta ao campo de energia maior – o campo de "nós e nossos". No plano do quarto chacra, não estamos separados como indivíduos. O campo do coração é um campo coletivo onde nos conectamos tanto que a energia do evento começa a se unir com o campo de energia unificado. O quarto chacra é um estado coletivo de consciência que começa a transformar a vibração da perspectiva "eu e meu", do terceiro chacra, para "nós e nossos", a visão do quarto chacra. O chacra do coração também é um local de reverência e aceitação. Se a energia continuar subindo, ela passa para o coração superior, um centro energético no qual podemos externar a energia novamente. (O capítulo 7 irá explorar o coração superior mais detalhadamente.) Então, o evento ou emoção retorna para o campo de energia unificado ou para dentro do mundo. Podemos começar a usar a vibração ou experiência para uma ação se ela passar para o quinto chacra.

O quinto chacra é o lugar de expressão da energia dos quatro primeiros chacras. É o centro energético que domina a expressão dos quatro primeiros chacras por meio da voz, da criatividade, da ação ou por qualquer outra forma de expressão – mesmo um sinal ou uma risada. Se a vibração não é expressa nele, ou mesmo se for, ela pode seguir para o sexto chacra, que traduz essa energia em uma forma de percepção e conhecimento. Apesar de acharmos que esse conhecimento vem da cabeça, ele é uma composição de toda a energia que veio do chacra raiz, passou pelo corpo e chegou ao sexto chacra. A partir daí, a energia circula novamente pelo corpo ou sai pelo sétimo chacra. O chacra da coroa ou sétimo chacra é outra conexão com o campo energético coletivo à nossa volta. Podemos trazer energia pelo chacra da coroa para circular o fluxo energético no corpo e no corpo energético. Esse caminho, de trazer a energia pelo chacra da coroa, muitas vezes é parte de tradições espirituais e de trabalho psíquico e místico, apesar de a maioria de nós poder se conectar pela coroa também.

Enquanto a energia está fluindo pelo sistema de chacras, ela também está criando o campo para todos os órgãos. Estou falando aqui apenas sobre os chacras, apesar de os órgãos, o fluxo sanguíneo, os ossos e a pele estarem todos envolvidos no movimento e também serem mantidos por essa energia. O corpo físico e o corpo energético não estão separados. O corpo físico reside dentro do corpo energético.

MEDITAÇÃO DOS CHACRAS

A Meditação dos Chacras é excelente para aprender sobre cada um dos chacras e como liberá-los, e também sobre as diferentes qualidades de energia nas diferentes partes do corpo. Essa meditação também lhe proporciona a oportunidade de aprofundar sua habilidade para discernir a energia. Quando você conseguir discernir a energia, poderá começar a trabalhar com a energia em seu corpo. Além disso, esse exercício movimenta a energia através de cada chacra para estimular um fluxo melhor pelos chacras e pelo corpo físico.

Antes de começar

Eu gosto da música "The Chakra Journey" de Anugama (disponível no CD *Shamanic Dream*), e frequentemente a utilizo para a Meditação dos Chacras.[37] Ela tem uma progressão natural, e a música muda nitidamente para cada chacra. Se você não tem essa música, pode meditar em silêncio ou utilizar outra composição musical. Se você utilizar uma composição musical diferente ou ficar em silêncio, precisará ter um cronômetro com intervalos de três, dois e um minuto.

Se você estiver grávida, tiver asma ou sofrer de problemas cardíacos, pode meditar usando as posições com as mãos nesse exercício, mas não utilize a respiração acelerada. Apenas respire normalmente por três minutos em cada chacra. Utilizaremos a respiração nessa meditação, mas não de forma muito intensa. Se por alguma razão essa respiração se tornar muito intensa, interrompa a meditação e abra os olhos.[38]

A prática

Encontre um lugar confortável para se sentar. Relaxe e feche os olhos. Coloque as mãos, uma em cima da outra, sobre o chacra raiz (a região do períneo, entre as pernas; ver figura 26a). Usando sua consciência e

---

37. Anugama, "The Chakra Journey", *Shamanic Dream* (Open Sky Music, 2002).
38. Se você quiser trabalhar mais a respiração, recomendo que pratique com a meditação *Ananda Mandala* de Sri Krishnaraj, disponível como CD ou como mp3 para *download* com o mesmo nome (Kosmic Music US, 2008). Essa é uma excelente meditação dos chacras, mas esteja ciente de que é difícil.

atenção, concentre-se em seu chacra raiz. Permaneça nele por pelo menos dois minutos. No terceiro minuto, concentre-se em sua respiração e nas mãos, e respire para dentro e para fora com uma respiração acelerada, permitindo que a inspiração e a expiração sejam fortes e demorem a mesma quantidade de tempo. Concentre a respiração no chacra, mas não respire tão rápido, a ponto de ter uma hiperventilação.

Coloque as mãos no segundo chacra (no abdome inferior; ver figura 26b). Conecte o chacra raiz ao segundo chacra. Utilize a respiração, as mãos e qualquer visualização que seja útil. Você está se conectando com a energia dos chacras, e sentirá quando isso acontecer. Siga a mesma sequência que foi feita com o primeiro chacra: dois minutos concentrando-se no chacra e respirando normalmente, depois um minuto de respiração acelerada enquanto se concentra nas mãos e no segundo chacra.

Agora, coloque as mãos no terceiro chacra (o plexo solar; ver figura 26c). Conecte o chacra raiz e o segundo chacra, unindo-os ao terceiro chacra. Novamente, utilize respiração, as mãos e qualquer visualização que seja útil para conduzir a energia do chacra raiz para o segundo chacra e, depois, para o terceiro chacra. Você sentirá quando a energia se conectar. Siga a mesma sequência que foi feita com o primeiro e com o segundo chacra: dois minutos com toque e respiração normal, e um minuto com respiração acelerada.

Nesse momento, coloque as mãos no quarto chacra (o centro do peito; ver figura 26d). Conecte as energias do chacra raiz, do segundo chacra e do terceiro chacra, e conduza a energia combinada por todo o caminho para o quarto chacra. Siga a mesma sequência que foi feita com os outros chacras: dois minutos com toque e respiração normal, e um minuto com respiração acelerada.

Agora, coloque as mãos no quinto chacra (na garganta; ver figura 26e). Conecte as energias do chacra raiz, do segundo chacra, do terceiro chacra e do quarto chacra e as conduza até o quinto chacra. Siga a mesma sequência que foi feita com os outros chacras: dois minutos com toque e respiração normal, e um minuto com respiração acelerada.

Coloque as mãos, agora, no sexto chacra (a fronte; ver figura 26f). Conecte as energias dos cinco primeiros chacras e as conduza até o sexto chacra. Siga a mesma sequência que foi feita com os outros chacras: dois minutos com toque e respiração normal, e um minuto com respiração acelerada.

Coloque as mãos no chacra da coroa (no topo da cabeça; ver figura 26g). Conecte as energias dos seis primeiros chacras, do chacra raiz ao sexto chacra, e as conduza até o chacra da coroa. Siga a mesma

MEDITAÇÃO DOS CHACRAS

Figura 26a: Chacra Raiz
(Entre as Pernas)

Figura 26b: Segundo Chacra
(Abdome Inferior)

Figura 26c: Terceiro Chacra
(Plexo Solar)

Figura 26d: Quarto Chacra
(Coração)

MEDITAÇÃO DOS CHACRAS

Figura 26e: Quinto Chacra
(Garganta)

Figura 26f: Sexto Chacra
(Fronte)

Figura 26g: Sétimo Chacra
(Coroa)

sequência que foi feita com os outros chacras: dois minutos com toque e respiração normal, e um minuto com respiração acelerada.

Em seu próprio tempo, abra os olhos e retorne ao recinto.

Quando usar a meditação dos chacras

Esse exercício pode ser usado semanal ou mensalmente. Eu o utilizei diariamente durante um período de quatro meses e o achei transformador. Também utilizo essa meditação para tomar decisões grandes ou difíceis. Descobri que os diferentes chacras abrangem variados estados de consciência ou estão conectados a sabedorias e respostas diferentes. Eles fornecem informações diferentes quando estou tomando uma grande decisão. Quando estou em conflito, essa meditação também me ajuda a enxergar onde o conflito reside no corpo energético e me ajuda a conduzir as energias conflitantes ao alinhamento para uma resolução.

Anos atrás, em um impulso, meu marido e eu vimos uma nova casa. Compelida pela vitalidade que eu senti dando vida a meu *dan tien* inferior quando passamos por essa casa, agendei um horário para ir vê-la, mesmo sem minha cabeça estar considerando uma casa diferente ou fazer uma mudança. Meu marido adorou o lugar em volta da nova e futura casa, e começamos a desenvolver a ideia de nos mudarmos.

Apesar de meu *dan tien* inferior estar de acordo, o restante de mim não estava totalmente alinhado com essa mudança. Naquela época, eu estava grávida de oito meses, o que significava fazer a mudança quando o bebê estava previsto. Eu me senti mal do estômago com essa decisão, arruinada e querendo continuar na casa em que vivíamos.

Sentindo-me em conflito sobre a mudança e a nova casa, recorri à Meditação dos Chacras e fiz a pergunta sobre a mudança e a ideia de uma nova propriedade para cada chacra, percebendo as respostas. Em meu chacra raiz, a resposta foi comovente; a nova propriedade produzia mais movimento e vitalidade, enquanto a propriedade atual reprimia e aquietava a energia do chacra. A resposta do segundo chacra foi a mesma. O terceiro chacra estava em caos ou atormentado com a possibilidade de uma mudança. O quarto chacra estava aberto e amável, o quinto estava mais animado com a nova propriedade e o sexto chacra via como se eu já tivesse me mudado. O sétimo chacra estava aberto tanto à mudança quanto à permanência.

Saí da meditação sabendo que a mudança daria muito trabalho, mas eu estava pronta para isso porque a mudança e a nova propriedade traziam muito mais vitalidade ao corpo. Meu único problema era o medo e a dificuldade do processo de mudança e seu tempo; o restante de mim estava totalmente alinhado. Nós compramos a casa. Contratei ajuda para os detalhes mais difíceis, mudamo-nos, e meu bebê nasceu dez dias depois. Após a Meditação dos Chacras, nunca mais questionei sobre a mudança nem fiquei em dúvida.

MOVIMENTO ENERGÉTICO DE FORMA LIVRE

O exercício seguinte é poderoso para a autocura. Descobri práticas semelhantes em diversas modalidades e culturas. Acredito ser uma viagem acelerada para encontrar a própria cura e uma conexão direta e própria com a cura. Discutimos pela primeira vez esse tipo de movimento de forma livre no capítulo 1, com a história de Keith. Aqui, quero relatar para você uma experiência do poder dessa técnica. Ela é excelente para seguir o fluxo de seu próprio corpo, o qual começará a realizar sua própria liberação ou os movimentos necessários para movimentar a energia através dos bloqueios.

Antes de começar

Você precisará de um espaço amplo e aberto onde possa se movimentar pelo chão sem se preocupar em se machucar. Recomendo que você faça esse exercício sozinho no começo – ou com pessoas com as quais você se sinta bem confortável, para não querer parar conscientemente algum movimento que o corpo queira fazer.

Escolha músicas de que você gosta, de preferência sem letras. Podem ser de qualquer gênero, ou você pode fazer esse exercício em silêncio. Se você tem alguma incapacidade, pode modificar esse exercício fazendo-o da melhor forma que puder em uma cadeira.

A prática

Encontre um lugar confortável para se sentar no chão e feche os olhos. Mantenha os olhos fechados se for seguro fazer isso no espaço que você está utilizando.

Para começar, levante a mão e o braço direito e observe o que eles querem fazer. Permita que eles se movimentem e deixe seu corpo todo seguir isso. Movimente-se espontaneamente pelo chão, ou levante-se; não importa o que aconteça, permita que isso continue. Acompanhe o movimento e a energia que você está experimentando, mas não dance. Você pode perceber que está repetindo os movimentos, posturas ou posições, mas não tem problema.

Observe o corpo e permita que ele se movimente enquanto durar toda a composição musical que você escolheu. Tente manter o movimento por aproximadamente 20 minutos. (Você pode precisar de mais de uma música.) Você pode utilizar diferentes tipos de músicas e ver o que acontece. Quanto mais você permitir que o corpo se movimente, mais o movimento se revelará.

Quando você terminar, pare de se movimentar e deite-se reto e de costas. Descanse por cinco minutos para receber a transformação de energia no corpo vinda de todo o movimento.

Quando usar o movimento energético de forma livre

Se você gostou desse exercício, eu o incentivo a realizá-lo por um período mais longo de tempo com qualquer tipo de música de que você gosta. Se você acha difícil meditar, pode substituir a meditação pelo Movimento Energético de Forma Livre durante sua prática matinal.

Capítulo 7

Centros Energéticos Específicos e Técnicas Direcionadas ao Movimento de Energia

*"Eu tentei vender este corpo vivente
Para o mundo, então eu descobri
Que o corpo e a alma são uma coisa só"*
Lalla, *Naked Song*

Nós somos capazes de nos direcionar a certos sintomas e bloqueios energéticos com práticas mais específicas. Neste capítulo, trabalharemos com pontos específicos no corpo energético que eu descobri serem especialmente importantes para cura: os pés, os quadris, o baixo-ventre, o coração, o coração superior e a garganta. Três das práticas deste capítulo trabalham com pontos na parte de trás do corpo: atrás do coração, no sacro e no occipício (a parte atrás do crânio).

É importante trabalhar não apenas na parte da frente de cada chacra ou *dan tien*, mas também atrás desses centros energéticos. A energia atrás de um chacra ou *dan tien* pode ser a mais difícil de ser liberada, porque esse local pode manter padrões antigos, doenças antigas ou material inconsciente. Em um paradigma psicanalítico, seria dito que tudo com que deixamos de lidar se desloca para trás do corpo energético, ficando mais reprimido e inconsciente. A partir dessa perspectiva, o futuro se manifesta de tudo o que não fomos capazes enfrentar, então a parte de trás do corpo energético pode influenciar a maneira como observamos o futuro. A parte de trás dos centros energéticos muitas vezes é negligenciada ou não liberada regularmente. Já começamos a trabalhar com a parte de trás com a Respiração Circular e as Leves Batidas no Corpo Todo. Agora, vamos cuidar da parte de trás ainda mais.

LEVES BATIDAS ATRÁS DO CORAÇÃO

De todos os centros energéticos, a parte de trás do centro do coração é minha preferida. Meu interesse sobre esse centro energético incentivou um estudo de suas funções nas diferentes culturas. Tomei conhecimento da parte de trás desse centro energético quando o cirurgião psíquico Jorge Gomez operava essa região para curar doenças relacionadas ao sangue, como infecções ou gota, ou sérios problemas como doenças potencialmente fatais, desejo inconsciente de morte ou tendências suicidas. Mas realmente me tornei ciente da importância desse centro quando um xamã maia bateu forte atrás de meu coração, e eu percebi o efeito imediato. Passei do estado de confusa e desorientada para o estado de presente e lúcida.

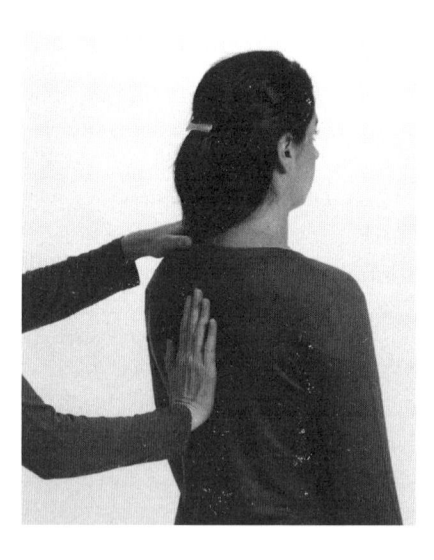

Figura 27: Para o exercício de Leves Batidas Atrás do Coração, solicite que uma pessoa use a palma da mão inteira para dar leves batidas entre suas omoplatas, atrás do centro do coração.

A próxima pessoa que eu vi trabalhando na parte de trás do chacra do coração foi um feiticeiro yaqui que deu leves batidas nessa região de um paciente por 15 minutos para uma recuperação da alma. Nessa tradição, a alma pode entrar e sair do corpo através desse ponto. É também o local onde o ponto de conexão interage com o corpo. Como discutimos no capítulo 2, segundo a tradição yaqui, o ponto de conexão é onde todos os filamentos de energia do campo energético entram em uma pessoa para se transformar em informação sensorial, que é então traduzida em compreensão da realidade e cognição. Em uma doença, muitas vezes ele muda de posição. Carlos Castaneda escreveu: "O ponto de conexão mudou de posição sob condições de sono normal, ou extrema fatiga, ou doença, ou ingestão de plantas psicotrópicas".[39] Bater levemente atrás do coração pode influenciar esse ponto de conexão, liberando-o e fazendo-o retornar à posição adequada, ajudando na cura.

Na tradição hindu, a parte de trás do centro do coração é também a parte de trás do chacra do coração e do coração superior. As batidas ajudam a desobstruir os chacras por trás e são efetivas para se livrar de questões antigas e de energia estagnada. Atrás do coração, o corpo pode armazenar a energia relacionada a doenças cardíacas, problemas nos pulmões e questões emocionais.

Na MTC, a parte de trás do coração tem muitos pontos de acupuntura, incluindo pontos envolvidos com a espiritualidade (Shendo 10 a 12), com o canal da bexiga (importante para o fluxo de energia e *chi* nas pernas e nos pés) e com os pontos de Huanmen, que são a "passagem do sofrimento".[40] Esses pontos tratam das mesmas energias descritas pelas outras tradições.

É interessante o fato de usarmos esse ponto de maneira inata em nossa cultura ocidental. Nós nos cumprimentamos com um tapa nas costas, e acalmamos os recém-nascidos dando tapinhas nessa região ou esfregando-a levemente quando eles estão chorando. Talvez demos leves batidas nesse local para liberar a parte de trás do coração e trazer bebês completamente a esta encarnação pelo ponto de conexão. Gosto muito desse centro energético, e quase todo mundo que eu conheço gosta de desbloqueá-lo. Se você realizou a prática de Leves Batidas no Corpo Todo, descrita no capítulo 3, já pode ter experimentado a sensação de desbloquear esse centro.

---

39. Castaneda, p. xvii.
40. Deadman e Al-Khafaji, p. 572, 602.

Antes de começar

Esta prática requer a ajuda de outra pessoa ou uso de um massageador vibratório portátil.

A prática

Usando toda a mão, dê leves batidas na parte de trás do centro do coração, entre as omoplatas (figura 27). Deve ser feita uma pressão firme – tão firme quanto confortável para a pessoa em quem você está praticando essa técnica. Se você utilizar um massageador portátil, aplique-o entre as omoplatas. Proceda com as batidas ou massagens no local por dois a cinco minutos. Depois, demore um minuto dando leves batidas em todo o restante das costas, começando em cima e descendo até a base das costas. Perceba como se sente em seguida, e note qualquer mudança em sua respiração e expansão torácica.

LEVES BATIDAS NOS PÉS

Trabalhar com os pés influencia todo o corpo energético e o corpo físico. É por isso que a reflexologia é tão efetiva; a energia dos pés está conectada ao corpo inteiro. Além disso, os pés são fundamentais para se estabelecer uma conexão com o campo energético maior da Terra. Trabalhar com eles desbloqueia os canais que levam até as pernas e a pélvis inferior.

Existem dados demonstrando que andar descalço diminui a inflamação no corpo. Existe também um movimento chamado Earthing, cuja doutrina principal é que o estabelecimento e a conexão com a Terra aumentam a vitalidade. Enquanto os defensores do Earthing utilizam a tecnologia de aterramento de energia literal, eles também propõem que somente andar descalço diariamente já produzirá os efeitos saudáveis da conexão com o campo energético da Terra.[41] Acredito que você possa alcançar o mesmo efeito trabalhando com os pés.

Algumas tradições xamânicas prescrevem a técnica de Leves Batidas nos Pés por pelo menos um minuto ao dia em cada pé. Ela é parte do treinamento xamânico porque o campo xamânico utiliza a energia da Terra e responde a ela. Além disso, é boa para a ansiedade, para lesões prévias nas pernas e para problemas nos joelhos. Acho que essa é uma excelente prática.

---

41. Clinton Ober, Stephen T. Sinatra e Martin Zucker, *Earthing: The Most Important Health Discovery Ever?* (Laguna Beach, CA: Basic Health Publications, 2010), p. 20.

Antes de começar

Nesse exercício, iremos dar leves batidas no pé inteiro e em todos os pontos energéticos dele. Não faça esse exercício se você se submeteu a uma cirurgia recente nos joelhos ou nos quadris e se você não consegue cruzar as pernas ou alcançar o pé. Se você possui uma neuropatia que causa diminuição na sensação dos pés, pode utilizar um massageador portátil (sem aquecimento ou infravermelho), para não se machucar. Não faça esse exercício se você estiver grávida.

A prática

Sente-se em uma posição confortável que permita que você alcance facilmente a parte superior e inferior de cada pé. Pegue o pé esquerdo e bata levemente na parte inferior e superior dele, usando ambos os punhos. Bata levemente em todo o pé. Concentre-se nos dedos, no calcanhar e nos arcos. Se você perceber algumas regiões sensíveis, demore um pouco mais nesses pontos. Depois de praticar a técnica por alguns minutos no pé esquerdo, passe para o pé direito. Bata levemente em todo o pé direito por alguns minutos, da maneira como fez com o pé esquerdo. Depois, descanse os dois pés no chão. Feche os olhos e perceba qualquer sensação nos pés.

Pode levar até um mês de prática antes de você notar uma mudança radical na forma como se sente estabelecido imediatamente após realizar o exercício. Se você aliar essa prática às Leves Batidas nos Dedos dos Pés e às Leves Batidas no Corpo Todo, perceberá mais rapidamente o efeito dela.

LEVES BATIDAS NO SACRO

O sacro, ou cóccix, é uma passagem para a energia fluir para cima e para baixo nas costas. Ele também está relacionado à produção e manutenção de energia na pélvis. Apesar de termos discutido sobre o sacro no exercício de Leves Batidas no Corpo Todo (capítulo 3), nós o abordaremos novamente de forma separada por causa de sua importância.

Bater levemente no sacro é bom para dores na parte inferior das costas e para problemas nos quadris e nas pernas. Isso também é importante para as pessoas que são muito sensíveis ou para aquelas que se sentem constantemente defensivas. O sacro é um local onde podemos ter um bloqueio energético ou um vazamento. Podemos perder energia através dessa passagem; então, bater nele levemente para contê-lo e desbloqueá-lo é uma prática excelente. Bater levemente no sacro também pode nos auxiliar a nos manter em pé sozinhos de forma mais efetiva. Esse também é o ponto onde nos conectamos com o campo energético de um grupo ou de uma família. Se estiver tendo dificuldade em perceber onde você termina e onde a outra pessoa começa, bata levemente no sacro.

Antes de começar

Todo mundo pode praticar as Leves Batidas no Sacro. Se você tiver problemas nos joelhos, pode fazer esse exercício sem saltar para cima e para baixo.

A prática

Faça esse exercício em pé. Use os punhos para dar leves batidas bem em cima do sacro, na base de sua espinha dorsal (figura 28), enquanto salta, com os joelhos, para cima e para baixo. Se você tiver dificuldade em alcançar o sacro, tente usar um massageador portátil. Se for confortável, você pode bater vigorosamente.

Bata nele por dois minutos, depois passe um minuto batendo em toda a parte inferior das costas. Termine batendo no sacro por mais um minuto. Pare e verifique como se sente.

Figura 28: Para o exercício de Leves Batidas no Sacro, use seus punhos para bater levemente bem em cima do sacro, na base de sua espinha dorsal.

Quando dar leves batidas no sacro

Faça isso diariamente se precisar trabalhar a região do sacro, ou conforme for necessário.

FLUXO DO FÍGADO

Esse exercício recebe o nome de Fluxo do Fígado, mas ele movimenta a energia por todo o corpo, tornando-se um bom tônico geral. Também é de grande auxílio para problemas de fígado e abdominais, doenças cardíacas, hipertensão, raiva e inveja.

Antes de começar

Se você estiver grávida, pratique o Toque Sagrado em vez de dar leves batidas no abdome inferior. Observe as imagens antes de começar essa prática; para compreendê-la, é necessário ler a descrição e observar as fotos.

A prática

Faça esse exercício em pé. Permaneça pelo menos um minuto em cada posição com as mãos.

Coloque a mão direita sobre a região do fígado e a mão esquerda sobre o chacra do coração (figura 29a). Usando o Toque Sagrado, sinta a conexão entre as mãos e transmita energia da mão sobre o fígado para a mão sobre o coração. Em seguida, inunde tanto a região do fígado quanto a do coração com compaixão, gratidão e reverência.

Coloque a mão direita sobre o coração e a mão esquerda sobre a região do baço, do outro lado do plexo solar, diretamente oposto à região do fígado (figura 29b). Usando o Toque Sagrado, sinta a conexão entre as mãos e transmita energia do coração ao baço. Agora, inunde as duas regiões com compaixão, reverência e gratidão.

Coloque a mão direita de novo sobre o fígado e mantenha a mão esquerda sobre o baço (figura 29c). Transmita energia do fígado para a região do baço. Inunde as duas regiões embaixo das mãos com compaixão, gratidão e reverência.

Em seguida, com as duas mãos, bata levemente em volta de toda a região dos pulmões e do peito, incluindo o coração superior (ver figura 13b, na p. 82). Movimentar a energia do baço para os pulmões faz surgir a alegria, então respire totalmente e bata por cima dos pulmões.

Passe para a região do segundo chacra e do *dan tien* inferior (ver figura 13a, na p. 82). Usando os punhos, bata levemente por mais um minuto. Respire no abdome inferior enquanto bate levemente nessa região.

FLUXO DO FÍGADO

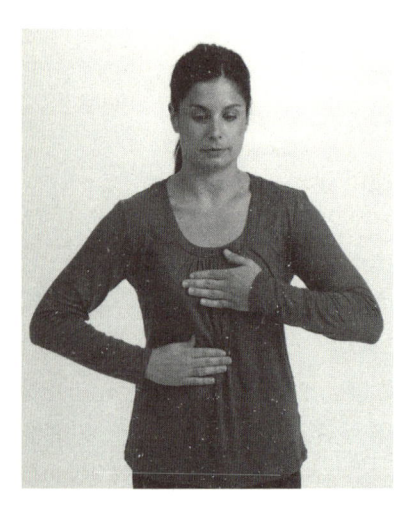

Figura 29a: Primeira posição com as mãos – mão direita sobre o fígado, mão esquerda sobre o coração.

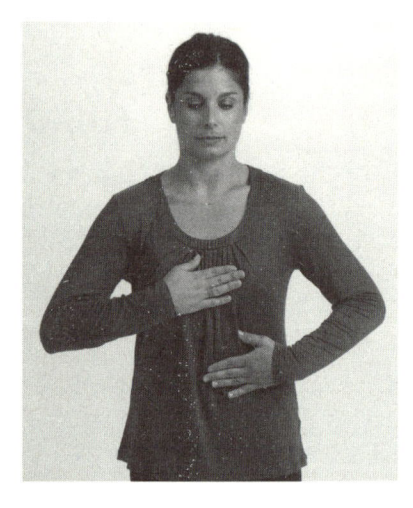

Figura 29b: Segunda posição com as mãos – mão direita sobre o coração, mão esquerda sobre o baço.

Figura 29c: Terceira posição com as mãos – mão direita sobre o fígado, mão esquerda sobre o baço.

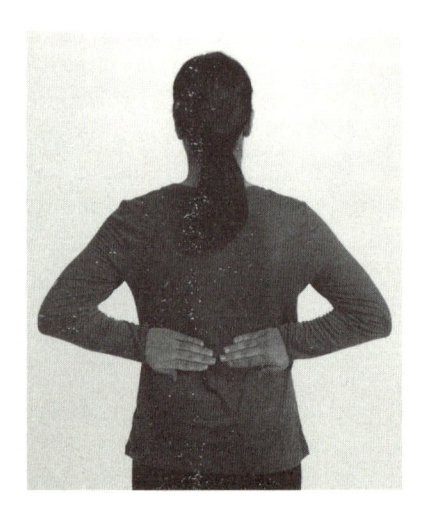

Figura 29d: Após bater levemente sobre o peito, o abdome e o sacro, continue o Fluxo do Fígado colocando as duas mãos nas costas, sobre a região dos rins, e respirando nas mãos.

Leve os pulsos atrás das costas até o sacro e bata levemente nele por um minuto (ver figura 28, na p. 156).

Pare de bater e coloque cuidadosamente as mãos sobre a região dos rins, que fica nas costas, na base das costelas (ver figura 29d, na p. 158). Respire com as mãos nessa região.

Usando a ponta dos dedos das duas mãos, bata levemente na região do occipício, atrás do crânio (ver figura 34, na p. 165). Depois, coloque a mão esquerda na região do occipício e a mão direita sobre a fronte, no terceiro olho. Sinta o fluxo de energia entre as mãos. Agora, leve as mãos para a fronte.

Para terminar, abaixe as mãos e relaxe por um minuto.

Quando usar o Fluxo do Fígado

Use o Fluxo do Fígado uma vez por semana ou quando necessário.

LEVES BATIDAS NO CORAÇÃO SUPERIOR

Localizado na região do tórax superior, o coração superior é um centro energético entre o chacra do coração e o chacra laríngeo. Bater levemente no coração superior é um ótimo exercício para asma, náusea, vômito, refluxo gastroesofágico, doença cardíaca, hipertensão, problemas no fígado e problemas estomacais, pois todos eles podem ser influenciados pelo bloqueio energético nesse local. Bater levemente nesse ponto também é uma maneira excelente de movimentar as energias do medo e da ansiedade; então, em vez de ficarem presas ao corpo energético e paralisando ou subvertendo uma pessoa, elas podem completar seu fluxo natural através do corpo energético e, depois, escoar como uma ação ou uma prática.

Antes de começar

Todo mundo pode usar o exercício de Leves Batidas no Coração Superior.

A prática

Faça esse exercício de pé. Comece a bater levemente sobre o coração superior (figura 30). Você pode bater vigorosamente bem no coração superior por pelo menos um minuto.

Em seguida, usando o Toque Sagrado, coloque a mão esquerda sobre o plexo solar e a mão direita sobre o coração superior. Transmita energia da mão esquerda sobre o plexo solar para a mão direita sobre o coração superior. Depois, inunde o plexo solar e o peito com compaixão, gratidão e reverência.

Retire sua mão do plexo solar e bata levemente no coração superior e no peito com as duas mãos. Quando a energia começar a se movimentar, você pode perceber uma sensação na garganta. Se você não sentir uma desobstrução no peito, pode retornar e transmitir mais energia do plexo solar para o coração superior. Continue a bater levemente sobre o coração superior até sentir uma expansão no tórax superior, ou até ter batido por mais alguns minutos.

Quando dar leves batidas no coração superior

Use esse exercício quando for necessário – ou diariamente –, se você sofrer de alguma das condições mencionadas anteriormente.

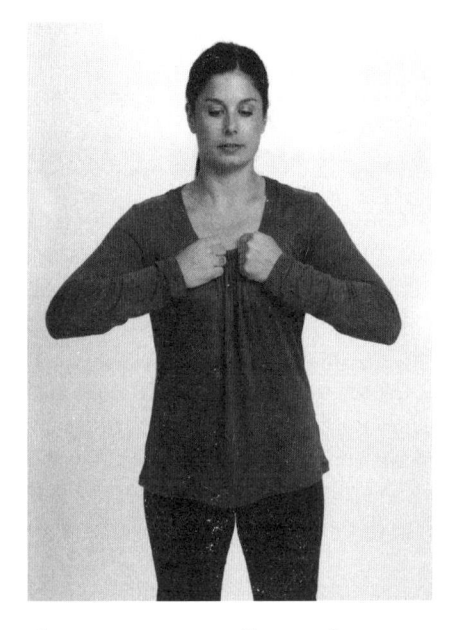

Figura 30: Para bater levemente no coração superior, cerre os punhos suavemente e bata no tórax superior, entre a garganta e o centro do coração.

EXERCITANDO A MANDÍBULA

A mandíbula é importante por muitas razões. Em primeiro lugar, ela está relacionada energeticamente aos quadris. Podemos exercitar os quadris para influenciar a mandíbula ou exercitar a mandíbula para influenciar os quadris. Recomendo que você faça esses dois tipos de exercícios se tiver problemas nessas regiões. A mandíbula também está relacionada à flexibilidade, não apenas nos quadris, mas também na vida.

Em segundo lugar, esse é um local de receptividade e encerramento; nós realmente abrimos e fechamos a boca em resposta aos estímulos. Podemos travar nossa mandíbula quando sentimos tensão ou desaprovação. Abrimos a mandíbula com um sorriso ou uma risada. Imagine uma pessoa com a mandíbula travada e os braços e as pernas cruzados; nessa posição, o corpo energético está encerrado. Quando estamos interessados e abertos a alguma pessoa ou a alguma coisa, nós nos inclinamos para a frente, abrimos as pernas e os quadris e nossas bocas, abrindo assim o corpo energético. A mandíbula também é o local em nosso rosto onde retemos a tensão e a energia estagnada. Manter a mandíbula aberta e solta muda o "rosto que você apresenta ao mundo".

Em terceiro lugar, a mandíbula é um local de vulnerabilidade, porque dentro da boca realmente está a parte interna do corpo. Essa vulnerabilidade é uma das razões pelas quais muitas pessoas ficam ansiosas quando têm de ir ao dentista. Fechamos os quadris para encerrar as energias e experiências; fechamos a mandíbula pela mesma razão. Por todos esses motivos, precisamos manter a mandíbula solta e aberta.

Antes de começar

Todo mundo pode fazer essa atividade, embora você possa perceber que isso é difícil no começo se tiver uma mandíbula tensa. Continue tentando; sua mandíbula ficará mais solta com o tempo. Mas exercite apenas até onde sentir que é necessário. Se você exercitar a mandíbula demais, ela ficará doendo no dia seguinte.

A prática

Abra a boca até um ponto confortável. Movimente cuidadosamente a mandíbula inferior para a esquerda e para a direita, bastante, com movimentos de lado a lado (figura 31). Comece bem devagar, depois movimente a mandíbula da esquerda para a direita quanto mais rápido você conseguir, continuando por um minuto.

Agora, faça pequenos movimentos da esquerda para a direita, de forma que eles se tornem quase imperceptíveis, e continue esses pequenos movimentos por um minuto.

Continue fazendo movimentos mínimos com a mandíbula enquanto fecha os olhos. Perceba onde sua consciência primária está localizada no corpo nesse momento.

Pare de movimentar a mandíbula e traga sua consciência de volta ao recinto.

Quando exercitar a mandíbula

Como foi descrito, esse exercício demora apenas um curto período de tempo, mas você pode levar minutos para realizá-lo a cada vez, sempre que quiser. A razão para os pequenos movimentos é que sua mandíbula ficará mais sensível a mudanças sutis de energia. Além disso, com movimento pequenos ou quase imperceptíveis, você pode praticar esse exercício em qualquer lugar em público, sem ser percebido.

Esse exercício mudará a consciência e a energia em seu corpo rapidamente. Quanto mais aberta sua mandíbula ficar, mais você conseguirá sentir o fluxo energético no restante do corpo, especialmente nos quadris e na pélvis.

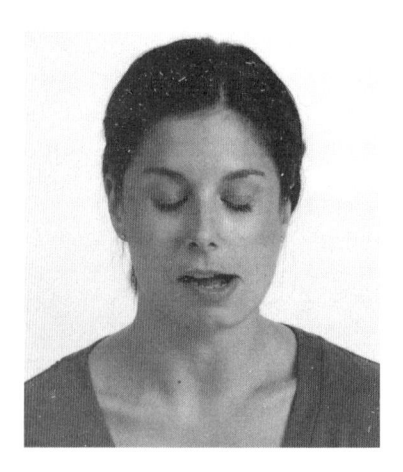

Figura 31: Para realizar a prática Exercitando a Mandíbula, movimente cuidadosamente sua mandíbula inferior para a esquerda e para a direita, bastante, com movimentos de lado a lado.

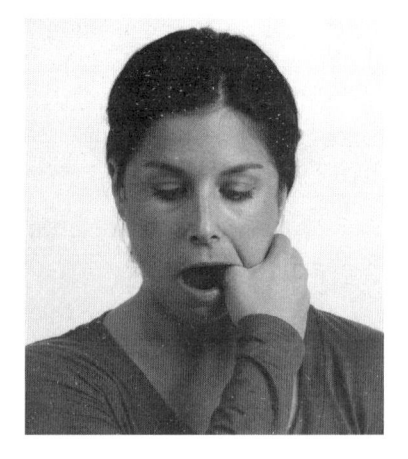

Figura 32: Para realizar a prática adicional Exercitando a Mandíbula, coloque o polegar esquerdo dentro da boca e o dedo indicador para fora da mandíbula. Junte o polegar e o dedo indicador para aplicar uma pressão em algum músculo que esteja sensível ou tenso.

EXERCITANDO A MANDÍBULA: PRÁTICA ADICIONAL

Esse exercício com a mandíbula tem sua origem em Rolfing, uma forma de massagem nos tecidos profundos. Como somos muito vulneráveis, em um nível inconsciente, pela boca, é melhor aplicar esse exercício em si mesmo do que recebê-lo de outra pessoa ou aplicá-lo em outra pessoa. No começo, seja cuidadoso com você mesmo. No máximo, pode utilizar esse exercício em dias alternados. Depois que sua mandíbula já estiver mais solta, você pode praticar esse exercício uma vez por semana.

Antes de começar
Lave bem as mãos antes de começar esse exercício.

A prática
Coloque o dedo indicador esquerdo na parte de fora do lado direito da mandíbula, onde os músculos da mandíbula superior e inferior se encontram. Pegue seu polegar esquerdo e o coloque dentro da boca, de forma que ele encontre o dedo indicador (figura 32). Usando o dedo indicador e o polegar, aplique uma pressão em algum músculo que estiver sensível ou tenso. Pressione suavemente por cinco segundos qualquer ponto sensível ou tenso. Faço isso de forma intermitente, pressionando durante cinco segundos e soltando durante cinco segundos, por cinco ou seis ciclos. Procure todos os pontos sensíveis na parte direita da mandíbula, usando uma boa quantidade de pressão, e exercite-os com essa pressão intermitente. Depois, troque de mão e faça o mesmo com o outro lado da mandíbula.

Quando terminar, tire a mão da boca e relaxe por cerca de um minuto. Movimente a mandíbula de lado a lado, da direita para a esquerda, alguma vezes, e sinta se ela está mais solta.

EXERCITANDO OS OLHOS

Os olhos conduzem e refletem diferentes campos energéticos dentro do corpo. O olho direito reflete a energia da compaixão e da agressão. A agressão que direcionamos ao mundo e a agressão que recebemos do mundo afetam o olho direito e nossa visão do mundo. Existe menos habilidade de enxergar com a compaixão quando o olho direito está ferido pela agressão, tanto pela nossa (o que liberamos retorna diretamente para nós) quanto pela dos outros. O olho esquerdo é o olho da visão e da criatividade. Quando temos dificuldade em relação à maneira como o mundo está chegando a nós ou com a visão que temos de nós mesmos, essa dificuldade afeta a energia do olho esquerdo. Quando os dois olhos estão nítidos, podemos enxergar com um olho, o Olho Único – o olho da compaixão e da visão reunidos.

Esse exercício com os olhos é excelente para estimular a compaixão em direção ao ego. Eu realizo essa prática seguinte no fim de um dia difícil, antes de dormir.

Antes de começar

Todo mundo pode praticar esse exercício.

A prática

Faça esse exercício deitado. Feche os olhos. Usando o Toque Sagrado, coloque dois dedos da mão direita no olho direito fechado e dois dedos da mão esquerda no peito esquerdo, sobre a região do mamilo. Sinta a conexão entre os dedos através do corpo. Transmita energia de lado a lado entre a mão direita sobre o olho direito e os dedos sobre o peito esquerdo. Agora, inunde essas regiões com compaixão, gratidão e reverência, continuando esse fluxo por pelo menos dois minutos. Depois, abaixe as mãos ao seu lado.

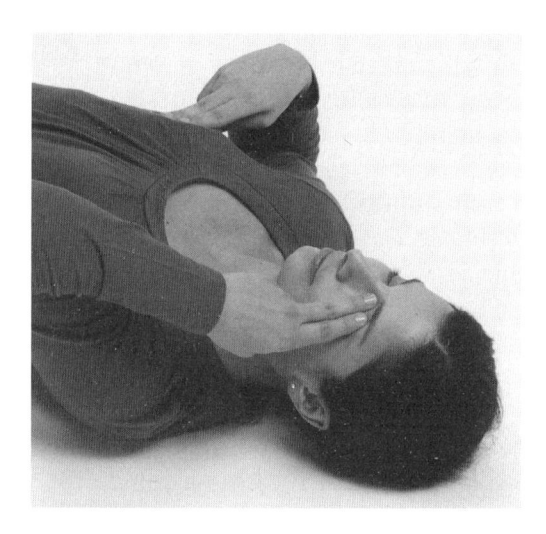

Figura 33: Posição dos dedos para o segundo passo da prática Exercitando os Olhos: dedo indicador e dedo médio da mão esquerda sobre o olho esquerdo, dedo indicador e dedo médio da mão direita no mamilo direito. Inverta a posição para o primeiro passo da prática.

Passe para olho esquerdo, o olho da visão. Usando o Toque Sagrado, coloque dois dedos da mão esquerda sobre a pálpebra esquerda e dois dedos da mão direita no peito direito, sobre a região do mamilo (figura 33). Sinta a conexão entre os dedos e transmita energia de um lado para o outro. Inunde essas regiões com compaixão, gratidão e reverência por pelo menos dois minutos. Quando terminar, abaixe as mãos ao seu lado e retorne para o recinto.

LEVES BATIDAS NA PARTE POSTERIOR DA CABEÇA

O occipício, local atrás da cabeça onde o crânio encontra o pescoço, é um importante centro ou passagem de movimento energético. Esse local é muitas vezes chamado de Sorriso de Buda. É o ponto onde o campo energético se conecta ao tronco cerebral. Você pode notar a importância energética desse ponto na meditação se mudar a posição da cabeça inclinando-a para trás (fechada) e um pouco para a frente (aberta).

Figura 34: Para a prática de Leves Batidas na Parte Posterior da Cabeça, use as pontas dos dedos para bater cuidadosamente no occipício, o local onde o crânio encontra o pescoço.

O ponto occipital é importante para o mal de Parkinson, para os distúrbios do movimento e para outros problemas na glândula pituitária e na glândula pineal, porque os bloqueios nessa região podem contribuir com esses problemas. Na MTC, o occipício está relacionado aos canais governador e da concepção no corpo, que regulam o equilíbrio entre o yin e o yang. Ele também é um ponto de acupuntura frequentemente utilizado no tratamento de depressão.[42]

Bateremos levemente na parte posterior da cabeça para eliminar bloqueios e manter a energia fluindo bem. Bater nessa região também ajuda a dispersar a estagnação na cabeça. Esse é um bom ponto para movimentar a energia que pode estar relacionada a dores na cabeça, nos

---
42. Deadman e Al-Khafaji, p. 17, 591.

ombros e nas costas. A parte posterior da cabeça e o terceiro olho (fronte; o sexto chacra) também são importantes por ser capazes de ver o que está acontecendo, tanto intuitiva quanto visualmente, no campo energético. No treinamento xamânico, esse centro é liberado para ajudar as pessoas a observarem o campo energético e o movimento energético dentro do corpo.

Antes de começar

Não realize essa prática se você teve algum problema recente com aneurismas ou sangramentos no cérebro. Seja cuidadoso; não é preciso fazer uma pressão firme para bater nesse centro.

A prática

Faça esse exercício em pé ou sentado. Feche os olhos, para começar a observar o que está acontecendo dentro de seu olho interior; olhe para a frente enquanto seus olhos estão fechados. Também observe o que você percebe em todo o restante da cabeça enquanto seus olhos estão fechados.

Com a ponta dos dedos, comece a bater bem leve na região do occipício com as duas mãos (figura 34). Bata cuidadosamente e veja se consegue acompanhar a energia que está fluindo em sua cabeça.

Agora, desça até os ombros e bata levemente sobre eles, bem junto da espinha dorsal. Volte batendo até o occipício e continue por aproximadamente um minuto.

Pare de bater e descanse os braços. Mantenha os olhos fechados por mais um minuto.

Quando dar leves batidas na parte posterior da cabeça

Realize essa prática quando for preciso para dores na cabeça, no pescoço, nos ombros e nas costas. Você também pode utilizá-la para aumentar a intuição e acalmar a mente quando ela está muito agitada.

FLUXO DAS PASSAGENS SAGRADAS

Essa prática tem como foco três passagens específicas no corpo energético – o sacro, o occipício e a coroa da cabeça –, bem como o *dan tien* inferior, o centro energético primário do corpo. É uma prática rápida de equilíbrio que trabalha o fluxo de energia na parte de trás do corpo. Ela fortalece a parte posterior do corpo e permite mais receptividade na parte frontal.

Centros Energéticos Específicos e Técnicas Direcionadas ao Movimento de Energia 167

Essa prática alinha o corpo com a mente e o terceiro olho; ela ajuda a glândula pineal, a glândula pituitária e hipotálamo; e é boa para muitas doenças endócrinas.

Antes de começar

Não há contraindicações para esse exercício.

A prática

Pratique esse exercício em pé. Usando os punhos, bata levemente no abdome inferior, a região de seu *dan tien* inferior, entre o osso púbico e o umbigo (ver figura 13a, na p. 82). Concentre a respiração nesse centro enquanto você bate levemente nele.

Figura 35: Para concluir o Fluxo das Passagens Sagradas, coloque a mão direita sobre a fronte e a mão esquerda sobre o occipício. Sinta as mãos se conectando através do crânio. Depois, bata levemente no abdome de novo para estabelecer o movimento energético.

Usando os punhos, bata levemente sobre o sacro, na base da espinha dorsal (ver figura 28, na p. 156). Concentre sua respiração nessa região enquanto você bate levemente nela.

Em seguida, usando as pontas dos dedos, bata de forma bem leve na parte posterior do crânio, com as duas mãos, na região do occipício (ver figura 34, na p. 165).

Coloque as mãos na parte lateral de sua cabeça, entre as orelhas e a coroa. Inunde a região com o Toque Sagrado.

Agora, coloque a mão direita sobre a fronte, no terceiro olho, e a mão esquerda na base do crânio, sobre o occipício (figura 35). Sinta as mãos se conectando através do crânio.

Termine o exercício batendo levemente no abdome, o *dan tien* inferior. Essa técnica estabelecerá o movimento energético que você acabou de realizar. Depois, pare de bater e relaxe.

DEVOLUÇÃO

A energia tem de estar fluindo constantemente para dentro e para fora de nosso corpo energético. Esse exercício libera toda a energia que acumulamos e estamos armazenando, devolvendo-a para o campo energético unificado. Esse é um exercício poderoso para liberar a energia quando você se sente sobrecarregado.

Nos treinamentos xamânicos, esse exercício adapta o impulso do poder inconsciente, que é fundamental se um xamã vai se desenvolver além de usar o xamanismo como um caminho para adquirir poder. Esse também é um exercício importante para desenvolver uma vida espiritual.

Antes de começar

Apesar de todo mundo poder realizar esse exercício, certifique-se de ajustar o nível de esforço para se adequar à sua condição física.

A prática

Começaremos esse exercício nos sentando ao chão com as pernas cruzadas. Se você não conseguir sentar no chão com as pernas cruzadas, sente-se em uma cadeira confortável.

Comece colocando os punhos no abdome inferior, sobre o *dan tien* inferior. Enquanto pressiona o corpo com os punhos, expire e curve-se para a frente. Inspire e levante a cabeça de volta, arqueie as costas e vire a cabeça para cima, em direção ao alto. Segure a respiração e bata levemente sobre a região dos pulmões (figura 36a). Segure a respiração até o ponto em que for confortável e coloque a língua no céu da boca.

Em seguida, expire enquanto se curva para a frente, com as mãos pressionando o abdome inferior (figura 36b).

Faça novamente este ciclo: inspire, com o corpo para cima, olhe para o alto e bata levemente nos pulmões; curve-se para a frente e expire. Repita esse ciclo mais duas vezes para um total de quatro ciclos.

No último ciclo, bata levemente no peito e segure a respiração até onde puder. Quando se curvar para a frente no fim dessa quarta respiração, deixe-se descansar por um momento. Com os quatro ciclos respiratórios, você completou a primeira etapa desse exercício.

Agora, comece de novo e repita esse ciclo de quatro respirações por mais três vezes. Você pode fazer um ciclo de quatro respirações e descansar, repetir o ciclo de quatro respirações e descansar, e depois fazer mais um ciclo de quatro respirações e descansar novamente.

Mude para a postura da criança da ioga para relaxar por alguns minutos: sente-se de joelhos, repouse os quadris nos calcanhares e a fronte no chão, deixando as mãos viradas com a palma para cima ao lado dos quadris. Quando você estiver pronto, volte para o recinto.

Figura 36a: Devolução, segundo movimento: inspire, levante a cabeça, arqueie as costas e vire a cabeça para cima. Segure a respiração e bata levemente na região dos pulmões.

Figura 36b: Devolução, terceiro movimento: expire enquanto se curva para a frente, com as mãos pressionando o abdome inferior.

Quando usar a Devolução

Eu recomendo que você utilize esse exercício sempre que se sentir energeticamente cheio ou sobrecarregado ou quando perceber que sua energia está presa e você não consegue movimentá-la. Uso a Devolução sempre que quero expressar minha gratidão pela vida e pela dádiva de estar viva.

POSIÇÃO DE DESCANSO ANTES DE DORMIR

Quando a energia no corpo está alinhada, o corpo geralmente consegue se curar quando vai dormir ou durante o sono. Quando digo "se curar", quero dizer que o corpo consegue liberar a energia e retornar ao seu estado natural de equilíbrio. Essa liberação e retorno acontecem com mais frequência quando nossos canais energéticos ficam mais desbloqueados e nosso corpo energético fica mais alinhado.

Como descrevi no capítulo 1, uma noite eu tive uma dor no pescoço enquanto me rastejava para a cama. Adormecendo, percebi meu braço direito começar a se balançar e se movimentar para fora da cama. Escutei um zumbido enquanto isso acontecia, na orelha do lado da dor no pescoço. Isso aconteceu por cerca de dez segundos, então percebi que um músculo em meu pescoço relaxou sozinho, sem que eu tivesse feito nada. Esse é o objetivo final desse trabalho de cura pela energia: sempre que existir um bloqueio energético ou um acúmulo de energia, o corpo pode liberá-lo naturalmente, geralmente na hora de irmos para a cama ou enquanto estamos dormindo. Usar essa posição de descanso por alguns minutos antes de dormir pode estimular os bloqueios energéticos a ser liberados naturalmente.

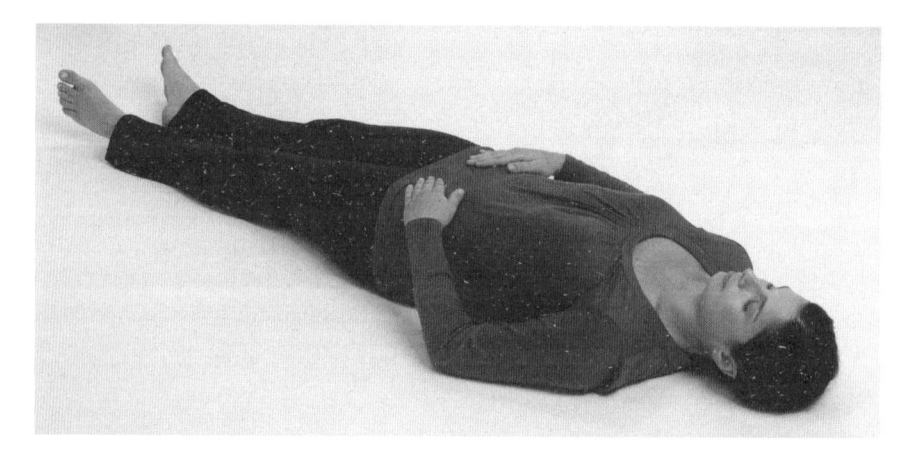

Figura 37: A Posição de Descanso Antes de Dormir: deitado de costas, coloque as mãos nas dobras dos quadris, onde as coxas encontram o corpo.

Antes de começar

Todas as pessoas podem realizar essa prática, contanto que consigam se deitar retas e de costas. Coloque uma almofada atrás dos joelhos, se for mais confortável para suas costas ficar com os joelhos flexionados.

A prática

Deite-se reto e de costas em sua cama e relaxe. Coloque a mão esquerda na frente da dobra do quadril esquerdo, onde a coxa encontra o corpo, e coloque a mão direita na dobra do quadril direito (figura 37). Repouse assim e respire pelo abdome inferior. Nessa posição, o fluxo energético está circulando completamente. Recomendo que você descanse nessa posição por pelo menos dois minutos todas as noites antes de dormir.

Capítulo 8

Receptividade

"Deixe seu corpo vestir sua sabedoria
Deixe seu coração cantar canções..."
Lalla, *Naked Song*

A receptividade é o que nos permite responder ao campo energético dentro e fora de nós, em vez de reagir a ele. *Reagir* envolve resistir ou mudar o que está acontecendo; em relação à energia, significa que bloqueamos o fluxo de uma experiência através do corpo energético. *Responder* é bem diferente; quando respondemos, vemos e sentimos o que está acontecendo, esperamos um momento para permitir que isso aconteça e depois traduzimos ou transformamos a energia em algo mais. Responder requer, primeiramente, estarmos em um estado receptivo. A *receptividade* é a abertura para o que já está acontecendo, não apenas para o que queremos que aconteça baseado em nossa preferência pessoal. Brugh Joy costumava perguntar: "O que quer acontecer?", em vez de "O que você quer que aconteça?". Essa pequena mudança de foco traz excelentes resultados. Ela suaviza nossos limites e facilita a relação entre nosso corpo e o ambiente. Permite a possibilidade de que experiências novas e diferentes cheguem à nossa consciência. Reconhece a naturalidade do que está acontecendo conosco e à nossa volta. Ela reconhece que somos parte da natureza.

A receptividade pode acontecer no plano do corpo e no plano de cada chacra. Quando você fez a Meditação dos Chacras (capítulo 7), talvez tenha conseguido sentir a diferença no plano de cada chacra. A receptividade é uma habilidade, e leva tempo para discernir diferentes energias. Se foi difícil fazer a Meditação dos Chacras, tente de novo e pratique-a repetidamente até conseguir perceber a diferença sutil que você sentiu ou recebeu em cada chacra. A receptividade requer que você se abra ao que lhe está sendo entregue no plano sutil da energia. Eu utilizo os chacras aqui como um exemplo, embora a receptividade não seja específica apenas dos chacras. A receptividade envolve a aura, a matriz, os *dan tiens* e o corpo físico. A receptividade é a habilidade de extrair o máximo possível da informação vibracional fornecida no momento, com menos história sobre o que deveria ser ou sobre o que aconteceu da última vez que você passou por isso.

A receptividade é a chave para a consciência externa e também para a cura remota. Embora a cura remota ou cura a distância não seja o escopo deste livro, quando você praticar a receptividade, poderá descobrir que sua intuição e habilidade de entrar em contato com os outros a distância aumentam.

NOSSO CAMPO ENERGÉTICO DINÂMICO E COMPLEXO

Para entender a receptividade, primeiro você precisa se acostumar com a ideia de que parte de seu campo energético, sua aura (ou campo áurico), se estende para além de seu corpo físico. Nosso campo áurico está constantemente em um estado de expansão ou contração, de acordo com o que está acontecendo e para onde nossa consciência está direcionada. Podemos expandir nosso campo áurico para fora, para dentro, para cima ou para baixo, dependendo do que está acontecendo à nossa volta.

Quando eu era adolescente, li muitos dos livros de Carlos Castaneda sobre um aluno de antropologia estudando com um xamã no México. Estimulada pelas histórias desses exercícios sobre percepção e receptividade que o xamã ensinava ao aluno, eu corria pela floresta à noite com os olhos fechados, o máximo que eu conseguia suportar o medo, e depois parava. Invariavelmente, quando eu abria meus olhos, estava bem em frente a uma árvore com a qual eu iria colidir. Não eram longas corridas, talvez por três segundos, mas mesmo assim elas foram o começo de meu treinamento de receptividade. Eu sabia que podia sentir aquelas árvores. Você pode tentar fazer um experimento semelhante em sua casa ou no quintal. (Se você morar no deserto, como eu, tome cuidado com os cactos – e aqueles que moram perto de penhascos, por favor, não tentem isso lá fora!) Todas as coisas vivas e animadas – plantas, animais e outras pessoas, mas não cadeiras, paredes ou outras coisas semelhantes – têm um campo energético e uma consciência que estão se comunicando com nosso campo energético e nossa consciência, especialmente quando cada um está dentro do campo energético do outro. Como Castaneda diz: "A *energia inanimada* não tem consciência. A consciência, para os xamãs, é uma condição vibratória da *energia animada*".[43]

A maneira como falamos, sentimos e até mesmo desejamos influencia nossa aura e nosso relacionamento com o ambiente. Quando estamos com medo, geralmente tornamos essa parte de nosso campo energético menor e mais compacta. Quando estamos buscando algo fora de nós, podemos ampliá-la. Na verdade, transformamos naturalmente nosso espaço pessoal o tempo todo.

Experimentei pessoalmente a habilidade de transformar a aura – meu espaço pessoal, a parte do campo energético que sente outros campos energéticos e se comunica com eles – de acordo com o local em que vivo ou com o que preciso fazer no momento. Quando minha primeira filha tinha 3 meses de idade, fui visitar uma amiga em Los Angeles. Ela me presenteou com uma sessão com um poderoso terapeuta energético. Enquanto deitei na maca para me submeter à cura, minha amiga levou minha filha para dar um passeio pela vizinhança. Eu confiava em minha amiga, mas estava me sentindo incomodada por estar longe de minha filha pela primeira vez. Estava nublado em Los Angeles, e eu estava com medo de a minha bebê pegar um resfriado. Enquanto estava na maca do terapeuta, senti-me procurando energeticamente minha amiga e minha filha. Eu podia sentir minha consciência se estender para fora e procurar pela vizinhança, buscando achar minha bebê para me certificar de que estava bem. Imaginei onde ela estava, fiquei preocupada, tentei transmitir-lhe calor e pude sentir meu corpo se estendendo muito além da maca.

Quando o terapeuta terminou, ele comentou que eu tinha uma aura enorme, uma das maiores com a qual ele já trabalhara. O que ele estava captando era uma aura grande ou expandida por causa do estado em que eu estava, procurando minha filha. Desde então, consulto-me com esse terapeuta, mas ele nunca mais mencionou o tamanho de minha aura.

O tamanho de nosso campo áurico também depende de quem somos e onde estamos vivendo. Nossa aura se expande e se contrai em resposta a nosso ambiente e ao espaço à nossa volta. Alguns anos atrás, eu me mudei de uma casa em um grande terreno em um rancho para uma vizinhança suburbana, onde as casas ficam bem próximas. Até o primeiro ou segundo mês, eu sentia o peso dos outros à minha volta, quase como se estivesse vivendo com pessoas que não conhecia.

---

43. Castaneda, p. xv.

Como eu vivia muito distante de outras pessoas, acredito que meu campo energético estava acostumado a ficar bem expandido em um espaço aberto; conforme me adaptei a viver na vizinhança, fiz minha consciência se acomodar com o espaço menor. Quando eu morava no rancho, expandia meu campo energético de forma que conseguia sentir as cobras nas regiões afastadas da casa; quando me mudei para uma região mais povoada, meu campo energético se tornou menor, e eu sentia as formas de vida em um raio menor, abrangendo o acre e meio em que estou vivendo agora. Apesar de eu ainda perceber as cobras às vezes, é apenas quando elas estão dentro do muro de meu novo quintal.

A mesma coisa aconteceu com minha cachorra, a propósito. Quando morávamos no rancho, ela respondia a animais que estavam a mais de um acre ou dois de distância. No loteamento, ela fareja e responde apenas ao que está bem perto de nossa casa. Se ela estivesse no mesmo estado expandido em que estava quando morávamos no rancho, ela estaria respondendo aos vizinhos e aos cachorros deles como intrusos. Ela nem mesmo está ciente deles agora, embora esteja ciente de tudo nessa propriedade menor e do que está bem do lado da linha da cerca. Acredito que ela também transformou seu campo energético para se acomodar à região em que vive agora. Fazer isso deve ser parte do excesso de domesticação que eu descrevi no capítulo 2, quando perdemos a conexão com a naturalidade do campo energético maior à nossa volta.

Os campos energéticos pessoais se transformam e se tornam mais ou menos permeáveis para acomodar mudanças no espaço físico; eles também se transformam com a criatividade, com a cerimônia, com técnicas e práticas projetadas para direcionar a consciência de alguém a um campo maior, e até mesmo com a morte. Quando eu trabalhava como médica em um abrigo, ficava impressionada com o fato de que os campos energéticos das pessoas se expandiam exteriormente conforme elas se aproximavam da morte. Com o tempo, passei a visitar os pacientes em suas casas, então eu podia sentir a diferença em seus campos conforme eles se aproximavam da morte. Quando eu conseguia sentir o campo energético do paciente da porta ou fora dela, sabia que a hora estava próxima. Também percebi que, quanto mais perto da morte os pacientes estavam, mais eles se incomodavam com os barulhos ou movimentos que estavam mais afastados, porque seu espaço pessoal tinha se expandido muito. Quando meu pai estava no hospital, quanto mais ele se aproximava da morte, mais ao fundo do corredor ele percebia as pessoas. Chegou ao ponto de ele se encolher e procurar as pessoas que estavam no outro extremo do corredor. Um campo energético expandido é realmente menos denso do que um retraído, e com a prática podemos perceber facilmente a diferença na densidade.

Tenho percebido que pessoas muito criativas geralmente têm campos energéticos expansivos. Acredito que exista uma relação entre o tamanho de seu campo energético, a densidade em seu campo energético e quanto elas estão em contato com o campo energético unificado à sua volta. Quanto menos denso é o campo energético pessoal, mais o campo energético maior à sua volta pode penetrar seus campos e interagir com eles.

A cerimônia estimula a expansão de nossos campos energéticos pessoais; os campos energéticos dos participantes ficam geralmente maiores após uma cerimônia e depois de uma pessoa entrar em um estado profundo de meditação ou de oração. Um professor me disse uma vez: "Não vista sua roupa de sacerdotisa no aeroporto", significando: "Quando você está na vida cotidiana, não fique tão aberta ou expandida como quanto fica durante uma cura ou uma cerimônia".

Uma coisa que eu percebi enquanto explorava a receptividade e a aura é que me tornei mais sensível quando alguém entrava subitamente em meu espaço pessoal, que fica a cerca de um metro de meu corpo. Meus pacientes também não gostam disso, mas quão incomodadas as pessoas ficam quando outras entram abruptamente em seu campo pessoal varia de acordo com sua cultura. Quando trabalhei com pacientes das Primeiras Nações no norte do Canadá, aprendi a caminhar devagar e sentar perto dos pacientes por alguns minutos antes de fazer um contato verbal ou visual. Então eu podia sentir meus pacientes abertos, e começava a conversa. Contraste essa introdução energética gradual com avançar até uma pessoa para cumprimentá-la com sua mão estendida, penetrando o campo energético dela. Você tem seu estilo, mas pode precisar adequá-lo ao da pessoa diante de si com uma exploração lenta do espaço e da energia entre vocês.

DIFERENTES CAMADAS, DIFERENTES INFORMAÇÕES ENERGÉTICAS

Dento da aura existem diferentes camadas, e essas camadas possuem informações armazenadas como vibrações. Essas camadas têm um impacto em nossas relações, pois diferentes informações estão armazenadas em diferentes espaços em nossos campos. Quanto menos conscientes estamos de alguma coisa – um pensamento, um sentimento, um conflito ou uma crença –, mais distante do campo energético sua vibração geralmente está. Quando estou em conflito com outra pessoa, muitas vezes movimento meu corpo para diferentes espaços longe dela, modificando o espaço pessoal entre nós para mudar as partes de nossos campos energéticos que estão interagindo. O conflito pode ser o resultado de duas energias que estão em desarmonia a uma distância e não em outra. Comece a perceber a quantidade de distância física entre você e outra pessoa quando vocês estão em conflito e quando não estão. Costumamos ficar a uma distância específica das outras pessoas quando estamos em conflito com elas, e essa distância está relacionada às camadas de nossa aura. Perceba se você está a um metro, um metro e meio ou até três metros de distância de alguém quando vocês estão em conflito, e se o conflito muda conforme você se aproxima ou se afasta. Você não precisa contar para a outra pessoa que está fazendo esse experimento, mas pode extrair informações sobre si mesmo verificando isso.

Apresento o conceito de percepção das camadas da aura para os estudantes de medicina e residentes em um esforço de expandirem sua habilidade de interpretar os campos energéticos de seus pacientes e se tornarem mais abertos à intuição. Em um grupo, havia dois estudantes recém-casados que eram muito sensíveis e loucos um pelo outro. Quando eles fizeram o exercício Sentindo o Corpo Todo – que eu compartilharei mais adiante neste capítulo –, descobriram um ponto a cerca de dois metros e meio de distância no qual não se davam bem ou não se sentiam bem entre si. Eles ficaram surpresos. Eu os aproximei, e eles ficaram contentes um com o outro novamente. Foi impressionante ver a disposição deles em explorar um novo relacionamento amoroso com tanta abertura e sensibilidade energética.

Em um estágio de minha exploração do "espaço no meio", comecei a me sentar intencionalmente a distâncias diferentes dos professores. Em uma conferência, eu me sentaria perto de um professor; em outra, eu ficaria o mais afastada possível da mesma pessoa. Percebi que eles têm diferentes ensinamentos em diferentes distâncias em seus campos energéticos. A maioria do que você aprende por um professor é a partir da interação da energia entre seu campo e o campo dele.

Quando estou ensinando, observo essa dinâmica energética. Um aluno iniciante receberá energeticamente uma série de ensinamentos, enquanto um aluno mais avançado receberá algo mais. Não estou fazendo muito; quando estou presente no campo energético dos participantes, o ensinamento energético acontece, e eu tenho um vislumbre de como a consciência está trabalhando entre nós.

APRENDENDO A INTERPRETAR O CAMPO ENERGÉTICO

Interpretar a aura ou o campo energético do corpo é uma habilidade que podemos aprimorar com o tempo e com a prática. Na verdade, é uma habilidade que podemos recuperar. Como mencionado no capítulo 2, todos nós temos a habilidade inerente de sentir e interpretar os campos energéticos; apenas fomos treinados a não fazer isso.

A maioria dos animais – na verdade, a maioria dos seres vivos na natureza – demonstra essa habilidade para analisar os campos energéticos e se harmonizar com eles. A Terapia Assistida por Cavalos é um campo em desenvolvimento especialmente para o treinamento desse tipo de sensibilidade. Os cavalos são excelentes para interpretar a energia (assim como a maioria da natureza), e eles respondem a isso perfeitamente. A terapia utiliza a resposta dos cavalos para ajudar os pacientes e informar a eles o que está acontecendo. Eu passei por uma análise por um cavalo, e tive uma sensação de zumbido quando o cavalo começou a interpretar meu campo energético e se harmonizar com ele. As corujas também têm uma habilidade excelente para analisar os campos energéticos. É possível sentir os olhos delas fazendo uma varredura sobre você quando elas estão usando a visão noturna. Acredito que muitos também já tiveram experiências como essas com os animais.

Uma vez um paciente se aproximou de mim em um *workshop*, incomodado porque não conseguia sentir energia em suas mãos. Nós trabalhamos juntos, e ele não percebeu nem sentiu nada. Perguntei a ele quais eram seus passatempos.

"Caçar", ele respondeu.

"Como você percebe um urso na floresta?", eu perguntei.

Ele virou, olhou bem nos meus olhos e disse: "Eu percebo o urso com meu corpo todo!".

"Sim", eu repliquei. "Você sente a energia com seu corpo todo, então por que se preocupar com suas mãos? Quando suas mãos conseguirem fazer o que você já está fazendo, então você sentirá com as mãos – talvez sim ou talvez não. Continue o que você já está sentindo."

Muito do aprendizado sobre interpretar os campos energéticos consiste em ampliar a abertura das habilidades que você já possui, tornando-se mais ciente de como sente e movimenta a energia, e melhorando a maneira como você faz isso. Os exercícios seguintes têm o propósito de ajudá-lo a começar a sentir a informação em seu próprio campo energético e no campo energético dos outros.

SIM, NÃO E UAU

Começaremos percebendo uma pequena expansão ou contração de nosso próprio campo energético. Chamo esse próximo exercício de "Sim, Não e Uau". Esse nome foi inventado por Rita Luque, filha de Maria Elena Cairo. Rita disse uma vez: "Existem apenas três palavras importantes: sim, não e uau". As palavras têm padrões de energia em si – padrões que não estão separados do corpo, do tom, do significado, da cultura ou de outra energia. Portanto, as palavras têm um impacto profundo sobre nosso corpo e nosso campo energético.

A prática

Sente-se confortavelmente e feche os olhos. Em voz alta, diga a palavra *sim* algumas vezes. Preste muita atenção em como seu corpo todo está se sentindo. Seu corpo sente a palavra? Você está mais aberto ou mais fechado? O que está acontecendo com seu corpo energético?

Em seguida, diga a palavra *não* em voz alta diversas vezes. Perceba como seu corpo está se sentindo. Aberto? Fechado?

Agora, trabalhe com a palavra *uau*. Diga essa palavra em voz alta diversas vezes. Perceba quaisquer sensações em seu corpo.

Mantenha os olhos fechados e concentre-se interiormente. Respire, relaxe e depois tente as três palavras de uma vez: "Sim! Não! Uau!". Depois de repetir essas três palavras algumas vezes, você conseguirá sentir uma diferença entre as palavras.

Volte ao recinto e abra os olhos.

Quando usar Sim, Não e Uau

Você pode tentar fazer esse exercício em qualquer idioma e ver que, não importa o idioma, as palavras *sim*, *não* e *uau* transmitem a impressão de seus significados e têm a mesma vibração no corpo. As palavras não estão separadas de sua energia, e o tom não está separado do corpo. Portanto, essas palavras têm o mesmo efeito em seu campo energético, independentemente de você conhecer ou não o idioma.

O motivo de eu trabalhar com *sim*, *não* e *uau* é que dizer *sim* geralmente propicia uma abertura e mais energia. O *sim* nos abre para qualquer coisa que está vindo, não importa se seja algo difícil ou agradável. Abrir-se para algo requer menos energia do que se fechar para algo. Embora dizer *não* seja importante, geralmente dizemos *não* ao que está acontecendo à nossa volta de maneira fraca e desnecessária. O *uau*, ou a reverência, abre o campo energético e traz mais energia.

Normalmente, quando utilizo esse exercício, tento realizá-lo por pelo menos 15 minutos. Recomendo que você se detenha muito tempo em cada uma dessas palavras. É importante observar a diferença entre *sim*, *não* e *uau*. Embora o *não* seja importante nas horas certas, a receptividade é mais um estado de *sim* e *uau* do que de *não*. Depois de praticar esse exercício por um tempo, você poderá perceber até mesmo que consegue sentir como cada palavra que você fala pode servir para abrir ou fechar – que, de certa forma, cada palavra é um *sim*, *não* ou *uau*.

SENTINDO O CORPO TODO

Essa próxima prática, Sentindo o Corpo Todo, explora a arte da receptividade. Nesse exercício, usaremos todo o nosso corpo para sentir as múltiplas camadas em nossa própria aura e na aura dos outros.

Antes de começar

Esse exercício requer um parceiro. Quando você fizer esse exercício pela primeira vez, não gaste tempo traduzindo ou decidindo o que as informações ou vibrações que você sente significam. Apenas explore o que está percebendo a partir do plano do corpo. Com a experiência, você começará a interpretar com mais precisão o que é a vibração, o que ela significa ou o que pode ser a informação por trás dela.

Confio na imagem e no sentimento mais do que nas explicações, porque cada vez que nos movimentamos para mais longe da energia inicial, mais nossos próprios filtros, preocupações e medos irão distorcer a informação. Maria Elena Cairo costumava dizer: "Até o melhor é apenas 80% exato", significando que mesmo o melhor interpretador, espiritualista ou xamã interpreta o significado da vibração precisamente em apenas 80% do tempo. As imagens, as vibrações e os sentimentos estão sempre corretos, mas ficamos presos ao nosso próprio conteúdo quando tentamos discernir o significado deles.

A prática

Fique distante de seu parceiro – a cerca de nove metros ou tão longe quanto o espaço permitir (figura 38). Escolha qual de vocês será o Parceiro 1 e qual será o Parceiro 2.

Ambos os parceiros devem abrandar a consciência: devem se sentir abrindo o corpo, quase como se estivessem se desprendendo de uma camada da pele, tornando-se mais sensíveis.

O Parceiro 2 deve ficar no lugar, aberto para ser visto e interpretado pela outra pessoa. O Parceiro 1 deve começar a andar em direção ao Parceiro 2 bem devagar. Se o Parceiro 2 tiver dificuldade com a vulnerabilidade de ser interpretado quando o Parceiro 1 estiver andando, não tem problema o Parceiro 2 fechar os olhos.

Figura 38: Para a prática Sentindo o Corpo Todo, comece ficando a cerca de nove metros ou mais de distância de seu parceiro. Enquanto um parceiro se movimenta em direção ao outro, ambos os parceiros devem abrandar a consciência, usando seus corpos energéticos para perceber mudanças no campo energético maior em volta deles.

Parceiro 1: Perceba as sensações em seu corpo e quaisquer sentimentos ou imagens que vêm à sua consciência. Quando você perceber algo, pare e sinta isso um pouco mais, depois continue a se movimentar lentamente. Continue a prestar atenção às diferentes sensações em seu corpo e diferentes consciências em cada distância. Como você se sente em uma determinada distância? Qual é a relação entre você e seu parceiro nessa distância? Note como a relação, os sentimentos e as consciências mudam conforme você se aproxima. Você é bem recebido a essa distância?

Veja se consegue encontrar uma camada de proteção ou defesa conforme você avança. Se você perceber alguma, passe por essa camada e peça permissão internamente para entrar no espaço pessoal de seu parceiro. Bem lentamente, continue a se aproximar.

Quando você tiver percorrido todo o caminho, faça contato com seu parceiro e expresse sua gratidão. Passem um tempo dividindo o que cada um sentiu.

Em seguida, mudem os papéis de forma que o Parceiro 2 sinta enquanto se movimenta lentamente, e o Parceiro 1 continua parado, aberto à interpretação.

Quando sentir o corpo todo

Pratique o exercício Sentindo o Corpo Todo quanto mais você puder, porque o objetivo é praticá-lo automaticamente, o tempo todo. Eu o utilizo para me conectar mais profundamente com as pessoas e para captar um pouco da dinâmica inconsciente que está acontecendo entre nós. Você também pode praticar isso com os animais e as plantas. Tente com uma árvore. Recomendo que você pratique esse exercício com um grupo de amigos, alternando. Outro bom momento para experimentar isso é enquanto está andando por um supermercado. Abra seu corpo e sua consciência, e veja o que acontece.

Posso me conectar com as pessoas por meio desse exercício conforme caminho até elas ou até mesmo quando estou me aproximando de uma distância longa. Uma vez, quando estava dirigindo até uma conferência, eu me tornei aberta e analisei um professor a 120 milhas de distância, e continuei a análise até chegar à conferência. Aprendi bastante naquela viagem de duas horas.

CONECTANDO-SE COM A TERRA

Conectando-se com a Terra é um exercício poderoso para lhe permitir sentir o campo energético da Terra e se unir a ele para a cura. Nós não estamos realmente separados da Terra, e esse excelente exercício o ajudará a perceber essa verdade e se tornar mais receptivo. Como o campo energético da Terra é absolutamente curador, se você não está se sentindo bem, você pode ir lá fora, deitar no chão e observar o que acontece. Eu faço esse exercício por pelo menos dez ou 15 minutos.

Antes de começar

Esse exercício é realizado melhor ao ar livre, deitado sobre um cobertor na terra. Se não for possível sair, você pode sentar no chão de qualquer lugar, mesmo se não estiver no térreo. Se não for possível se deitar, você pode sentar em uma cadeira.

A prática

Encontre uma posição confortável virado para baixo. Com sua barriga no chão, descanse os braços ao lado, com as palmas para baixo, ou em uma posição que seja confortável (a figura 39 mostra uma posição, como um exemplo). Comece a ficar suave e abra seu corpo.

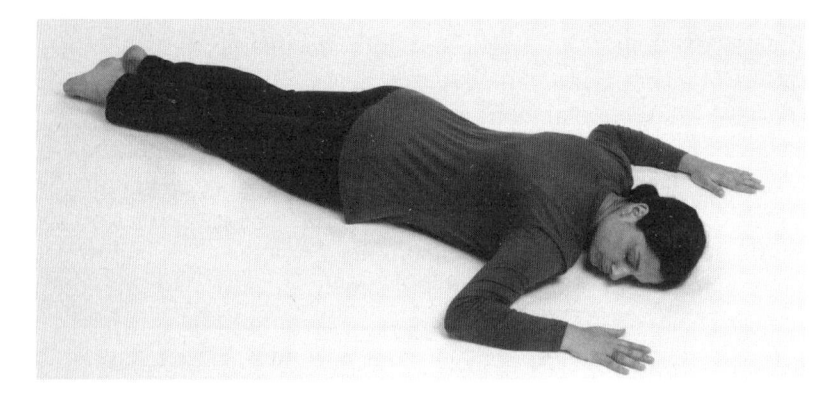

Figura 39: Um exemplo de posição para a prática Conectando-se com a Terra. Enquanto permanece nessa posição, verifique se consegue estender seu campo energético a cerca de 30 centímetros no campo energético da Terra.

Com sua respiração, verifique se consegue estender seu campo energético a cerca de 30 centímetros no campo energético da Terra. Se você estiver em uma cadeira, deixe seu corpo suave e permita que o campo energético a seus pés se una com a Terra. Observe se consegue sentir a energia que está irradiando da Terra para seu corpo. Perceba a conexão entre esses dois campos energéticos, o seu e o da Terra. Descanse nessa posição por alguns minutos e prolongue essa abertura.

Se sua cabeça não está virada para um lado, faça isso e descanse sua orelha no chão. Se você está sentado em uma cadeira, apenas direcione sua atenção à sua orelha. Verifique se consegue ouvir algo vindo da Terra. Agora, vire sua cabeça de forma que a outra orelha fique no chão, ou direcione sua atenção para a outra orelha, e escute novamente.

Com cada respiração, veja se consegue trazer o campo energético da Terra debaixo de você para seu corpo durante a inspiração. Na expiração, veja se consegue fornecer parte de seu campo energético para a Terra. Você está suavizando os limites de sua aura e a unindo ao campo da Terra. Permita que sua conexão com o que está debaixo de você se aprofunde. Se você estiver carregando alguma coisa que não queira mais – uma grande preocupação, dor ou dificuldade, talvez –, entregue isso à Terra.

Quando estiver pronto, fique de costas. Feche os olhos e abra seu corpo e o campo energético de suas costas. Novamente, perceba o campo energético da Terra embaixo de você e sinta onde seu campo energético o encontra. Conduza o campo energético da Terra embaixo de você para seu corpo enquanto inspira, e com cada expiração transmita sua energia para a Terra. Respire mais um pouco, dispersando na Terra qualquer coisa que você não quer mais carregar. Quando estiver pronto, abra os olhos e termine o exercício.

PERDÃO

Não podemos explorar a receptividade e a cura pela energia sem falarmos sobre a raiva e o perdão. A raiva, o maior dreno no corpo energético que conheço, geralmente é armazenada muito profundamente nos tecidos e no corpo energético. Na tradição Ho'oponopono, os havaianos acreditam que a família inteira esteja envolvida em uma doença e que o perdão dentro da família pode recuperar a saúde da pessoa doente. A doença é compreendida como uma expressão do conflito dentro da família.

Quando comecei a explorar o perdão há muitos anos, recorri a uma meditação e percebi que a resposta e a fórmula para o perdão estão na palavra. É o momento *para dar*. É geralmente uma parte de seu coração ou amor que você esteve retendo por causa de uma circunstância dolorosa. Debaixo da raiva geralmente está a dor. O perdão é a forma como recuperamos nossa humanidade, e ele proporciona o equilíbrio instantâneo a certos aspectos de nosso corpo energético. Ele permite que o corpo energético se torne mais expansivo. É simples perdoar, embora não seja fácil. Tudo o que você deve fazer é deixar a postura de certo/errado. Sinta a dor, e depois a deixe sair. Essa é uma arte que requer a vida inteira para ser praticada.

MEDITAÇÃO METTA

Vamos utilizar a Meditação Metta, uma forma de meditação bondosa baseada no Budismo, para começar a praticar como o perdão é sentido no corpo. Mantenha as palavras perto de você enquanto pratica a meditação.

Antes de começar

Escolha alguém com quem você está tendo um pequeno grau de dificuldade. A primeira vez em que você fizer essa meditação, vai querer executá-la facilmente, então decore a descrição. Depois que você souber a meditação bem, poderá praticá-la com as pessoas e situações quando o perdão estiver mais difícil.

A prática

Sente-se confortavelmente em uma cadeira com o texto da meditação de quatro estrofes por perto. Depois que você o decorar, repita-o com os olhos fechados. Você pode dizer as palavras em voz alta ou em silêncio, repetindo-as internamente. Na primeira estrofe, falaremos de nós mesmos, então recite as palavras para você. Na segunda estrofe, evoque um sentimento e uma imagem de alguém que você ame. Recite a estrofe para essa pessoa. Na terceira estrofe, evoque um sentimento e uma imagem de alguém com quem você esteja tendo dificuldades. Na quarta estrofe, evoque um grupo em comum que esteja envolvido na dificuldade, como uma família, um local de trabalho ou todos os seres vivos.

Repita quatro vezes cada estrofe a seguir.
Que eu possa estar em paz.
Que meu coração possa permanecer aberto.
Que eu possa despertar a luz de minha própria verdadeira natureza.
Que eu possa ser curado.
Que eu possa ser uma fonte de cura para todos os seres.

Evoque em sua consciência alguém que você ama.
Que você possa estar em paz.
Que seu coração possa permanecer aberto.
Que você possa despertar a luz de sua própria verdadeira natureza.
Que você possa ser curado.
Que você possa ser uma fonte de cura para todos os seres.

Evoque em sua consciência alguém com quem você está tendo dificuldades.
Que você possa estar em paz.
Que seu coração possa permanecer aberto.
Que você possa despertar a luz de sua própria verdadeira natureza.
Que você possa ser curado.
Que você possa ser uma fonte de cura para todos os seres.

Agora, evoque em sua consciência um grupo, um sistema ou todos os seres vivos.

Que nós possamos estar em paz.
Que nossos corações possam permanecer abertos.
Que nós possamos despertar a luz de nossa própria verdadeira natureza.
Que nós possamos ser curados.
Que nós possamos ser uma fonte de cura para todos os seres.

Antes de abrir os olhos, perceba alguma sensação que você pode ter em seu corpo a partir dessa meditação. Após essa verificação, abra os olhos e retorne ao recinto. Observe se você se sente mais expandido ou mais contraído após essa prática.

Depois de praticar as quatro estrofes quatro vezes, você pode colocar de lado a meditação até o dia seguinte.

Quando usar a Meditação Metta

Recomendo que você use essa prática diariamente por nove dias quando estiver tendo dificuldades com alguém. Você perceberá uma transformação em si mesmo após nove dias, ou geralmente muito antes. Quando comecei com essa meditação, eu não concordava com as palavras, mas a realizei mesmo assim. Descobri que, mesmo apesar de eu não me alinhar exatamente com essas palavras, a meditação funcionava muito bem. Achei que a outra pessoa havia mudado. Depois percebi que alguma coisa dentro de mim havia mudado para fazer a outra pessoa parecer diferente. É por isso que eu gosto tanto dessa prática.

Capítulo 9

Presença e Despertar

*"Não existe Shiva nem Shakti
Na iluminação, e, se existe algo
Que resta, isso que existe
É o único ensinamento"*
Lalla, *Naked Song*

Presença é estar ciente do campo energético e respondendo a ele – testemunhando, observando e servindo a ele. Acredito que a presença é simples: é estar conectado no momento ao campo de energia unificado ou campo de energia xamânico em diferentes níveis. Como explicado no capítulo 2, o campo energético em si é a consciência; é o campo da consciência. Quando falamos sobre "nossa consciência", estamos falando sobre o campo da consciência ao qual temos acesso no determinado momento. Quanto mais estamos conectados ao campo energético, mais temos acesso à consciência.

Presença é a qualidade de estar conectado a alguma coisa maior e estar centrado nessa conexão mais do que nos campos de "eu e meu", julgamento e comparação. É perguntar: "O que quer acontecer?" e se conectar ao que está presente no momento em vez de perguntar: "O que eu quero que aconteça?" e estar desconectado do momento. A presença é palpável; podemos sentir quando estamos conectados ao campo da consciência, e sabemos quando outra pessoa também está. Quando estou fazendo uma apresentação ou ensinando, algumas pessoas dizem que consigo enxergar através delas, que eu sei o que está acontecendo com elas. Acredito que elas estejam falando da presença. Embora muitas vezes eu consiga dizer o que está acontecendo com alguém, não adentro seu campo áurico ou energético para interpretá-las. Em vez disso, extraio a energia do local (traduzida como imagens, sentimentos, visões, sensações ou conhecimentos) e me dirijo ao que vem à minha consciência. Meus olhos estão presentes; eles fitam uma pessoa enquanto estou me direcionando à questão que vem à minha consciência, e geralmente a informação vibracional vem da pessoa. Ainda assim, eu, Ann Marie, não associo a imagem que estou usando ou a história que estou contando a uma pessoa específica no local, porque não concentro minha atenção nas especificidades de cada indivíduo. Em vez disso, permito me abrir à consciência no local e trabalho com o campo da consciência. Permito que a presença trabalhe, e vou junto nessa viagem.

Quando estou ensinando, fico com um *notebook* ao lado, porque geralmente é pelo ensinamento que eu aprendo novos conteúdos. Existem conexões que faço e traduções de verdades que eu sei que vêm apenas como respostas às perguntas dos alunos e à estimulação de uma energia do campo energético unificado que precisa ser comunicada.

PRESENÇA: ESTAR CONECTADO AO CAMPO ENERGÉTICO DA CONSCIÊNCIA

Como aluna, por anos testei como bons professores, em todas as profissões, trabalham com a presença. Eu me sentava para assistir à aula de um bom professor, um que estivesse presente e conectado, e fazia minha pergunta internamente. Com muita frequência, ele se direcionava à questão deliberada e especificamente.

Uma vez, por exemplo, eu estava observando a palavra *avatar* (anos antes de o filme *Avatar* ser lançado). Com "observando" quero dizer que estava prestando atenção à forma como a palavra ficava surgindo em minha vida. Na primeira vez, eu estava dirigindo pela rua com algumas amigas e quis desesperadamente parar e olhar um vestido que vi em uma vitrine. Nós demos a volta com o carro e entramos na loja. Eu vi o vestido, que no fim era tamanho zero – muito pequeno para mim. Então olhei a etiqueta – Avatar era o nome da marca. Comecei a pensar o que significava a palavra no sentido espiritual e por que eu tinha ficado impressionada com ela. Uma semana depois, uma revista foi entregue em minha casa pelos correios – uma revista intitulada *Avatar*. Talvez eu tenha constado em uma lista de mala direta e recebi uma cópia gratuita. Logo depois, a palavra apareceu uma terceira vez, então comecei a pesquisar sobre *avatar* e o que essa palavra significava.

Pouco tempo depois, quando eu estava com uma professora hindu, transmiti minha pergunta silenciosa: "O que é o estado de avatar no desenvolvimento espiritual e como alguém o alcança?". Transmiti isso a ela como um pensamento energético em vez de fazer a pergunta verbalmente no grupo, um pouco porque eu estava tímida e um pouco porque estava testando se conseguia transmitir a pergunta e se ela conseguiria interpretá-la e respondê-la. Ela olhou bem para mim em um ponto da noite e disse: "O estado de avatar é alcançado quando sua vida pessoal é a mesma que sua vida espiritual, quando seus relacionamentos pessoais também estão alinhados com esses princípios". "Os princípios", para mim, são aqueles da energia e da consciência, não o sentido comum espiritual da palavra *princípios*.

Um exemplo impressionante da presença aconteceu comigo em relação a um curandeiro da África Ocidental. Eu ofereci o uso de minha casa e de minha piscina para um amigo que estava hospedando esse curandeiro. Ele faria uma cura africana na água, então eles iriam usar minha casa enquanto eu e minha família estávamos em férias de verão. Eu estava triste porque não iria conseguir conhecer o curandeiro, mas sabia que não podia, porque não daria tempo. Quando estava arrumando as coisas para partir, fui atraída para minha sala de cura. Entrei e realizei uma cerimônia para recebê-lo e oferecer a ele todos os recursos da terra e do espaço para seu trabalho. Quando eu estava saindo do espaço de cura, imaginei sua aparência. Também imaginei se ele conseguiria receber minha cerimônia de recepção quando adentrasse essa sala.

Bem cedo na manhã seguinte, parti por duas semanas. Quando retornei e fui para a sala de cura, havia um cartão me esperando, um bilhete do curandeiro. Ele dizia como tinha conseguido sentir a recepção e a oferta de todos os recursos da terra e do espaço no momento em que adentrou a sala. Ele me agradeceu e deixou uma foto dele. Eu fiquei emocionada por ele ter respondido às duas perguntas. Gosto muito de interagir com os xamãs, pessoas com esse grau de habilidade, assim: através do campo da consciência.

O motivo de eu e esse curandeiro da África Ocidental termos conseguido nos conectar é que a consciência e a energia são externas, o que significa que elas não residem dentro do corpo, e os pensamentos viajam no campo da consciência como uma vibração. É por isso que muitas vezes conseguimos sentir ou saber o que está acontecendo com alguém quando estamos distantes.

Aprendi com um de meus professores, o dr. Brugh Joy, que eu podia transmitir perguntas para ele a distância. A primeira vez que fiz isso foi inesquecível. Transmiti perguntas a ele na noite anterior de um *workshop* do qual eu iria participar em um final de semana. Eu saí, fiquei quieta, conduzi a energia através do chacra raiz e do segundo chacra para o coração, tornei-me tão vulnerável quanto se estivesse realmente sentada diante dele, e fiz três perguntas.

Na noite seguinte, quando estávamos todos sentados para o começo da conferência, o local ficou em silêncio. Sendo o professor extraordinário que ele era, Brugh não apenas respondeu às minhas perguntas, mas também me ensinou ainda mais com sua resposta. Ele começou a falar para o grupo: "*Antes* de começarmos, quero abordar...", e então ele respondeu às três perguntas que eu fiz. Fiquei de queixo caído. Ele não só respondeu às perguntas, mas também me mostrou que essa prática de fazer perguntas a distância funciona. Essa se tornou minha prática comum com Brugh; eu transmitia minhas perguntas seguintes antes de uma conferência, e ele as respondia durante a primeira noite desses encontros. Era maravilhoso.

Projetar perguntas a um professor é muito útil, mas na verdade é o campo energético que está respondendo às perguntas. O aluno está perguntando ao campo da consciência, e o bom professor está respondendo ao campo. Como os pensamentos são vibrações, *qualquer um* pode responder uma pergunta que transmitimos; mesmo quando enviamos a pergunta a uma pessoa específica, não se surpreenda se outra pessoa, de repente, respondê-la a você. Hoje em dia, transmito minhas perguntas ao campo da consciência, e alguém ou alguma coisa sempre aparece para responder à pergunta, seja no momento ou meses depois. É ao campo da consciência que estamos perguntando, seja quando perguntamos através da consciência de um professor ou da nossa. O campo está despertado, e nós despertamos ao entrar em contato com ele.

Quando observamos o campo da consciência, estamos não apenas observando isso, mas também nosso desenvolvimento e o que o campo está nos oferecendo para nosso próximo passo de conhecimento e despertar. As coisas se tornam visíveis para nós quando nossa psique está pronta para o próximo nível de consciência, e percebemos ou vemos algo, como fiz quando a palavra *avatar* surgiu em minha vida.

Em uma conferência realizada por mim e pelo dr. Lewis Mehl-Madrona no México, o conceito de que o campo responderá às perguntas foi explorado. A maneira como alguém observa o campo de energia invisível e a cura, e como alguém responde a ele e interage com ele, foi discutida. Exploramos o conceito de que é o campo da consciência, junto com nossas próprias psiques, que está fazendo o trabalho, não o professor ou o aluno. O professor detém a consciência do que o campo energético está indicando ao estudante, até o estudante conseguir fazer isso por si mesmo. Alguns dos participantes da conferência começaram a trabalhar com esses conceitos.

Um dia, estávamos em uma excursão na vila de pescadores local, e um grupo de motociclistas mexicanos chegou em suas motocicletas, vestidos com roupa de couro. Um dos motociclistas tinha uma citação da Bíblia em sua motocicleta. Eu a copiei rapidamente e nós observamos em grupo. A citação era de Romanos 1:20, e é basicamente sobre como a maior parte da criação é invisível. Dois dias depois, o grupo saiu para tomar café da manhã sem mim e sem Lewis. Quando eles retornaram, irromperam pela porta. "Vocês não vão acreditar no que acabou de acontecer! Enquanto estávamos tomando café, um homem foi até nossa mesa e disse: 'Tudo o que é importante é invisível', e depois ele foi embora!" Esse homem não era o motociclista – era uma pessoa que falava inglês e que estava andando pelo restaurante.

Desenvolver uma relação com o campo energético da consciência começa com o corpo e com a energia do corpo. Para muitos, começa com uma série de ensinamentos, mas os ensinamentos isolados não são o suficiente. Os ensinamentos são um bom começo, mas, sem a experiência, não adquirimos a percepção da realização. Acredito que o caminho para o despertar é mais rápido por meio do corpo porque os acontecimentos energéticos são mais fáceis de ser aprendidos do que muitas sabedorias espirituais. As sabedorias vêm da energia; então, uma vez que se aprende a energia, as sabedorias se tornam uma ação natural. "Seja misericordioso" é um grande ensinamento, mas se tornar misericordioso pode ser difícil. Conectar-se com a energia do coração facilita isso. Apesar de não podermos viver no centro do coração o tempo todo, podemos entrar em contato com ele diversas vezes ao longo do dia.

Em qualquer momento, existem mais informações chegando a nosso campo energético do que podemos lidar. Para as informações fazerem sentido, precisamos selecioná-las ou filtrá-las. Direcionar nossa atenção a nossos corpos, *dan tiens*, chacras e até mesmo sensações diferentes é um forma de modificar nosso filtro para recebermos mais informações ou informações diferentes. *Modifique seu filtro, modifique seu mundo.* Na verdade, não é o mundo que se modifica, mas a aparência do mundo. Uma abordagem a partir de um centro ou filtro energético diferente permite informações diferentes a ser apresentadas e processadas.

A regra aqui é simples: *o aspecto que você apresenta é o aspecto que você recebe*. O aspecto que você apresenta ao campo da consciência, a um professor, a um amigo, a um parceiro, a um emprego, a um chacra, é o aspecto que você recebe de volta. Peça que o campo da consciência o ensine, e ele se tornará seu mestre; mais informações estarão disponíveis a você.

SENTINDO A PRESENÇA

Apesar de algumas pessoas conseguirem sentir a presença de forma espontânea, normalmente ela é fluida e entra e sai de momento a momento. Podemos ampliar e facilitar o processo de manter a presença usando práticas para nos tornamos mais abertos e sensíveis ao que está acontecendo e ao que quer acontecer. A quantidade de presença disponível a nós está diretamente relacionada a quantos centros ou estados de percepção podemos manter ao mesmo tempo.

No capítulo 5, iniciamos a prática de manter dois ou três estados de percepção ao mesmo tempo, o que permite uma presença mais completa do que manter apenas um estado de percepção. Brugh Joy chamava isso de "manter dois ou mais estados de consciência". Isso também pode ser chamado de acessar mais de um ponto de conexão. O ponto de conexão é o ponto da percepção onde o campo da consciência adentra o corpo e se torna informação sensorial. (No capítulo 4, discutimos que o ponto de conexão fica atrás do coração na tradição xamânica dos yaquis.)

Movimentar a energia requer dois pontos de foco, então manter dois estados de consciência ou usar dois pontos de conexão (dois pontos de percepção) permitirá que a energia de seu próprio corpo sutil se conecte com a energia do campo da consciência maior, fazendo com que sua energia se torne viva e em movimento. Manter mais de um ponto possibilita que a *consciência* ou a *presença* do campo energético unificado vivo e desperto desenvolva um relacionamento conosco. A presença "de corpo inteiro" ocorre quando estou conectada ao campo unificado em pelo menos dois centros principais, tais como o coração e o *dan tien* inferior. Se consigo manter três centros – o *dan tien* inferior (vitalidade), o chacra do coração ou *dan tien* médio (o campo coletivo do amor e da consciência) e o *dan tien* superior (visão nítida) –, e os três ficarem em sincronia e conectados, a presença é poderosa. Essa presença é o que as pessoas geralmente sentem que é enxergar dentro delas.

Muito desse trabalho com a energia e a consciência do corpo tem o propósito de permitir que o ponto de conexão, o ponto de percepção, se movimente ao redor, a fim de que você possa ter diferentes experiências de vida enquanto estiver vivendo isso. Movimentar o ponto de conexão para os chacras inferiores permitiu me direcionar mais ao mundo natural. Movimentar o ponto de conexão para o coração permitiu me direcionar à cura de uma maneira maravilhosa. Movimentar o ponto de conexão para a cabeça e para cima permite que uma pessoa receba e observe a partir de uma perspectiva espiritual que está alinhada ao que chamamos de *Deus* e de céu em nossa cultura.

Apesar de nossa cultura ter enfatizado demais a espiritualidade nos centros energéticos superiores, todos os pontos de conexão são espirituais; eles estão todos conectados ao campo coletivo da consciência ou espiritualidade. Na dinâmica da Nova Era, consideramos as pessoas que têm "vibrações mais elevadas" – significando aquelas que estão conectadas aos chacras superiores ou ao *dan tien* superior – como melhores e mais iluminadas, embora isso não seja exato. Faz sentido que recorramos à vibração mais elevada dos chacras superiores porque os chacras inferiores estão relacionados à sobrevivência, à vitalidade, ao sexo e à morte – esferas que as dimensões espirituais desaprovam. No entanto, vibração *mais elevada* não significa melhor ou mais desenvolvido. As vibrações mais elevadas são, às vezes, mais difíceis de ser desenvolvidas, e talvez seja por isso que nós as "procuramos" nas tradições espirituais. Pense em uma sinfonia: tire as notas do baixo, e alguma coisa se perde. Com muito baixo, não conseguimos ouvir a flauta. Tire as notas do baixo, as vibrações inferiores, e terminamos muito domesticados, desconectados da informação que vem do mundo natural através do chacra raiz. Apesar de eu gostar das vibrações mais elevadas dos chacras superiores, precisamos das vibrações de *todos* os chacras. Que tal deixar toda a sinfonia tocar? Para começar, que tal manter três notas de vibração ao mesmo tempo: inferior, coração e superior?

Como já disse, uma razão pela qual nos direcionamos a vibrações mais elevadas é que as vibrações inferiores, como o bumbo, podem abafar os tons superiores. As vibrações inferiores – a vitalidade, a segurança e o sentimento – são tão sobrecarregadas que precisamos inicialmente bloqueá-las para desenvolver nossa sensibilidade para as sutilezas dos chacras mais elevados. Com a prática, podemos acompanhar múltiplas vibrações. Meu desejo é que você aprenda toda a escala, inferior e superior, e não considere uma mais que a outra. Um bom músico toca a escala inteira. O coração tem o campo mais forte para a cura; então, se você se concentrar em apenas um centro, que este seja o coração. Você pode expandir sua gama com o tempo.

Acredito que, quando os professores discutem sobre se direcionar a uma vibração "mais elevada", eles estão se referindo a uma vibração mais nítida – uma que seja nítida e livre dos fragmentos ou bloqueios inconscientes no campo energético ou na aura. Conflitos e bloqueios não resolvidos no corpo energético enfraquecem a quantidade total de vibração e impedem o fluxo de energia. Isso tem impacto na força do campo energético de uma pessoa, que resulta em uma vibração que não é tão forte. Além disso, o tamanho da aura que irradia de uma pessoa não é tão grande ou expansivo como poderia ser. Uma vibração "mais elevada" realmente significa uma vibração mais nítida, com menos interferência de conflitos não resolvidos.

Nós nos deparamos aqui com o *conhecimento direto*, que significa acessar a sabedoria da energia e o campo da consciência com ou sem uma religião, um professor, um interpretador ou um tradutor. Embora seja necessário um professor ou guia, em certos estágios, para aprender essa habilidade e desenvolver o conhecimento direto, isso pode começar com o corpo e o corpo energético. Quando aprendemos a interpretar a realidade no plano da energia, a energia pode ser nossa chave para o conhecimento direto. Interpretar o campo da consciência começa com a observação da realidade no plano da energia e com a confiança de que estamos em nosso caminho com uma conexão direta a ele. As duas práticas seguintes são instrumentos para expandir nossa habilidade de observar o campo energético unificado e para fortalecer nossa confiança em nossa conexão com ele.

VISÃO SUAVE

Nosso ambiente pode começar a se relacionar a nós como nós nos relacionamos a ele. Brugh Joy me ensinou a Visão Suave, uma prática que pode permitir muito mais informações – e diferentes informações – a se apresentarem à nossa consciência. Embora Brugh tenha me ensinado essa técnica, você pode encontrá-la em muitas tradições espirituais.

A Visão Suave é a arte de ver o que está à sua volta com um olhar um pouco fora de foco. Você pode começar a ver a energia, as auras ou apenas o mistério do que está à sua frente. É necessário atenção para não se focar muito, apenas permitir à coisa, planta, pessoa ou paisagem começar a se ativar. Fazemos isso suavizando nosso olhar para uma visão brilhante ou suave, em vez da visão normal e focada que empregamos para a compreensão. A Visão Suave permite que os limites de nossa visão fiquem indistintos, de forma que não vemos os detalhes, mas uma visão suave e menos delineada do que estamos observando. Eu acho engraçado como a Visão Suave acontece naturalmente. Conforme envelhecemos e precisamos de óculos de leitura, vemos menos detalhes e mais a visão geral, mais a Visão Suave. A Visão Suave é uma visão mais expansiva, e o que estamos observando pode começar a brilhar e se transformar.

A prática

Sente-se em silêncio e pratique olhando suavemente, de uma forma que mantenha seus olhos um pouco fora de foco. Abrande sua mente também, sem formar totalmente cada pensamento do que seja. Esse é um ponto mais receptivo da consciência – menos filtrado e menos permeável. A receptividade permite que mais coisas cheguem a você pelo ambiente e pelos arredores. Você pode até perceber que o que você está observando se torna mais ativo ou vivo.

Tente fazer a Visão Suave de 30 minutos a uma hora pela primeira vez. Gosto de usar um cronômetro para a mente não precisar ficar pensando em quanto tempo passou. Faça a Visão Suave até você sentir que o tempo parou, até sentir a relação com o que está à sua volta. Tente olhar para as coisas na natureza conforme você pratica a Visão Suave. Depois, tente isso com a família e os amigos. Você pode ficar surpreso com o que acontece. A Visão Suave é a passagem para ver auras e a energia. Isso é uma arte, então você deve praticá-la.

Você pode perceber que as coisas começam a se transformar; você pode entrar em um pequeno transe ou em uma consciência incomum. O mundo à sua volta pode começar a se comunicar de alguma forma. Não se surpreenda. Lembre-se de que você está traduzindo vibrações em algo que faz sentido, então pode parecer que uma planta está falando com você, ou você pode ver algo de uma maneira diferente.

Audição Suave, Mente Suave, Corpo Suave

Uma vez que você tenha praticado a Visão Suave, você pode tentar a Audição Suave, a Mente Suave e o Corpo Suave, que são similares à Visão Suave.

A Audição Suave é a habilidade de escutar o fluxo e ritmo do que você está ouvindo, como se estivesse escutando por baixo das palavras. A Audição Suave envolve menos diferenciação, menos julgamento, menos discernimento de certo e errado. É um estado receptivo. Um excelente exemplo da Audição Suave é a história que eu contei no capítulo 6 de meu amigo que estava fazendo um desabafo – mesmo assim ele transmitiu uma energia curadora. Quando você suaviza sua audição, é como se estivesse ouvindo cuidadosamente, escutando a energia por baixo dos barulhos ou tons específicos que você está ouvindo. Você quer ouvir com todos os seus sentidos disponíveis que interpretam a energia – debaixo da visão, debaixo dos ouvidos, debaixo da mente. A Audição Suave é a chave para ouvir o campo da consciência. Tente fazer a Audição Suave da próxima vez em que você estiver ouvindo alguém dizer algo de que você não goste ou algo com o qual não concorde. Veja quais outras informações se tornam disponíveis para você por baixo das palavras da pessoa. Eu utilizo a Audição Suave em meu jardim para descobrir quais plantas precisam de atenção ou água extra em determinado dia.

A Mente Suave significa passar menos tempo discernindo ou julgando o que estamos percebendo, para podermos receber uma visão geral do que está sendo delineado e presenteado. A Mente Suave procura padrões prioritários de consciência em vez de tomada de decisões ou julgamento, e é a passagem para pensamentos proibidos – aqueles que transformam nosso pensamento em recipientes ou estruturas maiores.

Quando você pega o jeito da Visão Suave, da Audição Suave e da Mente Suave, pode tentar o Corpo Suave. Começamos a usar o Corpo Suave com o exercício Sentindo o Corpo Todo, do último capítulo. O Corpo Suave é a prática de suavizar os limites da sensação no plano do corpo, assim como fizemos no exercício Sentindo o Corpo Todo. Quando você se tornar mais confortável com essas práticas, poderá até descobrir outros aspectos de sua consciência se suavizando.

Aprender a consciência suave é parte de muitas tradições de mistério. Na verdade, o motivo pelo qual algumas tradições utilizam certas substâncias de plantas alteradoras de consciência é que elas fornecem um bom acesso ao campo energético unificado. No entanto, com as substâncias das plantas, você não pode interromper o processo por vontade própria. Usando a Visão Suave, a Audição Suave e a Mente Suave, você é capaz de sair da consciência incomum e retornar para sua vida diária quando precisar. Novamente, não se surpreenda se o mundo à sua volta começar a se comunicar de alguma forma.

CONCENTRAR, ABRIR E PERMITIR

Concentrar, Abrir e Permitir é uma prática do programa de treinamento de quatro anos que eu tive com Brugh Joy. Cada um de nós utiliza a atenção concentrada de nosso próprio jeito; ter a estrutura de uma prática é importante. Quando você for capaz de sentir e movimentar a energia no corpo, pode começar uma prática de consciência concentrada. A energia é consciente; a energia é consciência e presença. Essa prática de Concentrar, Abrir e Permitir propiciará o acesso aos ensinamentos diretos que o campo da consciência tem a oferecer. Isso é feito com gratidão e curiosidade, sem nenhuma meta ou objetivo final desejado. Isso é importante. Não tente *fazer* algo com essa prática; em vez disso, utilize-a para aprender sobre as coisas. Você pode praticar Concentrar, Abrir e Permitir com as coisas na natureza, os animais e até mesmo com as pessoas, mas você só aprenderá aquilo que estiver pronto para ver. Como tudo é constituído de energia, você pode utilizar essa prática com objetos inanimados, mas sugiro que comece com coisas vivas e animadas primeiro.

A prática

Com seus olhos, concentre a atenção em alguma coisa. É mais fácil começar com algo na natureza, como uma árvore ou uma planta. Alinhe-se com seu *dan tien* inferior, seu centro de vitalidade. A partir desse *dan tien* ou de seu segundo chacra, conduza o desejo de se conectar e aprender com seu objeto de foco. Sinta seu desejo ou anseio de se aprofundar naquilo em que está concentrado. Esse desejo não é "Eu quero"; é literalmente um desejo ou anseio de aprender ou se conectar com algo mais. "Eu quero" vem do terceiro chacra; o desejo e o anseio são mais primários, eles vêm do *dan tien* inferior ou do segundo chacra.

Perceba a energia da região do chacra raiz e do segundo chacra. Conduza-a até seu coração e deixe-a se expandir um pouco. Depois, conduza-a até a cabeça com uma concentração. Você sentirá a concentração na região dos olhos e os utilizará para expressar essa energia para fora de seu corpo. Direcione-a para aquilo em que você quer se concentrar no ambiente. Não se detenha aqui.

Depois, abra seu campo energético e seu corpo, e *permita*. Abra todo o seu campo; experimente seu corpo e sua energia se abrindo como um livro ou se tornando mais permeável. Relaxe realmente e se abra para o silêncio e para a audição. Use a Mente Suave, a Audição Suave e a Visão Suave na parte de *permitir* desse exercício. Aquiete a mente e observe o que surge. Permita que aquilo que está sendo oferecido entre e se apresente. Espere em silêncio por cinco minutos – ou muito mais, se necessário. Se nada surgir, espere mais ou faça outra coisa. Uma realização ou consciência sobre aquilo em que você se concentrou irá surgir em algum momento, geralmente de surpresa.

DESPERTAR

Ouvimos muito sobre o despertar na literatura e no movimento da Nova Era. As palavras *despertar* e *iluminado* são usadas como se tivéssemos um entendimento coletivo delas. "Ele está procurando a iluminação", "Ela era um ser iluminado", "Eu experimentei um despertar", "Você se sente completamente despertado". O que é despertar ou ser despertado?

Para um observador de fora, ser despertado não parece ser muito diferente de não ser despertado. Ser despertado é uma aceitação da maneira como o mundo flui, permitindo que ele seja *como é*, em vez de tentar mudá-lo. Isso reconhece que podemos mudar apenas nós mesmos e nossa resposta para o que está acontecendo. Aprendemos quem e o que somos e servimos a esse processo.

O despertar nem sempre parece aquilo que as pessoas acham que deveria parecer. Quando você é despertado, pode aparentar o mesmo que antes, mas você se tornou presente ao momento e a quem e o que você é. Trata-se menos de mudar comportamentos – apesar de a mudança poder estar envolvida – e mais de estar conectado ao campo da consciência de uma maneira existente. A vida se torna mais sobre nossa *resposta* ao que está acontecendo do que nossa *reação* ou desejo de controlar o que está acontecendo, porque somos parte de toda a dança de energia que está vindo através de nós e à nossa volta.

Eu acredito que o despertar não seja um estado estático, de liga e desliga. Não é uma moeda com dois lados: despertado e não despertado. O despertar é uma sequência contínua em que você pode permanecer aprofundado durante toda a sua vida. Você pode se tornar cada vez mais conectado ao campo da consciência. Essa conexão não é o dia todo ou nunca; geralmente está ativada por umas horas e talvez esteja desativada por uma hora. É estar conectado em dois estados, depois três, depois até quatro estados, até você estar despertado ou conectado por pelo menos dois centros a maior parte do tempo. Os mestres permanecem despertados completamente o tempo todo.

Como você pode continuar a acrescentar pontos de conexão, nossa posição na sequência contínua do despertar muda com o tempo. O que estamos buscando no fundo é ser mais completamente humanos, da raiz até a coroa. Há sete (ou mais) camadas de consciência. Viver a vida realmente significa estar despertado, como um aluno, para cada camada da consciência e responder à vida a partir de cada uma dessas camadas. Quando existe um conflito, encontre toda a consciência possível ou presente e escolha como viver a partir de uma perspectiva maior. Como eu mencionei na Meditação dos Chacras, cada centro energético é um degrau em uma escada da consciência, e todos os degraus nos oferecem uma perspectiva única. Você deve se perguntar: "Eu estou despertado no chacra raiz? Eu estou despertado no segundo chacra, no terceiro chacra, no quarto chacra, no quinto chacra, no sexto chacra e no chacra da coroa?". Quais de nossos centros energéticos, nossos pontos de conexão, estão despertados ou presentes na vida varia. Para mim, há momentos em que o campo da consciência está mais presente e vem com mais nitidez, e eu consigo sentir uma conexão maior. Há dias em que não estou conectada, e então sigo meu dia ou utilizo uma prática para me tornar mais despertada – qualquer prática que abra o fluxo energético e me coloque em contato com dois ou mais estados de consciência ao mesmo tempo. A maioria das práticas deste livro pode conduzi-lo a múltiplos estados de consciência.

O despertar, para mim, é estar ciente do fluxo da vida e compreendendo que a energia é consciente. Quando tivermos esse entendimento, perceberemos que cada acontecimento em nossas vidas vem curar ou conduzir algo de volta à sua integridade original. A integridade é a chave. Quando você está no fluxo de energia e conectado ao campo da consciência e ao campo energético unificado – quando você está na presença –, o despertar acontece, e você percebe que as coisas começam a acontecer ao seu redor. Aprenda com suas experiências. Observe as consequências de seus pensamentos, não apenas de suas ações, pois os pensamentos também transmitem energia. Mantenha-se conectado a tantos centros ou pontos de percepção quanto for possível. Fique aberto e presente, e continue a ser um aluno. O restante será revelado.

Capítulo 10

Técnicas Energéticas para Sintomas Específicos e Diagnósticos Médicos Convencionais

"De onde eu vim, e como?
Para onde estou indo?
Eu saberei o caminho?"
Lalla, *Naked Song*

Sou frequentemente solicitada para fazer diagnósticos energéticos e prescrever práticas específicas de cura pela energia baseadas em diagnósticos médicos convencionais. No entanto, diagnósticos médicos convencionais não podem ser traduzidos automaticamente em diagnósticos de cura pela energia, porque os modelos não se correlacionam exatamente. Apesar de muitos terapeutas energéticos quererem dizer que "este" diagnóstico convencional precisa "desta" técnica de cura pela energia, a diferença entre os paradigmas significa que assinar uma "prescrição" de cura pela energia não é tão simples. Um dos grandes equívocos ou erros de tradução que eu observo entre a cura pela energia e a medicinal ocidental convencional é na transferência literal dos diagnósticos.

Os diagnósticos da medicina ocidental não se correlacionam com aqueles da medicina energética porque elas são dois paradigmas diferentes de saúde e de cura. Cada corpo físico tem uma *constituição energética* diferente, que influencia como os bloqueios se manifestam no corpo energético e levam a doenças. Deixe-me explicar cada um desses conceitos mais detalhadamente.

Se eu não puder me sentar com as pessoas e sentir a energia em seus corpos, não é possível dar-lhes um diagnóstico de cura pela energia preciso, mesmo se elas já tiverem recebido um diagnóstico médico convencional. Isso também é verdadeiro com a medicina convencional – um diagnóstico convencional não pode ser feito se baseando em apenas um sintoma. Um sintoma ou um conjunto de sintomas está associado a uma lista de diagnósticos diferenciais (possíveis) até mais informações serem extraídas por meio de um histórico completo, de um exame físico e geralmente por vários tipos de testes. Um ataque cardíaco é um grande exemplo; as pessoas sentem os sintomas de um ataque cardíaco de forma diferente, e é por isso que ele é difícil de ser diagnosticado apenas pelos sintomas. Na verdade, os ataques cardíacos muitas vezes são confundidos com azia, um processo de doença diferente com sintomas bem semelhantes. Utilizamos testes de laboratório para diferenciar os dois diagnósticos e imagiologia médica para descobrir a gravidade.

Todos nós entendemos a ambiguidade sobre a causa dos sintomas na medicina convencional. No entanto, muitas pessoas, especialmente aquelas nos estágios iniciais de entendimento do paradigma de cura pela energia, querem um diagnóstico energético específico para correlacionar com um sintoma específico ou um diagnóstico convencional, apesar de essa correlação não ser exata. O mesmo método de diagnóstico se aplica à cura pela energia como é feito na medicina convencional: ela requer um histórico e um exame ou avaliação de energia. Todas as sutilezas do corpo energético e os sintomas devem ser levados em consideração. Geralmente precisamos nos consultar com um terapeuta que possa sentir o bloqueio, ou devemos observar nosso próprio movimento energético e depois utilizar técnicas, como as que estão contidas neste livro, para ter uma noção de onde está localizada a obstrução energética mais profunda e subjacente. Da mesma forma que a medicina convencional incorpora diversos fatores para fazer um diagnóstico, o paradigma de cura pela energia considera muitos fatores diferentes, incluindo alguns que a medicina convencional pode não considerar.

Outra razão pela qual os diagnósticos médicos ocidentais não podem corresponder diretamente aos diagnósticos de cura pela energia é que muitas doenças físicas são o resultado de diversos bloqueios no campo energético, e esses bloqueios são influenciados por nossas constituições energéticas individuais. Como você se lembrará do capítulo 1, muitas doenças começam com um único bloqueio ou obstrução de energia em algum local no corpo energético ou no corpo físico. Essa obstrução, que nunca é completa, mas sim parcial, causa um fluxo de energia lento ou uma complicação no fluxo energético natural e saudável. O excesso de energia que não pode fluir pelo canal energético tem de ir para algum lugar, então isso cria um novo canal energético ou uma obstrução de energia na região atrás do bloqueio. Com o tempo, uma obstrução pode causar outras obstruções ou transbordamentos de energia no corpo. Os cânceres e outras doenças sérias resultam de pelo menos dois bloqueios no corpo persistentes ao longo de um ou dois anos, ou até por mais tempo.

Nossa constituição genética e nossa constituição energética desempenham papéis sobre como e quais bloqueios são formados. Originalmente, nascemos com uma representação energética que vem de nosso mapa genético (nosso DNA). A genética do feto é o mapa para o crescimento do corpo energético e dos órgãos físicos. Parte da manifestação do material genético é afetada pela energia externa, pelos medicamentos, pelas toxinas e outras informações que o feto recebe no útero.

Essa representação energética é parte do aspecto constitutivo de um indivíduo, tanto física quanto energeticamente. Muitas pessoas têm um corpo energético que se apresenta fora de equilíbrio quando estão sob estresse. Algumas pessoas ficam com dores no estômago; outras ficam com dores de cabeça. Algumas desenvolvem dores de garganta, infecções na bexiga ou tensão na mandíbula. Esse aspecto constitucional de seu corpo energético pode se apresentar repetidamente durante toda a vida. Se uma pessoa nasce com uma constituição particular ou a desenvolve quando ainda é nova, isso varia de indivíduo para indivíduo. O que sabemos é que obstruções energéticas antigas podem causar padrões para toda a vida, da mesma forma como nossos genes e comportamentos podem causar futuras doenças. Esses bloqueios são profundos e antigos, requerendo um ano ou mais de trabalho energético para tratá-los e começar a recuperar o fluxo a seu estado de equilíbrio natural. Esses bloqueios antigos também afetam a maneira como nosso corpo lida com os novos bloqueios energéticos que se desenvolvem. Além de nossa constituição genética e energética, nosso estilo de vida (incluindo a nutrição) e o meio ambiente desempenham um enorme papel em nossa saúde.

Como nossa constituição energética individual, nosso estilo de vida e o meio ambiente influenciam a maneira como os bloqueios energéticos evoluem como uma doença, não podemos fazer uma correlação exata entre doenças específicas e bloqueios em centros energéticos específicos. Cada corpo também desenvolve correções ou compensações energéticas únicas para tratar as obstruções, baseadas na representação ou constituição energética inicial do indivíduo.

A história a seguir mostra como pode ser complexa e complicada essa associação de diagnóstico e tratamento entre a energia e o paradigma convencional. Um dia, no Centro de Medicina Integrativa da Universidade do Arizona, convidamos terapeutas energéticos de diversas modalidades para demonstrar sua arte para estudantes de medicina e residentes. Eu não me apresentei ao grupo de terapeutas como doutora em medicina e terapeuta energética, por causa de uma pequena falha em nossas apresentações iniciais. Descobri que essas "falhas" geralmente são uma dádiva, porque não existem erros reais pela perspectiva da energia e da consciência. Sabendo disso, eu me abri para aquilo que o campo unificado iria me revelar ou me ensinar, se fosse possível.

Quando dei uma volta para entrar em contato com os diferentes terapeutas, percebi que uma mulher, que eu não conhecia, estava livre. Subi na maca dela para me submeter a uma rápida sessão. Ela era uma incrível praticante da cura pelo toque.

Quando nossa sessão foi iniciada, ela começou a me diagnosticar. "Por que você não está estabelecida?", ela perguntou. Eu pensei comigo mesma: "Bem, eu estou organizando este evento e pensando um pouco", foi quando relaxei e centralizei minha energia em meu chacra raiz e em minhas pernas. "Assim está melhor", ela disse, e continuou a tratar de meu corpo. Em dez minutos, ela apresentou quatro diagnósticos médicos convencionais baseados no que ela sentiu em meu corpo energético. Cada vez que ela dava um diagnóstico, eu garantia que não tinha esse problema médico, e comentava sobre como as mãos delas proporcionavam uma sensação boa. Ela repetiu seus diagnósticos ocidentais: disfunção temporomandibular, constipação crônica e outros dois diagnósticos. "Nós cuidaremos desses problemas agora", ela afirmou. Eu repeti que não tinha esses problemas e também repeti que suas mãos proporcionavam uma sensação boa, o que era verdade. (Na medicina, chamamos isso que ela estava fazendo de "amaldiçoar" – sugerir aos pacientes que eles têm um diagnóstico quando, na verdade, toda a evidência não está lá. Amaldiçoar assusta as pessoas, e a mente é poderosa. Nós não podemos dar a entender que uma pessoa tem câncer se não tivermos a certeza de que há um câncer nela, como você pode imaginar. Ainda assim, esse ato de amaldiçoar acontece na medicina convencional e na medicina complementar o tempo todo.)

Depois, fiquei em um estado de transe profundamente relaxante, e observei que cada vez que a praticante de cura pelo toque me dizia que eu tinha um problema, eu a bloqueava energeticamente. Eu não queria que seus pensamentos sobre diagnósticos médicos ocidentais fizessem parte de nossa sessão de cura. Quando saí de sua maca depois de 20 minutos, refleti sobre o que aconteceu. Por que tantos diagnósticos em sua cura? O que estava acontecendo? Pensei em meus pacientes, que, sem obter o treinamento na medicina ocidental, não poderiam discernir se teriam ou não essas doenças. Pensei que se essa mulher tivesse dito: "Percebi uma energia lenta em sua mandíbula", em vez de "Há quanto tempo você sofre de disfunção temporomandibular?", eu teria tido uma experiência diferente, e ela poderia ter sido mais precisa.

Então, percebi que três dos quatro diagnósticos que ela descreveu para mim eram similares àqueles que eu observei em pacientes nos quais impus minhas mãos nos dois dias anteriores. Talvez a energia dessas sessões ainda estivesse presente em mim – talvez eu não a tivesse liberado toda – e era isso que ela estava interpretando. Essa é outra lição que eu tirei dessa experiência – que eu não estava liberando minha energia o suficiente depois de atender os pacientes. Sabendo que não havia problemas, trabalhei com a energia que ela acumulou. Sua leitura energética estava provavelmente correta, mas sua interpretação da energia como diagnósticos médicos convencionais estava confusa.

Independentemente da história dela e da minha, essa experiência demonstra que os diagnósticos energéticos não se alinham em uma correlação exata e perfeita com os diagnósticos médicos convencionais. Essa terapeuta supôs, imprecisamente, que eu tinha um processo de doença porque ela sentiu um desequilíbrio energético.

Se passarmos de um diagnóstico energético para um diagnóstico convencional rapidamente, estamos tentando alinhar dois paradigmas diferentes. Todos os profissionais de cura – terapeutas energéticos e, da mesma forma, praticantes da medicina convencional – enfrentam o desafio de observar como os paradigmas se complementam sem misturar os modelos de diagnósticos e supor correlações exatas. Uma vez, em minha prática familiar de preparação para os exames orais, havia uma questão a respeito de um paciente que chegou ao consultório solicitando extensivos testes de laboratório porque um terapeuta energético tinha diagnosticado um câncer renal. Minha tarefa durante o exame era falar sobre o que eu faria por esse paciente. É normal, quando alguém ouve as palavras *câncer renal*, querer testes de laboratório para descartar um diagnóstico de câncer, mesmo se as indicações da medicina convencional não estiverem lá (ou seja, não existem sintomas como sangue na urina). Parte do método da medicina é solicitar testes apenas quando têm uma chance melhor de detectar uma doença do que acusar um falso positivo. Testes que acusam um falso positivo podem levar a mais testes, biópsias e todos os tipos de intervenções que podem ter complicações. Então, parte do que os médicos têm de fazer é escolher a maneira como observar um diagnóstico energético (ou qualquer outro diagnóstico de medicina alternativa) do ponto de vista ocidental e como enquadrá-lo novamente se os exames ou testes não são garantidos. O que eu afirmei, e quero afirmar a você, é que, embora o paciente que queria realizar os testes de laboratório não tivesse um câncer renal, havia algo acontecendo no campo energético dele.

A CURA PELA ENERGIA COMPLEMENTA A MEDICINA CONVENCIONAL

Podemos auxiliar a cura trabalhando com o corpo energético e o corpo físico ao mesmo tempo. Na verdade, a medicina convencional naturalmente trabalha com os dois, assim como a reabilitação, a fisioterapia e medicina mente-corpo. O corpo físico e o corpo energético não estão separados; então, quando você trabalha com um aspecto, está trabalhando com o outro. Quando uma enfermidade ou patologia está estabelecida no corpo como uma doença, é prudente e importante tratá-la com a medicina convencional, que possui excelentes instrumentos para cuidar dos órgãos debilitados e das complicações. Utilizar técnicas da cura pela energia aliadas à medicina convencional acelera a cura e pode reparar algumas das complicações constitucionais da energia. Eu sou uma médica que trabalha com medicina integrativa, então utilizo a cura pela energia, remédios à base de plantas, nutrição, exercícios e técnicas mente-corpo, e encaminho meus pacientes para profissionais da MTC, da homeopatia, da medicina manual e da medicina ayurvédica.

Quando os sintomas ou doenças estão presentes, existem semelhanças suficientes entre diagnósticos energéticos e diagnósticos ocidentais aos quais podemos prescrever práticas energéticas específicas para tratar os *prováveis* bloqueios energéticos envolvidos. As pessoas muitas vezes correspondem de forma errada um diagnóstico ocidental a um bloqueio energético específico no corpo. Apesar de ser verdade que existem *pontos em comum* – certas doenças geralmente têm origem em bloqueios em regiões específicas –, os bloqueios energéticos também podem estar em muitos pontos diferentes. Por exemplo, uma dor no pé pode ser o resultado de um bloqueio no pé, no joelho ou no quadril. Você deve se lembrar de observar e trabalhar a constituição e o histórico de seu próprio corpo e corpo energético. Por favor, mantenha isso em mente enquanto lê o restante deste capítulo. Quando estou falando sobre os bloqueios que estão implícitos em uma doença ou condição específica, estou falando apenas de bloqueios *prováveis*, e as práticas sugeridas permitem que você trabalhe com as *prováveis* regiões afetadas. Você pode começar a usar as práticas sugeridas de cura pela energia para sintomas, doenças ou condições específicos, mas então precisa explorar seu próprio corpo energético por si mesmo. Consultar-se com um terapeuta energético experiente, assim como com um profissional experiente da MTC, ajudará nesse processo; esses dois terapeutas observarão diferentes camadas do corpo energético e apresentarão uma perspectiva completa.

A medicina convencional e a medicina energética são modalidades *complementares* e precisam ser tratadas assim. Use todas as modalidades de saúde e de cura à sua disposição, e use a medicina convencional como um aliado e guia para sintomas preocupantes. Apesar de ser possível transformar a doença no plano da energia ou da consciência, fazer isso é um trabalho muito intenso e difícil, e requer graça assim como habilidade. A habilidade de transformar sérias doenças físicas somente por meio da energia e da consciência nem sempre está disponível até para o mestre mais apto.

Quero contar uma história para lhe mostrar quão desafiador é se tornar totalmente apto a curar sérias doenças somente com a energia e a consciência de uma maneira reproduzível. Em uma tradição xamânica, a iniciação decisiva é se deitar em um poço com cobras cascavéis. As cascavéis correspondem ao medo e à agressão, então o iniciado deve ficar centrado no coração. Se o iniciado é picado, ele deve imediatamente se direcionar ao corpo e acompanhar o veneno energeticamente para aceitá-lo e transformá-lo por meio da energia e da consciência. O iniciado permanece no poço até as cobras morrerem, até ele morrer ou até as cobras pararem de chocalhar por dias ou ficarem tranquilas. Quando os estudantes dessa tradição xamânica passam com sucesso por essa iniciação, eles têm todos os instrumentos necessários para transformar, com confiança, as doenças com a energia, e eles são chamados de xamãs no sentido mais avançado. Você consegue imaginar? Esse não é um trabalho fácil.

Já vi pessoas transformarem *doenças sérias* somente por meio da consciência e da energia – às vezes espontaneamente e às vezes sem treinamento xamânico –, no entanto, esses casos são a exceção, não a regra. Não confie no fato de que a cura completa somente pela energia seja possível. Muitos pacientes já vieram até mim para se tratarem apenas com a energia – pacientes com diagnósticos potencialmente fatais que abandonaram a medicina convencional –, mas eles não tinham a habilidade, a graça e o treinamento para realizar o trabalho que seria exigido para transformar a doença somente por meio da energia e da consciência. Como profissional de diversas modalidades, fico com o coração partido ao ver como eles escolheram uma modalidade em detrimento da outra, quando uma combinação poderia fazer com que eles passassem pela doença e se mantivessem vivos.

Agora que forneci detalhes da natureza complementar da medicina energética e da medicina convencional, podemos explorar algumas conexões comuns e gerais entre os bloqueios energéticos e os diagnósticos convencionais e tentar trabalhar com o corpo energético em diagnósticos convencionais específicos. Felizmente, nenhum desses exercícios é prejudicial, e as contraindicações sérias são indicadas, então não há problema em utilizá-los mesmo se eles não tratarem o bloqueio primário no corpo. Eles podem tratar bloqueios secundários que tenham ocorrido como resultado do bloqueio primário.

Reuni programas energéticos que você pode utilizar para trabalhar com sintomas específicos, doenças e condições médicas. Você pode incorporar esses exercícios a um método de cura integrado que também inclui nutrição e dieta, suplementos, exercícios físicos, medicina mente-corpo, massagem, fisioterapia e quiropraxia, medicina tradicional chinesa, medicina manual e uma prática espiritual, bem como medicina convencional.

Tente as práticas recomendadas ao longo de um mês. Se perceber dor ou problemas aumentando com o uso dessas práticas, interrompa-as por aproximadamente uma semana. Quando a dor ou dificuldade diminuir, você pode retornar à prática aos poucos e cuidadosamente.

Consulte um médico de atenção primária para qualquer problema médico antes de decidir trabalhar somente com a energia. Isso é extremamente importante.

Para recomendar práticas energéticas específicas sem fazer comparações diretas e correlatas a diagnósticos convencionais, analisaremos o corpo por categorias amplas de doenças e sistemas de órgãos. Recomendo uma série de práticas para trabalhar com uma região específica do corpo ou um processo de doença, e também com as regiões próximas e com importantes fluxos energéticos.

PRÁTICAS ENERGÉTICAS PARA A DOR

Como discutimos no capítulo 1, a dor é um resultado da energia bloqueada. Há muita energia passando por um canal ou uma região que está estreitada. Essa desordem no fluxo energético acontece com outros fatores no corpo físico, como uso exagerado, trauma, inflamação, infecção e toxinas. Novamente, o diagnóstico convencional deve ser explorado primeiro, especialmente com as dores de início recente. Por exemplo, uma dor no ombro pode ter muitas causas, desde uma lesão no ombro até um reflexo de uma dor de outros locais, como dor no peito (angina), cálculo biliar ou até pneumonia.

Existem também dores que ocorrem por causa de disfunção no cérebro; nós as chamamos de "dor de origem central". Lidar com esse tipo de dor está além do escopo deste livro introdutório. No entanto, se você sofre de uma dor de origem central, recomendo que utilize as práticas de respiração, Sacudindo os Ossos e as práticas de meditação quanto mais você conseguir.

Não podemos acrescentar mais energia a uma região com dor, porque essa região já pode ter muita energia fluindo nela, e acrescentar mais energia irá aumentar a dor. Em vez disso, devemos movimentar a energia pelo bloqueio ou para fora do local da dor. Vamos supor que alguém tenha uma lesão antiga no tornozelo; ela está quase curada, mas a dor volta com o exercício ou em certos tipos de clima. As Leves Batidas nos Dedos dos Pés podem causar inicialmente um pouco de dor no tornozelo, porque elas estão acrescentando energia ao sistema que estava parcialmente interrompido a fim de acomodar uma obstrução de energia. O corpo pode ter diminuído o fluxo na perna da mesma forma que alguém pode diminuir a pressão da água para acomodá-la a um cano estreito. No entanto, ao continuar usando as Leves Batidas nos Dedos dos Pés de uma maneira cuidadosa, com o tempo elas irão permitir que o bloqueio residual da antiga lesão seja liberado. O tornozelo não vai mais ter irrompimentos de dores ou dores residuais, e o corpo terá acesso a mais fluxo energético total. Esse padrão poderá acontecer em muitas partes do corpo quando você utilizar os exercícios de cura pela energia.

Primeiro, falaremos de dor aguda; depois, iremos nos direcionar a diferentes tipos de dores crônicas que ressurgem em regiões específicas.

Dor aguda

Primeiro, descubra o que está fisicamente causando a dor aguda e receba cuidado médico apropriado. Se você tiver certeza de que o problema agudo subjacente não requer cuidado médico, pode usar as práticas de cura pela energia para liberar o bloqueio no campo energético e movimentar a energia através da região. Como a dor aguda de início recente está associada a um bloqueio recente correspondente, é melhor não acrescentar energia bem na região; em vez disso, trabalhe em uma parte mais afastada do corpo. Por exemplo, algumas dores nos pés melhoram quando você trabalha com os quadris, que permitem mais energia fluindo dos pés para cima, através das pernas, no quadril e, no sistema energético do corpo, no torso. Esse padrão de obstrução de energia vale para a maioria das dores agudas.

Para tentar aliviar imediatamente a dor, tente usar a Técnica para Drenar a Dor descrita a seguir. Se você tem um trauma agudo como pé ou joelho quebrado, então recomendo usar tanto a terapia convencional quanto a terapia energética. Conserte os ossos e depois realize as práticas quando for capaz de movimentar o membro.

Técnica para drenar a dor

Essa técnica pode ser usada para dor aguda em uma região ou articulação. Coloque sua mão esquerda sobre a região da dor aguda. Deixe sua mão direita descansando fora de seu corpo, em direção ao chão. Use a respiração e a visualização para ajudar a energia excedente a ser drenada da região dolorida para sua mão esquerda; depois, da mão esquerda através de seu corpo até a mão direita; depois, da mão direita para fora do corpo. Na inspiração, respire a energia da região dolorida até a mão esquerda; e, na expiração, use sua respiração para visualizar a energia fluindo para fora da mão direita, indo para o chão. Você está utilizando suas mãos como um tubo ou sifão, permitindo que a energia excedente encontre um lugar para se descarregar de seu corpo. Faça isso até que a dor comece a diminuir.

Em seguida, use a Respiração Circular (descrita na p. 118) para movimentar a energia em um fluxo ao redor do corpo.

Se necessário, você pode utilizar a Técnica para Drenar a Dor enquanto está esperando receber cuidados médicos para a causa subjacente da dor.

Dor aguda de uma tensão muscular

Se você sentir uma tensão muscular aguda, é melhor movimentar depressa a energia através do bloqueio correspondente. Tente a Técnica para Drenar a Dor, a Respiração Circular e depois o exercício Sacudindo os Ossos. Se o exercício Sacudindo os Ossos causar mais dor, pare e reavalie. Você pode precisar descansar e tentar novamente no dia seguinte. Usar um massageador vibratório portátil também pode ser útil para movimentar a energia através dessa região.

Dor nas costas

Dor aguda nas costas pode vir de muitos lugares, incluindo uma lesão nos músculos, na vértebra e nas costelas; protusão discal ou compressão de nervos; ou problemas com os pulmões, os rins, o coração, o pâncreas ou outros órgãos abdominais. Se você tiver dor aguda nas costas, siga as sugestões da seção anterior sobre dor aguda.

Se você tiver dor crônica nas costas, pode usar as técnicas descritas a seguir. Se você conhecer suas costas e tiver certeza de que as lesionou novamente de forma leve, então pode tratar a causa energética inicial que tornou o sistema fraco. Utilize essas práticas com as técnicas da medicina convencional apropriadas para seu diagnóstico.

Para dor crônica na parte inferior das costas, você precisará auxiliar o fluxo de energia pelas costas, e geralmente precisa liberar os quadris e as pernas também. Utilize os exercícios listados a seguir durante seu caso de dor nas costas – até onde for possível aguentar com facilidade. Utilizar os exercícios quando você está livre de dores também é muito importante. Liberar os canais e os fluxos energéticos quando você está sem dores realmente pode prevenir a dor a irromper, aumentando a quantidade de energia que pode fluir através de seus canais energéticos. Usar os exercícios quando você está livre de dores aumenta sua habilidade de conter e movimentar a energia em seu corpo.

Utilize as práticas Leves Batidas no Sacro, Sacudindo os Ossos, Meditação do Centro do Coração e Fluxo das Passagens Sagradas diariamente. Se isso for muita coisa para ser feita em um dia, faça a metade das práticas em seu Primeiro Dia e a outra metade no Segundo Dia. Use as Leves Batidas nos Dedos dos Pés enquanto estiver deitado reto em sua cama se você conseguir aguentar fazer isso. Também comece a fazer um pouco de ioga leve, e sugiro que receba uma série de seis a 12 massagens.

Dor no quadril

Depois de procurar ajuda de um médico de atenção primária e receber recomendações da medicina convencional ou ser tratado com o auxílio médico, use os exercícios a seguir. Se você se submeteu a uma artroplastia no quadril, consulte-se com seu médico ortopedista antes de usar as Leves Batidas nos Dedos dos Pés.

Os quadris são fundamentais para o corpo energético porque hospedam a passagem que permite à energia subir pelas pernas até o corpo. Para a dor crônica no quadril, como para a dor crônica na parte inferior das costas, é importante liberar o quadril.

Use os exercícios Sacudindo os Ossos e Leves Batidas nos Dedos dos Pés diariamente; sugiro que faça as Leves Batidas nos Dedos dos Pés na cama. Se conseguir, faça imediatamente em seguida a postura do pombo da ioga. Eu também faria as Leves Batidas no Corpo Todo, concentrando na região dos quadris e do sacro, pelo menos em dias alternados.

Use a Respiração Circular diariamente ou em dias alternados para ajudar a energia a fluir pelas costas. A prática Exercitando a Mandíbula também é muito importante para dor no quadril. Faça os exercícios para a mandíbula do capítulo 7 em cada dois a três dias.

Dor no joelho

A dor aguda no joelho pode ser um problema sério; portanto, consulte-se com seu médico de atenção primária. Quando existir a certeza de que seu caso não requer uma intervenção médica séria, então a dor no joelho é semelhante à dor no quadril, e você pode utilizar técnicas energéticas recomendadas anteriormente para dor no quadril, a fim de complementar seu tratamento médico convencional. Não utilize a postura do pombo se ela causar mais desconforto no joelho.

Dor no pescoço

A dor no pescoço de início recente deve ser verificada com um exame no pescoço e com um diagnóstico por imagem, como um raio X no pescoço. Depois de ser tratado com o auxílio médico, você pode utilizar as práticas a seguir.

Utilize o exercício Sacudindo os Ossos diariamente, para soltar os bloqueios energéticos no pescoço. Certifique-se de deixar a cabeça solta, pendendo para a frente, de forma que o peso da cabeça alongue o pescoço e para a energia conseguir começar a fluir. Utilize também a Respiração Circular, o Fluxo das Passagens Sagradas e a Meditação do Centro do Coração diariamente. Eu também recomendo que receba massagem e um tratamento craniossacral de um bom profissional.

Dores de cabeça

No paradigma energético e no paradigma da medicina convencional, as dores de cabeça ocorrem por diversos motivos. Além disso, existem diferentes tipos de dores de cabeça. Então, verifique com o auxílio da medicina as dores de cabeça de início recente e as dores de cabeça crônicas.

Durante uma dor de cabeça localizada em um lado, realize a prática Exercitando os Olhos enquanto utiliza a Respiração Circular. Primeiro, coloque dois dedos sobre sua pálpebra fechada no lado dolorido da cabeça e dois dedos da outra mão no peito oposto. (Por exemplo, para uma dor de cabeça do lado esquerdo, coloque dois dedos na pálpebra esquerda e dois dedos no peito direito.) Com sua respiração como um ponto de foco e suas mãos como outro, movimente a energia do olho para o peito oposto. Visualize a energia fluindo do lado afetado da cabeça, através do chacra do coração, para o peito. Após cerca de cinco minutos desse fluxo, pratique as Leves Batidas nos Dedos dos Pés por alguns minutos, e depois retome a prática Exercitando os Olhos ao mesmo tempo em que faz a Respiração Circular.

Se você conseguir aguentar fazer o exercício Sacudindo os Ossos enquanto estiver com uma dor de cabeça, tente fazê-lo. Você também pode usar o exercício Conectando-se com a Terra.

Para dores de cabeça que ocorrem nos dois lados da cabeça, tente conduzir a energia da cabeça para o segundo chacra e o chacra do coração. Coloque suas mãos no segundo chacra e observe se consegue respirar no abdome inferior com a Respiração Abdominal. Utilize também a prática Exercitando os Olhos para conduzir a energia de cada olho para o peito oposto e o lado do peito. Por fim, conduza a energia da cabeça para o chacra do coração. Você também pode usar o exercício Conectando-se com a Terra.

Se você sofre de dores de cabeça crônicas, trabalhe com o corpo energético quando *não* estiver com dor de cabeça. Você terá resultados melhores com as técnicas anteriores se fizer isso, e quando se certificar de que o corpo energético está estabelecido. Para trabalhar com dores de cabeça crônicas, utilize o exercício Sacudindo os Ossos diariamente. Conforme o tempo permitir, diariamente ou em dias alternados, utilize os exercícios Leves Batidas nos Dedos dos Pés, Leves Batidas no Sacro, Leves Batidas na Parte Posterior da Cabeça, Fluxo das Passagens Sagradas, Exercitando os Olhos, Fluxo do Fígado e Meditação do Centro do Coração. Utilize a prática Exercitando a Mandíbula semanalmente até sua mandíbula ficar solta. Pratique a Visão Suave, a Audição Suave, a Mente Suave e o Corpo Suave quanto mais vezes for possível.

Dor abdominal

Como outros tipos de dores, a dor abdominal pode ter muitas causas, algumas delas requerendo cuidado imediato. Para dor abdominal moderada ou causada por síndrome do cólon irritável ou doença inflamatória intestinal tratada, você pode utilizar as práticas seguintes.

Coloque as mãos no abdome e use o Toque Sagrado para conduzir energia em seu abdome. Apesar de acrescentar energia dessa forma ser contra muitos dos conselhos sobre dores que eu já dei até agora, no abdome ela pode estimular o relaxamento. Utilize também a Respiração Abdominal e a Respiração Circular durante um caso de dor – e diariamente quando se está sem dor. Quando você estiver livre de dores, utilize o Fluxo do Fígado diariamente, bem como as Leves Batidas no Corpo Todo quanto mais for possível. Utilize a Posição de Descanso Antes de Dormir todas as noites.

Fibromialgia

A fibromialgia é um caso especial na medicina energética. Na fibromialgia, ocorre um enfraquecimento devastador da energia vital do corpo, e grandes influxos de energia podem causar um irrompimento de sintomas. Muitas pessoas que sofrem de fibromialgia percebem que, após uma sessão de cura ou um dia incrivelmente vital, elas sentem um aumento nos sintomas mais ou menos no dia seguinte. Com a fibromialgia e outras síndromes de dores no corpo todo, é importante acrescentar e movimentar a energia no corpo bem lentamente. Todas as práticas devem ser modificadas para serem usadas apenas por alguns minutos por dia inicialmente. É importante fazer uma sessão de dois ou três minutos todos os dias e depois acrescentar um ou dois minutos a cada sessão por semana. A fibromialgia responde bem a práticas energéticas quando você é persistente com a prática diária e aumenta o tempo bem devagar. Pratique a cura pela energia de forma paciente e persistente, e você poderá observar uma mudança maior em seu corpo em seis meses.

Para o uso diário, comece com uma prática de dois minutos das Leves Batidas nos Dedos dos Pés, de Sacudindo os Ossos ou das Leves Batidas no Corpo Todo (bata levemente em cada parte do corpo por dez segundo aproximadamente), alternando entre essas práticas a cada dia. Depois, utilize a Meditação do Centro do Coração por pelo menos cinco a dez minutos todos os dias. Por fim, pratique a Respiração Circular diariamente por três a cinco minutos. A cada semana, continue alternando as práticas e aumente a duração de sua prática por um minuto. Continue praticando a Respiração Circular diariamente por três a cinco minutos por dia. Utilize a Posição de Descanso Antes de Dormir todas as noites.

Além disso, utilize a Conexão Energética com o Corpo Todo (a prática inteira é boa) semanalmente. As práticas Devolução, Exercitando a Mandíbula, Exercitando os Olhos e Conectando-se com a Terra podem ser realizadas semanalmente.

PRÁTICAS ENERGÉTICAS SUGERIDAS PARA DOENÇAS E CONDIÇÕES ESPECÍFICAS

Esta seção lista problemas médicos específicos, ou categorias de problemas, que vejo frequentemente em minha prática de cura integrada e que respondem muito bem à cura pela energia em combinação a outros tipos de cuidado. Se você quer utilizar a cura pela energia para um cuidado específico que não está listado aqui, recomendo que use as práticas da forma como delineei em cada capítulo, e preste atenção ao que acontece com seu fluxo energético e seus sintomas. Você pode se consultar com um terapeuta energético da sua região para aconselhamento simultâneo ao cuidado médico convencional.

Ansiedade

Ansiedade ou ataques de pânico de início recente precisam ser analisados por seu médico de atenção primária para se ter garantia de que eles não estão sendo causados por um problema no sistema endócrino. Quando tiver certeza de que não possui um problema médico convencional subjacente, a ansiedade e os ataques de pânico respondem bem a práticas energéticas. Como discutimos anteriormente, o sistema nervoso pode ser reeducado com práticas energéticas, geralmente tratando a causa de origem da ansiedade. No começo, você precisa utilizar as práticas quando não está ansioso. Você também pode utilizar as práticas quando estiver passando pela ansiedade, se conseguir. Com aproximadamente um mês, você descobrirá que consegue utilizar as práticas com facilidade quando percebe que a ansiedade está aumentando.

Use as Leves Batidas nos Dedos dos Pés diariamente por dez minutos durante a manhã, seguidas pela Meditação do Centro do Coração por pelo menos cinco minutos. Utilize as Leves Batidas nos Dedos dos Pés novamente por cinco minutos durante a tarde. Utilize a

Respiração Abdominal quantas vezes puder durante todo o dia. Utilize a Respiração Circular e a prática de Devolução também diariamente. Semanalmente ou com mais frequência, utilize as práticas Conectando-se com a Terra, Sentindo o Corpo Todo, Sacudindo os Ossos, Movimento Energético de Forma Livre e Concentrar, Abrir e Permitir.

Doença autoimune

Essa categoria ampla é difícil de ser tratada porque cada doença autoimune é diferente. Toda doença autoimune deve primeiro ser tratada por um profissional da medicina convencional. Você pode utilizar as práticas a seguir como um complemento para seu tratamento.

Diariamente, utilize Leves Batidas nos Dedos dos Pés, Leves Batidas no Coração Superior, Leves Batidas Atrás do Coração, Exercitando os Olhos e Meditação do Centro do Coração. Pratique a Respiração Abdominal quanto mais vezes for possível durante todo o dia. Semanalmente ou com mais frequência, utilize a Meditação dos Chacras, a Meditação Metta, a Conexão Energética com o Corpo Todo, Conectando-se com a Terra e o Movimento Energético de Forma Livre.

Câncer

As prescrições energéticas para o câncer dependem do tipo de câncer diagnosticado. Isso é importante. Em razão da variedade de tipos de câncer, não posso fornecer um planejamento completo aqui; no entanto, darei algumas orientações.

Um diagnóstico de câncer requer uma abertura completa de cada chacra e uma exploração completa do corpo energético. A cura em uma camada muito profunda é requerida. Essa cura ocorre naturalmente pelo processo de tratamento da medicina convencional, mas pode ser complementada com práticas energéticas. Essas práticas também podem ajudar durante a quimioterapia e a radioterapia, se você estiver apto a realizá-las. *É importante que você faça pressões bem suaves em todas as práticas com leves batidas.* Devemos movimentar a energia no corpo com leves batidas diretas, mas de uma maneira cuidadosa.

As práticas para ser utilizadas diariamente incluem Sentindo o Corpo Todo, Leves Batidas nos Dedos dos Pés, Leves Batidas no Coração Superior e Meditação do Centro do Coração. Além disso, se você está se sentindo forte o suficiente enquanto está se tratando com quimioterapia, utilize Sacudindo os Ossos, Devolução e Fluxo do Fígado diariamente. Utilize a Posição de Descanso Antes de Dormir todas as noites. Em dias alternados, utilize as Leves Batidas no Corpo Todo com pressões suaves.

Pelo menos semanalmente, utilize a Conexão Energética com o Corpo Todo; a Meditação dos Chacras; Sim, Não e Uau; Conectando-se com a Terra; Visão Suave, Audição Suave, Mente Suave e Corpo Suave; Concentrar, Abrir e Permitir; e qualquer outra prática específica que esteja relacionada à região do corpo onde o câncer está localizado. Novamente, utilize pressões suaves para todos os exercícios de leves batidas.

Fadiga crônica

A síndrome da fadiga crônica é diferente de fadiga ou de não ter energia suficiente. A fadiga crônica é um conflito intenso que reside no corpo e requer trabalho energético lento e paciente. Assim como com a fibromialgia, um grande influxo de energia pode causar um irrompimento de sintomas, então você tem de diminuir as práticas. Use cada prática recomendada por dois a três minutos por dia no começo e aumente o tempo por um minuto semanalmente.

Para a prática diária, comece com dois a três minutos de Leves Batidas nos Dedos dos Pés ou Sacudindo os Ossos, alternando entre as duas a cada dia. Utilize a Meditação do Centro do Coração diariamente por pelo menos cinco minutos. Em dias alternados, use uma versão mais curta (cinco minutos) das Leves Batidas no Corpo Todo. A cada semana, continue as práticas, mas aumente a duração de sua prática por um minuto. Utilize diariamente a prática Conectando-se com a Terra, mesmo se você sentir um irrompimento de sintomas. Utilize a Posição de Descanso Antes de Dormir todas as noites, por dois a três minutos.

Pratique a Meditação dos Chacras, em toda a sua duração, semanalmente, mas sem a respiração acelerada. Após um mês, utilize a Meditação dos Chacras diariamente, se possível, mas continue sem adicionar a respiração rápida por mais esse mês. Depois, se você aguentar a respiração, utilize a Meditação dos Chacras com a respiração diariamente.

Utilize também a Conexão Energética com o Corpo Todo semanalmente. Essa prática é cuidadosa o suficiente para ser usada em sua forma completa. Utilize a prática Sentindo o Corpo Todo semanalmente se você conseguir aguentá-la – isso significa quando ela o está auxiliando em vez de criando irrompimentos de dores.

Depressão

A depressão de início recente precisa ser avaliada por seu médico de atenção primária para observar se é resultado de uma causa médica orgânica séria, como o cérebro, o sangue, o sistema endócrino ou outro problema físico. **Se você sentir tendências suicidas, procure ajuda**

imediatamente. Diga a alguém se você estiver tendo pensamentos perturbadores sobre dar fim à sua vida. Se você tiver certeza de que está passando por uma depressão comum, pode usar as práticas a seguir.

Na depressão, há uma perda de energia vital. Para recuperá-la, você precisa se reconectar com sua energia vital e seu *dan tien* inferior. Isso é complicado, porque a depressão nos rouba de nossa energia e da motivação para realizar práticas que trarão a energia vital e farão a depressão ir embora. A prática de movimentação de energia mais fácil de se realizar é qualquer forma de exercício de que gostar. Se você conseguir fazer apenas uma coisa, exercite-se. Além disso, tente as práticas dos parágrafos seguintes. Eu recomendo que você encontre uma maneira de utilizá-las todos os dias. Peça que um amigo o visite diariamente para fazer essas práticas com você, se isso o ajudar a realizá-las regularmente.

Todos os dias, pratique cinco minutos de Leves Batidas nos Dedos dos Pés, cinco minutos de Sacudindo os Ossos e pelo menos dez minutos de Leves Batidas no Corpo Todo, passando um tempo extra (pelo menos dois minutos) batendo levemente atrás do coração. Utilize um massageador portátil para alcançar esse ponto, se não tiver ninguém para bater nele para você. Além disso, bata levemente nas axilas por dois minutos de cada lado, com sua mão literalmente em cima das axilas. Pratique a Meditação Metta todos os dias, concentrando-se em se perdoar e perdoar as pessoas em sua vida, uma a uma. Comece se perdoando.

Use as práticas Devolução, Fluxo do Fígado e Conectando-se com a Terra em dias alternados ou pelo menos semanalmente, conforme o tempo permitir. Utilize a Meditação do Centro do Coração todos os dias, se você tiver algum tempo extra. Utilize a Posição de Descanso Antes de Dormir todas as noites. Vale a pena dedicar um tempo a essas práticas para conseguir retornar à vida de uma maneira animada.

Refluxo gastroesofágico e outros problemas estomacais

Como os sintomas de refluxo podem ser similares à angina ou à dor torácica no peito, seus sintomas devem ser avaliados por um médico especialista para descartar problemas no coração ou outro problema sério no abdome superior. Assim que tiver certeza, use os seguintes exercícios diariamente quando estiver livre de dores: Fluxo do Fígado, Leves Batidas no Coração Superior, Leves Batidas Atrás do Coração, Devolução e Meditação do Centro do Coração. Semanalmente, utilize as práticas Leves Batidas no Corpo Todo, Conectando-se com a Terra e Meditação dos Chacras.

Fadiga

Como a fadiga ou exaustão pode ter origem em uma variedade de condições médicas, primeiro consulte-se com seu médico para assegurar que sua fadiga não é causada por anemia, problema na tireoide ou outras complicações. Quando tiver certeza de que sua fadiga não precisa de tratamento convencional, utilize as práticas seguintes. Você também pode utilizar as práticas com o tratamento convencional.

A fadiga vem do fato de não haver energia suficiente concentrada no *dan tien* inferior ou de ter muitos vazamentos no sistema energético. Para lidar com a fadiga, precisamos desobstruir o fluxo energético nas pernas e nos quadris, concentrar a energia diária, liberar os bloqueios antigos e tratar possíveis vazamentos no sistema energético.

Utilize as Leves Batidas nos Dedos dos Pés como a primeira coisa pela manhã. Depois, utilize as Leves Batidas no Corpo Todo e bata um tempo extra no *dan tien* inferior, nos quadris e no sacro. Em seguida, utilize a prática Sacudindo os Ossos. Depois, utilize a Respiração Circular por pelo menos três minutos. Encerre sua prática matinal com a Meditação do Centro do Coração. Faça essa prática matinal por pelo menos meia hora por dia.

Quando você perceber a fadiga durante o dia, utilize as Leves Batidas nos Dedos dos Pés e Sacudindo os Ossos. Também é possível dar leves batidas no *dan tien* inferior e nos quadris. Você pode desenvolver uma rotina de cinco minutos que incorpore essas três práticas. Você pode precisar praticar essa rotina diversas vezes ao dia. Utilize também a Respiração Abdominal e a Respiração do Chacra Raiz diversas vezes durante o dia, o suficiente para elas se tornarem um costume.

Além disso, use semanalmente as práticas Exercitando a Mandíbula, Exercitando os Olhos, Leves Batidas no Coração Superior, Leves Batidas nos Pés e Devolução.

Doença cardíaca

O tratamento para doença cardíaca deve ser feito com um médico da medicina convencional. Utilize as práticas seguintes em conjunto com o cuidado convencional. Diariamente, utilize as práticas Meditação do Centro do Coração, Fluxo do Fígado, Leves Batidas Atrás do Coração, Leves Batidas no Coração Superior e Meditação Metta. Alterne as práticas Sacudindo os Ossos, Leves Batidas nos Dedos dos Pés e Leves Batidas no Corpo Todo, usando uma delas por pelo menos cinco minutos a cada dia. Semanalmente, utilize as práticas Exercitando os Olhos,

Conexão Energética com o Corpo Todo, Meditação dos Chacras (sem a respiração acelerada) e Conectando-se com a Terra. Pratique Sentindo o Corpo Todo sempre que possível.

Hipertensão

A hipertensão precisa ser tratada com o auxílio médico. Utilize as práticas a seguir para complementar algum tratamento médico que você está recebendo. A hipertensão, da perspectiva energética, é geralmente causada por muita energia fluindo através de um sistema energético que está muito estreito. Você tem de liberar todos os canais no corpo.

Diariamente, utilize Sacudindo os Ossos por dez minutos e a Meditação do Centro do Coração por dez minutos. Utilize também Leves Batidas Atrás do Coração e Exercitando os Olhos diariamente. Pratique a Respiração Abdominal sempre que puder durante o dia, até perceber que está a utilizando naturalmente a maior parte do tempo. Semanalmente ou com mais frequência, pratique Sim, Não e Uau, Devolução e Conectando-se com a Terra.

Lesões e machucados

Como foi explicado no capítulo 1, quando sofremos uma lesão, um machucado ou outro trauma, o problema físico e o bloqueio energético ocorrem ao mesmo tempo, e ambos precisam ser tratados. O corpo físico naturalmente se cura junto com o corpo energético; no entanto, algumas vezes o fluxo energético permanece interrompido por anos após o corpo físico ter aparentemente se curado. Pense em um tornozelo quebrado. Quando os ossos se recuperam, as pessoas geralmente descobrem que seu tornozelo está mais fraco do que antes e que ele começa a doer quando cansado ou mesmo em certos tipos de clima. Nessas situações, há um fluxo energético lento no tornozelo, que ainda precisa ser tratado após os ossos terem se recuperado.

Lesões ou machucados traumáticos requerem tratamento e repouso inicialmente. Se o machucado ou a lesão estiver doendo, utilize a Técnica para Drenar a Dor, descrita anteriormente neste capítulo, para remover a energia da região após você ter buscado tratamento convencional para o machucado ou a lesão. Utilize também a Respiração Circular para ajudar a diminuir a dor.

Após a dor ter diminuído e a lesão ter começado a se curar (dias depois), utilize a Conexão Energética com o Corpo Todo para conduzir energia ao redor e através do machucado ou da região do trauma, concentrando nas articulações nos dois lados do machucado. Por exemplo, se você quebrar seu cotovelo, conduza energia do pulso ao ombro. Se isso aumentar a dor na região lesionada, pare e espere mais alguns dias antes de retomar a prática energética. Certifique-se de não movimentar a articulação ou região se ela requer imobilização! Além disso, tente realizar a prática Sacudindo os Ossos com muito cuidado todos os dias para manter todo o seu sistema energético vigoroso e para aumentar seu fluxo energético após alguns dias de repouso.

Neuropatia nas pernas, síndrome das pernas inquietas e insônia

Reuni esses três diagnósticos porque eles respondem aos mesmos exercícios energéticos para tratamento, mas por diferentes motivos. A neuropatia nas pernas, a síndrome das pernas inquietas e a insônia respondem muito bem a exercícios energéticos. Se você tiver dormência no pé, não utilize as Leves Batidas nos Dedos dos Pés, porque não conseguirá regular quão forte está batendo. Em vez disso, utilize um massageador portátil para estimular o fluxo nos dedos dos pés, nas pernas e no quadril, assim você poderá observar o que está fazendo e evitar lesões.

Se não sofrer disso, utilize as Leves Batidas nos Dedos dos Pés por cinco a dez minutos todas as manhãs. À noite, utilize as Leves Batidas nos Dedos dos Pés novamente por pelo menos cinco minutos na cama e depois utilize a Posição de Descanso Antes de Dormir na hora de se deitar. Utilize as Leves Batidas nos Dedos dos Pés novamente por um ou dois minutos se você acordar durante a noite por causa de seus sintomas.

Problemas no fígado

Complementando o cuidado médico convencional que você está recebendo, eu recomendo que você se consulte com um profissional da MTC e utilize essas práticas: diariamente, Leves Batidas nos Dedos dos Pés, Fluxo do Fígado, Devolução, Fluxo das Passagens Sagradas e Meditação do Centro do Coração; semanalmente, a Conexão Energética com o Corpo Todo e o Movimento Energético de Forma Livre. Se você tiver um problema no fígado que interfere na coagulação sanguínea normal, utilize as batidas *bem* levemente quando for trabalhar com o Fluxo do Fígado.

Problemas respiratórios

Problemas respiratórios crônicos requerem cuidado médico convencional. Utilize essas práticas junto com o cuidado médico que você está recebendo: diariamente, utilize Leves Batidas no Corpo Todo, Leves

Batidas no Coração Superior, Leves Batidas Atrás do Coração, Fluxo do Fígado e Exercitando os Olhos. Semanalmente ou com mais frequência, utilize as Leves Batidas nos Dedos dos Pés e a Devolução.

Artrite reumatoide e osteoartrite

Apesar de essas formas de artrite terem causas diferentes, você pode utilizar essas práticas para auxiliar a energia fluindo através das articulações: diariamente, utilize Sacudindo os Ossos e Meditação do Centro do Coração. A cada dois ou três dias, utilize Leves Batidas no Corpo Todo, Conexão Energética com o Corpo Todo e Conectando-se com a Terra.

Problemas de pele

Diariamente, utilize as práticas Sacudindo os Ossos, Fluxo do Fígado, Leves Batidas no Sacro e Meditação do Centro do Coração. Semanalmente, utilize as práticas Conexão Energética com o Corpo Todo, Exercitando a Mandíbula, Exercitando os Olhos e Movimento Energético de Forma Livre.

Cirurgia

Após uma cirurgia, siga todas as instruções de recuperação de seu cirurgião, e conceda a si mesmo um tempo extra de repouso e sono para permitir que os mecanismos de autocura do corpo façam sua mágica. Você pode utilizar tanto a Respiração Circular quanto a Respiração Abdominal para auxiliar a cura inicial.

A cirurgia afeta o corpo energético de duas maneiras: em primeiro lugar, é um choque no sistema, geralmente causando um *asustado* na sequência, como descrito no capítulo 1. Em segundo lugar, o anestésico pode circular por algum tempo e afetar o corpo sutil. Quando você estiver bem para se levantar da cama e se movimentar, utilize a prática Sacudindo os Ossos bem cuidadosamente todos os dias, contanto que você possa fazer isso sem interferir na cura cirúrgica requerida. Comece bem devagar, depois acrescente mais tempo conforme seu corpo permitir. Essa prática ajudará com o *asustado* e também a liberar o anestésico. Você também pode utilizar diariamente a Conexão Energética com o Corpo Todo.

Você pode acrescentar as Leves Batidas nos Dedos dos Pés a esse programa, dependendo da cirurgia a que você se submeteu. **Não utilize as Leves Batidas nos Dedos dos Pés após uma cirurgia no joelho ou no quadril, a menos que seu cirurgião o tenha liberado para realizar esse movimento.** Alguns cirurgiões podem dizer que você nunca mais deve usar as Leves Batidas nos Dedos dos Pés se você se submeteu a certos tipos de cirurgias no quadril. Você pode descrever o movimento ao cirurgião, e ele dirá se não há problema em realizá-lo.

Disfunção temporomandibular

Além das práticas a seguir, você pode se consultar com um profissional da MTC para realizar acupuntura. Diariamente, utilize as práticas Movimento Energético de Forma Livre, Exercitando a Mandíbula, Leves Batidas nos Dedos dos Pés e Meditação Metta. Utilize também a postura do pombo da ioga.

Viroses

Viroses comuns e de curta duração – como resfriados, gripes, infecções no trato respiratório superior e inferior, sinusites e gastrenterites – devem ser monitoradas para garantir que não se tornem severas ou para que graves infecções bacterianas secundárias não se desenvolvam. Além disso, existem práticas energéticas que você pode utilizar para ajudar o corpo a se recuperar rapidamente da doença e a prevenir complicações. Você também pode utilizar uma sequência de práticas energéticas como uma forma de prevenção quando for viajar e se encontrar em contato próximo com outra pessoa que estiver doente.

No primeiro sinal de uma virose, comece usando Sacudindo os Ossos por pelo menos dez minutos, para ver se consegue movimentar a energia através de seu sistema mais rapidamente. Em seguida, utilize Leves Batidas no Coração Superior, Leves Batidas Atrás do Coração e Respiração Circular. Continue usando as Leves Batidas nos Dedos dos Pés por cinco minutos, e depois volte com Sacudindo os Ossos por mais alguns minutos. Por fim, utilize Leves Batidas no Coração Superior e Leves Batidas Atrás do Coração novamente. Conforme o tempo permitir, continue usando essas práticas, mais a Conexão Energética com o Corpo Todo, todos os dias enquanto estiver passando pela doença.

É bom bater levemente na região específica na qual você está sentindo os sintomas. Por exemplo, bata levemente sobre todo o seu peito por dois a cinco minutos se estiver com sintomas no peito, como tosse. Bata levemente na face e nos seios nasais por dois a cinco minutos se estiver com sintomas nos seios nasais, e bata de forma bem cuidadosa sobre todo o seu abdome por cinco minutos se estiver com sintomas gastrintestinais.

Saúde reprodutiva das mulheres

TPM e menstruação

O desconforto da tensão pré-menstrual (TPM) e da menstruação tem origem primeiramente em um processo inflamatório temporário na pélvis, desencadeado quando o colo do útero se abre e desprende uma camada do útero. Diariamente, você pode utilizar com cuidado as Leves Batidas no Corpo Todo, concentrando-se na barriga, nos quadris e no sacro, e depois utilizar a postura do pombo da ioga. Além disso, Exercitando a Mandíbula pode auxiliar a manter os quadris abertos. Você pode utilizar a prática Conectando-se com a Terra se a dor não estiver respondendo às práticas, pois ela pode ajudar de imediato.

Fertilidade e preparação para a gravidez

Utilize todos os exercícios para pernas, quadris e pélvis deste livro para ajudar a preparar a pélvis para a gravidez. Você pode trabalhar especialmente com as Leves Batidas no Coração Superior e com o Fluxo do Fígado. Pratique Sentindo o Corpo Todo, Conectando-se com a Terra e Movimento Energético de Forma Livre, pelo menos semanalmente.

Gravidez

Não utilize as Leves Batidas nos Dedos dos Pés durante a gravidez, porque elas podem estimular os pontos meridianos que ativam o parto. Se você estiver utilizando alguma outra prática de leves batidas, utilize o Toque Sagrado em seu abdome em vez delas. De qualquer forma, durante a gravidez, você pode utilizar muitos dos outros exercícios de energia. Para começar, e o mais importante, transmita energia para o bebê pela barriga usando o Toque Sagrado quanto mais vezes você quiser durante o dia. Pratique também a Respiração Circular, a Respiração do Chacra Raiz e a Respiração Abdominal ao longo do dia. Também recomendo a Meditação do Centro do Coração e as Leves Batidas no Coração Superior diariamente. Semanalmente, você pode praticar a Meditação dos Chacras, sem a respiração acelerada. Tente utilizar a prática Conectando-se com a Terra semanalmente; deite-se de lado quando a barriga estiver muito grande para se deitar de bruços.

Menopausa

A menopausa é bem tratada com medicina botânica e MTC, mas, se estiver difícil lidar com ela, converse com seu médico de atenção primária sobre reposição de estrogênio. Você também pode utilizar as práticas a seguir.

As ondas de calor são grandes influxos de energia. Se você conseguir controlá-las, aprenderá a apreciá-las pela infusão de energia, e poderá até descobrir que consegue aproveitá-las. Você também pode utilizar a prática Sacudindo os Ossos enquanto estiver tendo uma onda de calor para movimentar a energia extra através do corpo mais rapidamente.

Outra maneira de tratar as ondas de calor é utilizando uma prática energética diariamente por 30 minutos que inclui Leves Batidas nos Dedos dos Pés, Sacudindo os Ossos ou Leves Batidas no Corpo Todo – à sua escolha – com a Meditação do Centro do Coração a cada manhã. Implemente também um programa de exercícios diários para ajudar os sintomas da menopausa a se tornarem mais toleráveis. Os exercícios movimentam a energia de forma rápida e efetiva, e isso é importante na menopausa.

TÉCNICAS DE CURA PELA ENERGIA PARA AS CRIANÇAS

As crianças utilizam exercícios energéticos naturalmente. Você pode apresentar as práticas Leves Batidas nos Dedos dos Pés e Sacudindo os Ossos para elas. As Leves Batidas nos Dedos dos Pés são excelentes para ajudar as crianças em relação à ansiedade; elas podem aprender rapidamente a controlar e transformar suas emoções utilizando essa prática. Sacudindo os Ossos é bom para quando as crianças estão com excesso de energia ou prestes a se colocar em uma situação que requer que permaneçam sentadas por um período de tempo. Faça com que elas tentem esse exercício por cinco a dez minutos e coloque música enquanto o realizam.

A Respiração Abdominal é uma boa prática respiratória para as crianças. Para fazer com que as crianças compreendam essa respiração com facilidade, faça-as visualizarem uma bexiga na barriga; oriente-as a encherem a bexiga em cada inspiração e a esvaziarem-na com cada expiração. A Respiração Abdominal é boa para o relaxamento ou o controle da dor, especialmente quando elas estão prestes a se submeter a um procedimento médico ou dentário.

Conclusão

Uma Última História

Eu estava no México com um grupo de amigos dedicados a experimentar o campo da consciência e a natureza da energia despertada. Fomos ao México para visitar Maria Matus, a sobrinha de Juan Matus, o xamã dos livros de Carlos Castaneda. Durante a viagem, cultivamos nossa conexão ao campo de energia e consciência maior, observamos a energia e o campo do aprendizado e compartilhamos sonhos. Como sabíamos que a jornada era o destino, prestamos atenção a todo e cada aspecto de nossa jornada, não apenas ao fato de encontrar ou não a curandeira e o que ela fez por cada um de nós.

Um dia, algumas mulheres da tribo seri foram vender suas mercadorias na casa onde estávamos hospedados. Conversamos e negociamos com as mulheres, e por fim as convidamos a entrarem. Quando todos nos sentamos na grande mesa da cozinha, ofereci café e comida às nossas convidadas seris. Todos de nosso grupo eram terapeutas energéticos, e começamos a usar nossas mãos para realizar curas nas mulheres, pois elas pareciam precisar e estavam abertas a isso.

Essas mulheres imediatamente "entraram" na presença, a conexão ao campo da consciência que estávamos mantendo, e começaram a contar suas histórias de criação e relatos pessoais em sua própria língua. Sabíamos o que estava acontecendo; mantínhamos um campo de amor e cura forte o suficiente para as mulheres seri serem levadas à sua própria cerimônia instintivamente. Elas falavam em seu dialeto seri e contavam histórias, uma a uma. Choravam, ficavam tristes e riam enquanto contavam sobre sua linhagem e suas histórias. Nossa tarefa era escutar e manter o espaço. Embora não existisse tradução, sabíamos exatamente o que estava acontecendo.

Durante a visita das mulheres, Lydia, a xamã seri que estava com o grupo, mencionou para mim que sentiu a presença muito intensa com nosso grupo. Quando elas partiram, Lydia também comentou que as mulheres sentiram sua divindade, o pelicano, de forma muito profunda, e ficaram muito felizes por estar conosco.

Quando mantemos a presença e a consciência, a cura surge espontaneamente. Não podemos ter uma experiência de cura e de aprendizado que seja separada de nosso corpo energético ou da energia do campo da consciência maior à nossa volta. Mas, por meio das práticas como as que exploramos neste livro e obedecendo ao fluxo de energia no corpo, podemos incorporar a sabedoria do campo da consciência em nossos corpos energéticos, e a partir de então isso pode curar nossos corpos físicos.

Quando modificamos a maneira como a energia é mantida em nosso corpo, descobrimos que nossa saúde e nossa experiência do mundo ao redor se transformam. A jornada de cura pela energia nos leva para dentro do corpo e do coração. A energia de nosso corpo é nosso guia desperto para os estados de cura, e a jornada a esses estados é longa e satisfatória. Podemos praticar a arte da cura pela energia por anos e anos, e sempre existirá alguma coisa nova para se aprender e experimentar. O aprimoramento lento e constante, a exploração constante da energia em seu corpo e do campo da consciência à sua volta, a observação constante da energia e a percepção e o aprendizado constantes irão conduzi-lo a lugares com os quais você só poderia ter sonhado.

Referências Adicionais

BRENNAN, Barbara Ann. *Hands of Light: A Guide to Healing through the Human Energy Field*. New York: Bantam, 1988.

_____. *Light Emerging: The Journey of Personal Healing*. New York: Bantam, 1993.

BRUYERE, Rosalyn. *Wheels of Light: Chakras, Auras, and the Healing Energy of the Body*. New York: Fireside, 1994.

CO, Master Stephen; ROBINS, Eric B. *The Power of Prana*. Boulder, CO: Sounds True, 2011.

DAHN YOGA EDUCATION. *Dahn Yoga Basics*. Sedona, AZ: Healing Society, 2006.

MACIOCIA, Giovanni. *The Foundations of Chinese Medicine: A Comprehensive Text for Acupuncturists and Herbalists*. 2 ed. London: Elsevier, 2005.

MEHL-MADRONA, Lewis. *Narrative Medicine: The Use of History and Story in the Healing Process*. Rochester, VT: Bear and Company, 2007.

PORTA, Miquel, ed. *A Dictionary of Epidemiology*. 5 ed. New York: Oxford University Press, 2008.

MADRAS® Editora

Para mais informações sobre a Madras Editora, sua história no mercado editorial e seu catálogo de títulos publicados:

Entre e cadastre-se no site:

www.madras.com.br

Para mensagens, parcerias, sugestões e dúvidas, mande-nos um e-mail:

marketing@madras.com.br

SAIBA MAIS

Saiba mais sobre nossos lançamentos, autores e eventos seguindo-nos no facebook e twitter:

@madrased

/madraseditora